1　ティティカカ湖の「太陽の島」　インカの起源神話には二つのバージョンがある。一つはティティカカ湖を起源の地とする。湖のボリビア側には「太陽の島」と「月の島」があり、インカ様式の建築物が残っている。アンデスの人々は自然の物体を神聖視してワカと呼び、それぞれの共同体の祖先が出てきたと考える特別なワカがあった。（筆者撮影 2012年）

2　マウカリャクタ遺跡　もう一つの起源神話の舞台はクスコ南郊のパカリクタンボで、インカ期の古い時代の建築物がある。近くのプマウルコの丘はインカの祖先が出てきたと伝えられる三つの洞窟があった場所と同定されている。なお現在のパカリクタンボの村は1571年に設置されており、直線距離で6キロほど南にある。（筆者撮影 2012年）

3　サクサイワマン遺跡　インカの建築ではしばしばジグザグの壁が巨石で造られている。俯瞰すると稲妻、雷のように見える。雷はイリャ、イリャパと呼ばれ「過去」の表象でもある。サクサイワマンは「王の大ワシ」を意味する。クスコが動物の体に見立てられ、ここが頭部であると解釈されている。この砦でインカ軍とスペイン軍が戦った。（筆者撮影 2017年）

5　アリバロス　酒を入れる壺で、大小はさまざまである。この小型のアリバロスはチュルパと呼ばれる塔状墳墓内部の副葬品として見つかった。インカの遺跡は広い地域に分布しているが、どの遺跡でもほぼ確実に出土するのがこの形の壺である。飲酒文化がきわめて重要であったことを示している。（タンタリカ遺跡 2000年出土、筆者撮影）

4　石を運ばせるインカ・ウルコ王　石には二つの目があり、意思を持った存在として描かれている。四角い輪郭線はこの石が加工されて四角形になることを示している。石には「疲れた（saycum）」と書かれている。（Murúa 2004 [ca. 1590]: folio 37v.）

6　ティポン遺跡の水路　水の流れをわざわざ四つに分けてから合流させるのは意図的である。アンデスでは川の合流点はワカの一つであった。先インカ期に製作された鐙形（あぶみがた）土器も、液体を途中で二つに分け、合流させる構造である。この遺跡はビラコチャ・インカの王領であったとされる。（筆者撮影 2007年）

7　モライ遺跡　全体が巨大な農業実験場であったとされる。標高3500メートル。各テラスの気温と湿度を変えて作物がうまく育つかどうかを実験する設計となっている。四つの大きな窪みを利用して段々畑が造られている。写真の最も深い窪みは約40メートルの深さがある。南側に水路があり、各テラスに水が導かれた。（筆者撮影 2012年）

8　ラグーナ・デ・ロス・コンドレス遺跡のチュルパ　現在までに発見された唯一未盗掘のチュルパ。ペルー北高地東斜面のレイメバンバの町から徒歩で１日がかりの場所にある。１基に200体ほどのミイラが納められていた。中央の入口に布に包まれたレプリカのミイラ１体が見える。インカ様式の土器やキープも見つかった。（筆者撮影 2001年）

9　マチュピチュ遺跡の「月の神殿」のダブル・ジャム　ジャム（jamb）は脇柱を意味する。ダブル・ジャムはインカ建築に特徴的な様式である。二重の門の奥まったほうが一段狭くなっている。壁龕（へきがん）にも同様の表現を持つものがある。（筆者撮影 2002年）

10　タンタリカ遺跡　アンデスで防御的な遺跡が出てくるのは形成期末期からである。カハマルカ地方西部に位置するタンタリカ遺跡は東方、すなわち山の方向（写真の左側）から来る人にとっては防御的であり、アクセスはコントロールされていた。一方、西の海岸方面には開いた構造となっている。保存状態が良く、屋根の一部も残存している。（筆者撮影 1999年）

渡部森哉

インカ帝国

歴史と構造

中公選書

目次

第4章 作る——物質と儀礼 141

第7章　戦う……323

インカ帝国

歴史と構造

はじめに

日本から見て地球の裏側にある南米大陸の西部には、アンデス山脈が南北に連なっている。このアンデス山脈の山間部から、一五世紀に巨大な政治組織が誕生し、南北四〇〇〇キロに及ぶ範囲の約一〇〇〇万人の住人を支配下に収めた。その政治組織をわれわれは「インカ帝国」と呼んでいる。

インカとはインカ王、またインカの王族のことである。そして特権によってインカと認められた人々もいた。支配者の名称からこの政治組織はインカ帝国と呼ばれているが、当時、インカ帝国という呼称があったわけではない（熊井 2008）。

インカとは本来、どのような意味を持っていたのだろうか。言語学者セサル・イティエルによれば、インカとは民族の名称ではなく、軍の連合を指す言葉であり、戦争に参加できる成人男性がインカと呼ばれたという（Itier 2023: 101-119）。つまり戦士の称号であり、女性や子供はインカではなかった。それがのちに民族の名称にも転用されたのである。

語源が示すように、インカは戦争によって勢力範囲を拡大した。そしてインカ帝国は、インカ族

（首都の地名から当時はクスコと呼ばれていたという）が他の八〇ほどの民族集団を支配した国家として説明される。本書では慣用にしたがって、インカを支配者、民族集団、国家の名称として使用する。

本書の目的

アメリカ大陸には今から一万年以上前に人間が移り住んだ。その後、気候の温暖化に伴い海面が上昇し、ユーラシア大陸とアメリカ大陸は切り離されたため、アメリカ大陸では独自の文化が発展したといわれる。つまりユーラシア大陸で新たに生まれた文化要素がアメリカ大陸に伝わることは基本的になかった。逆もまたしかりである。

一六世紀にスペイン人がメキシコのアステカ王国を、ついで南米のインカ帝国を滅ぼし、旧世界と新世界の交流が始まり世界は一体化した。スペイン人侵入までの時代を「先スペイン期」と呼ぶ。その最終段階に台頭したアステカ王国、インカ帝国は、アメリカ大陸の先住民文化の最終形態を示している。大陸が切り離されてから旧世界と新世界の間には差異が生まれ、その差異は増幅していった。われわれは両者の差異を、先スペイン期の最終段階では解像度の高い状態で検証できる。本書は南米大陸のインカ帝国を対象として、旧世界の国々との差異を意識しながら考察していく。

社会が大規模化し複雑化するプロセスを文明と呼ぶ。文明は地球上のいくつかの場所で発生した。その一つが南米の古代アンデス文明である。旧世界やメソアメリカの古代文明と比較して、しばしばアンデス文明の独自性が強調され、他の文明にある要素が欠如していることが指摘される。例えば製鉄技術がない、車輪がない、貨幣がない、などである。そして最も強調されるのが文字の欠如である。アンデスは世界で唯一、最後まで文字を持たなかった古代文明であり、インカ帝国でも文字は使用されなかった。

他の文明との相違点が強調されてきた一方で、共通点もある。それらはホモ・サピエンスの普遍性としてとらえることができる。農耕、牧畜の技術が生み出され、土器製作も始まった。弓矢も新旧両大陸にある。人々が集住し都市が形成されたこと、国家が成立したことも共通点である。したがって、相違点を際立たせるのではなく、アンデス文明も含めた人類史をより汎用性のある方法で理解することが望ましい。

本書はインカ帝国という個別の対象を事例としながらも、人類史全体を理解する枠組みを構築するという長期的な研究計画の成果の一部である。アンデス文明を例外として扱うのではなく、人類が生み出した文明の一形態として人類史に組み込み、既存の概念を鍛え直すことが必要である。

アンデス文明の形成期（前三〇〇〇―前五〇年）

アンデス研究の一つの出発点はインカ研究である。古代アンデス文明の集大成、最終形態であるインカ帝国からさかのぼって、それ以前に各文化要素がいつ、どのように出現したのかを問うことができる。

インカ帝国は一日にしてならず。インカ帝国は先行文化の諸要素を吸収して成立した。先行文化の諸要素を受け継ぎ、集大成したからこそ、インカ帝国は先インカ期の諸社会を理解するための基点ともなる。ここでは本書の理解の手助けとなるように、インカ帝国成立までの諸文化の展開を概観しておきたい。

先に述べたように、当時陸つづきだったユーラシア大陸からアメリカ大陸へ、人類が徒歩で到達したのは今から一万年以上前である。旧世界では後期旧石器時代と呼ばれる時代である。その後、アメリカ大陸はユーラシア大陸から切り離され、旧世界との交流はほとんどなしに歴史が刻まれていった。

人類は南北アメリカ大陸に拡散した。メソアメリカとアンデスの二つの地域では、文明と呼ばれる大規模で複雑な社会が展開した。アンデスは海岸の砂漠地帯、山間部、そしてアンデス山脈の東に広がる熱帯雨林地帯の三つに大別される。この三つの地域間の相互交流を通じてアンデス文明が形成されていった。

古代アンデス文明の始まりの指標は、神殿と呼ばれる公共建造物の建設であり、これまで数百の神殿が確認されている。どの神殿も複数回建て直されており、古い神殿を内部に包み込むように新しい神殿が建設されたため、建て直すたびに神殿の規模は大きくなっていった。タマネギのような構造である。したがって古い神殿の建設の開始時期を知るには、内部まで掘り進める必要がある。しかしのちの時期の神殿を取り壊す必要があるため、実際に発掘することは難しい。

現在、最も古い年代測定値が出ているのは、ペルー北海岸南部のカスマ川流域にあるセチン・バホ遺跡である（以下、図0-1を参照されたい）。神殿の年代は前三五〇〇年ごろにさかのぼるという。この神殿では建て直しのさいに、古い神殿から少し場所をずらして建設されたため、最も古い時期の神殿を発掘調査することができた。他にも海岸地帯では前三〇〇〇年ごろの神殿が確認されている。一方、山間部で神殿が建設されたのは、かなり遅れて前二五〇〇年ごろからである。二〇世紀半ばごろには、山間部に古い文明の痕跡があると想定されていたが、現在ではその説は覆され、アンデス最古級の神殿がペルーの海岸地帯に建設されたことは確実視されつつある。アンデス文明は海岸地帯から始まった文明である。

海岸の漁撈民（ぎょろうみん）の食料の中では魚介類がかなりの部分を占めていたが、彼らは農耕もおこなっていた。初期農耕の代表的な作物はワタ、ヒョウタンであった。食料となる植物が主体ではなかったことに特徴がある。ワタは古くから栽培され、アンデスでは織物が高度に発達した。インカ帝国で使用されたキープと呼ばれる紐（ひも）を用いた記録装置もワタ製である。インカ期に主食であったトウモロコシ、ジャガイモ、キャッサバなどは、初期の神殿が建設された段階ではまだ主要な作物ではなかった。漁撈の比重はかなり高かったと考えられる。

一般に古代文明は農耕を基盤にしていたと説明される。コムギ、アワ、トウモロコシなどの穀物の栽培が始まってから、文明社会が誕生したのだとされる。文明の初期段階では収穫量は多くなかったにせよ、これらの穀物の重要性が認識されていた。穀物は保存することができるため、大規模な人口を支える食料として望ましい。そして酒をつくる原料にもなった。

一方、アンデスはそうした穀物栽培が基盤となった文明ではない。文明の初期段階で人々がおもに食用としたのは魚介類と、コムギやアワなどの穀類に比べて保存のきかない植物質の食物であった。そのため、食料は必要なときに必要なだけ入手することが多かった。つまり食料の入手とは、

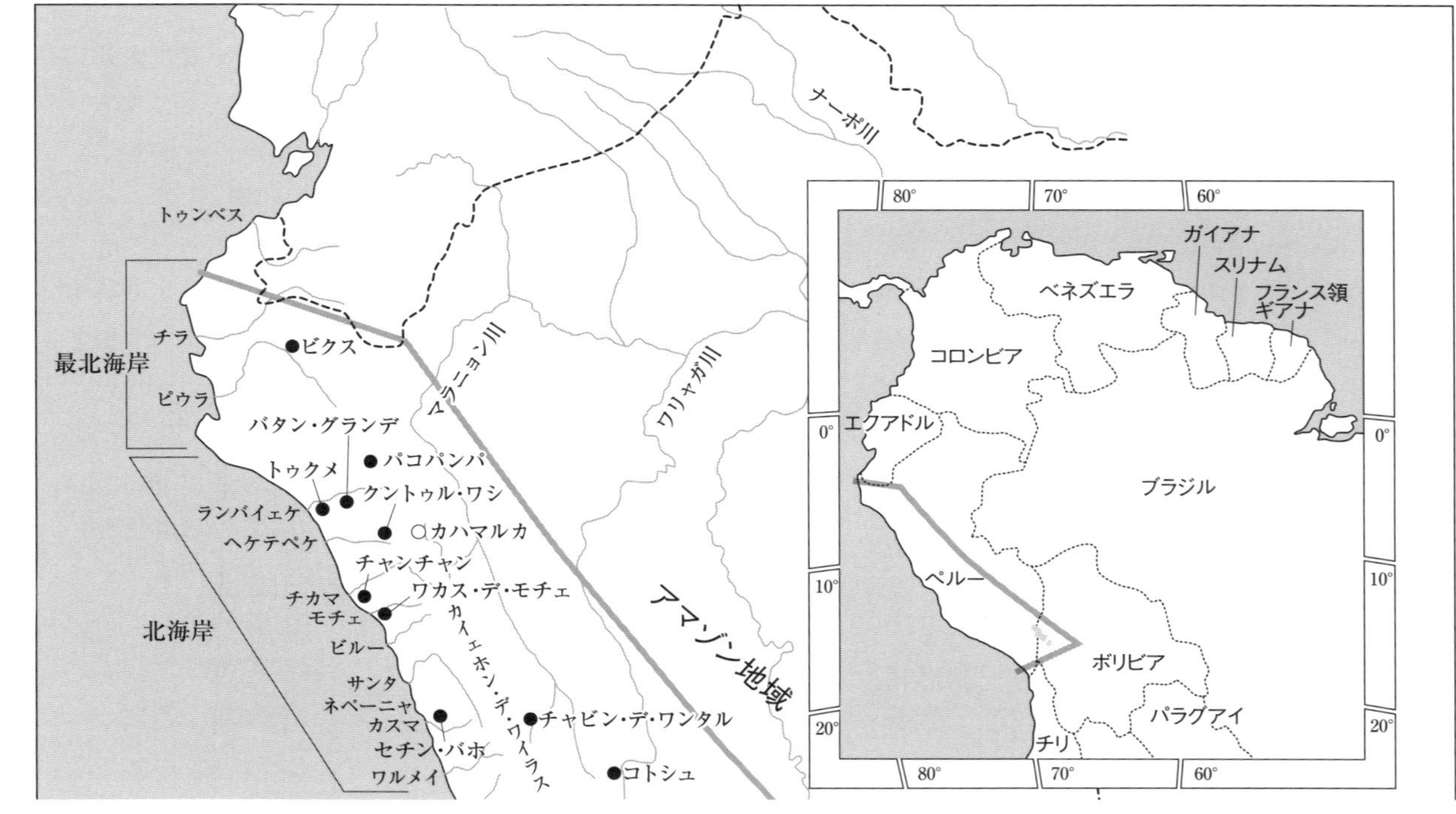

トゥンベス
最北海岸
チラ
ピウラ
ビクス
バタン・グランデ
パコパンパ
トゥクメ
クントゥル・ワシ
ランバイェケ
ヘケテペケ
カハマルカ
チャンチャン
チカマ
モチェ
ワカス・デ・モチェ
北海岸
ビルー
サンタ
ネペーニャ
カスマ
セチン・バホ
ワルメイ
カイェホン・デ・ワイラス
チャビン・デ・ワンタル
コトシュ
マラニョン川
ワリャガ川
ナーポ川
アマゾン地域
80°
70°
60°
0°
10°
20°
ガイアナ
スリナム
フランス領
ギアナ
ベネズエラ
コロンビア
エクアドル
ブラジル
ペルー
ボリビア
パラグアイ
チリ

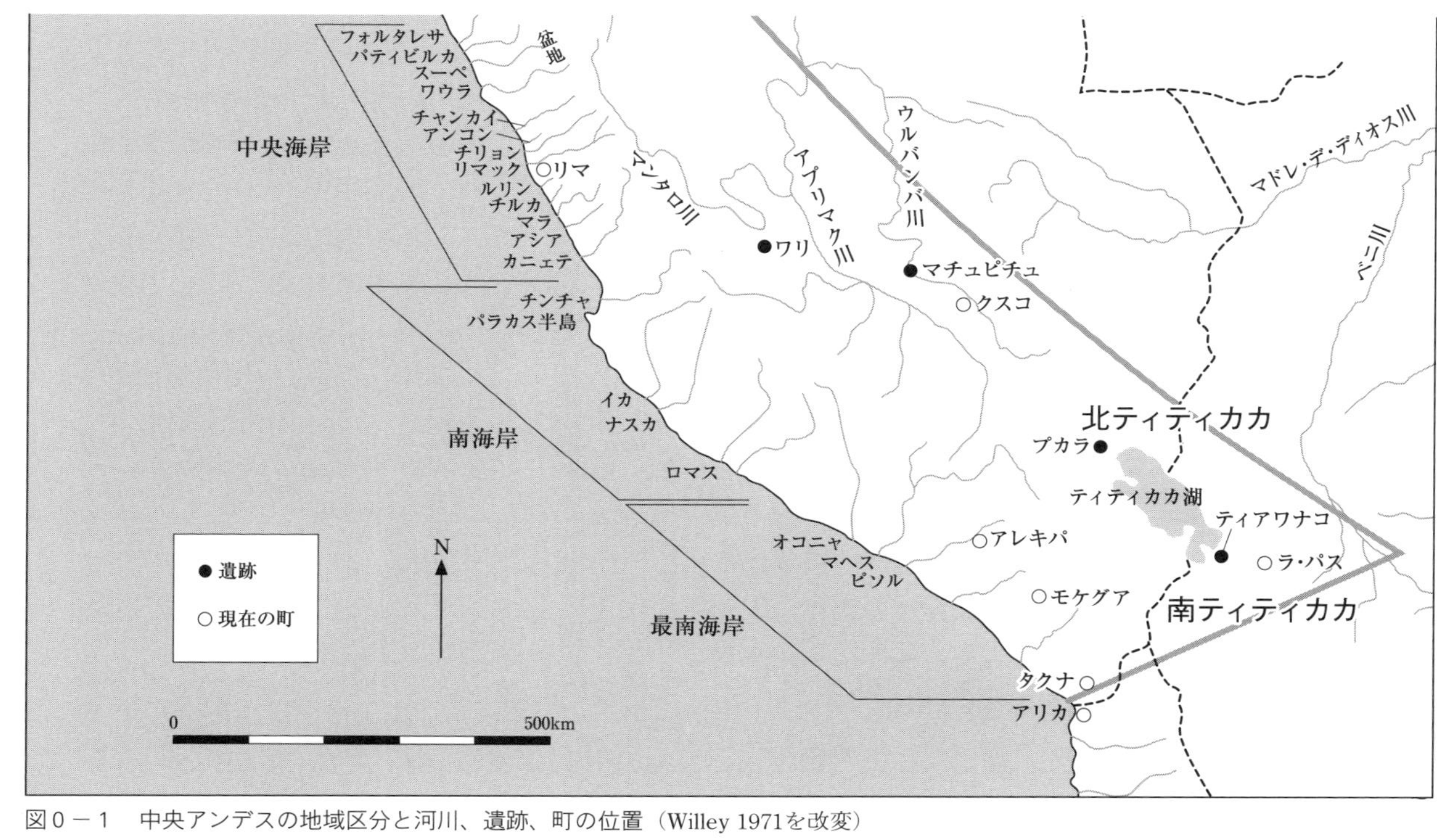

図0－1　中央アンデスの地域区分と河川、遺跡、町の位置（Willey 1971を改変）

図0－2　チャビン・デ・ワンタル神殿　モスナ川とワチェクサ川の合流点に位置する。前1100－前400年ごろ。方形の中央広場の周りに三つの基壇が配置される「U字形」と呼ばれる構造の神殿。この時代に形成されたネットワークの中心にあった。しかしなぜ山深い場所に建設されたのかは謎である。（筆者撮影 2012年）

播種（はしゅ）から収穫までの長期的なサイクルを見越した農耕によるものではなく、特定の期間の一時的な活動によるものであった。

形成期のアンデス各地には数百の神殿が建設され、すべての神殿は複数回建て直された。建物をそのまま保存するのではなく、更新する文化であった。共同体ごとに基本的に一つの神殿があり、複数の神殿を建設することはなかった。神殿では人々が恒常的に生活していたわけではなく、儀式をおこなうときに一時的に多くの人々が集まった。神殿を中心として各共同体の独立した活動がおこなわれ、共同体間には緩やかな交流があった。

前八〇〇年ごろまではそれぞれの神殿における活動が主体であったが、やがて神殿間に中心と周縁の関係性が生まれた。その中心となった神殿はペルー北高地南部のチャビン・デ・ワンタル神殿である（図0－2）。この神殿を中心として広範囲のネットワークが形成された。そうした地域を超えるネットワークの存在が、のちに生まれる広域社会の基盤となった。

ペルー北部、中央部における形成期の神殿は、前四〇〇年ごろまでにほぼすべて放棄された。その後、神殿を中心とする各共同体の緩やかなまとまりではなく、武力を伴う社会が形成された。後二〇〇年ごろには、いわゆる国家と呼ばれる社会が成立することとなった。

形成期の時代に三〇〇〇年以上にわたって神殿が建設されてきたことを、安定していたと評価することもできるし、新しい社会形態を生み出さなかったという意味で発展しなかったと見ることもできる。

諸国家の興亡（前五〇—後一四七〇年）

前四〇〇年ごろから後二〇〇年ごろにかけては、神殿社会からより政治的な社会への移行期と評価することができる。社会の形態がまだ確立していない時代であった。アンデスで集団間の戦争の最初の証拠が認められ、トウモロコシ栽培やラクダ科動物の飼育が普及した。この時期にアンデス文明の基本要素はほぼすべて出揃った。

そうした流れの中で、国家と呼ばれる社会が形成されていった。一見矛盾しているとも思えるのであるが、チャビン・デ・ワンタル、クントゥル・ワシ、パコパンパなど、形成期後期（前八〇〇—前四〇〇年ごろ）に巨大な神殿が建設された地域では、国家は成立しなかった。逆に、はやばやと神殿の建設を中止したペルー北海岸で初期国家が登場した。

初期国家と評価されるのはモチェ川流域のワカス・デ・モチェ遺跡を中心としたモチェ王国である（図0-3）。モチェ川流域では前八〇〇年ごろに神殿が放棄されており、その一〇〇〇年後の二〇〇年ごろから八〇〇年ごろまでモチェ王国は繁栄した。

図0－3　ワカス・デ・モチェ遺跡　初期国家モチェの中心地。200－800年ごろ。二つの基壇型建築「太陽のワカ」「月のワカ」は何度も建て直されて巨大化した。写真は「月のワカ」の位置から見た「太陽のワカ」。二つの建物の間には工房など多くの建築物が確認されており初期の都市とされる。モチェ王国ではこのようなセンターがペルー北海岸の各河川沿いに建設された。（筆者撮影 2002年）

北はピウラ川、南はワルメイ川までモチェ文化は広がった。モチェの政治形態については大きく三つの意見がある。一つはモチェ川流域を中心として国家が成立していたとするもの、もう一つは各河川流域に独立した国々があったとするもの、三つめはヘケテペケ川以北の「北のモチェ」とチカマ川以南の「南のモチェ」に大きく分かれるというものである。おそらく時期によってその政治形態は異なり、モチェ前期にはモチェ川流域を中心とする国が誕生し、中期には河川ごとに類似した政体が林立し、後期になると「北のモチェ」と「南のモチェ」に大きく分かれていったのであろう。「南のモチェ」はその後チムー王国の基盤となり、「北のモチェ」はシカン文化の範囲となった。

ペルー北海岸の初期国家モチェは、形成期の神殿社会から一〇〇〇年後に成立したため、ある意味で神殿社会の否定の上に形成されたといえる。ただし神殿を中心とする遺跡の構造などに形成期の建造物との共通性が色濃く認められる。

一方、ペルー南海岸やティティカカ湖沿岸地域では、形成期から連続的にその後の社会が展開した。南海岸では前八〇〇年ごろからパラカス文化が発展し、その後のナスカ文化にスムーズにつながっている。ティティカカ湖沿岸ではプカラ文化が繁栄し、その後のティワナク文化に連続的に発展した。このように前時代から連続する場合と、不連続が目立つ場合がある。

モチェ王国の終末期の七〇〇年ごろから、ワリ帝国が台頭した。ペルー中央高地南部のアヤクチョ地方にあるワリ遺跡が首都と考えられている（図0－4）。インカ帝国の祖型と見なされるほど、ワリとインカには共通点がある。山地に大きな首都があり、地方支配のための行政センターが各地に設置された。またワリ帝国もインカ帝国もその前段階がよく分からず、突然勃興したように見える。少なくとも漸次的に社会の規模が大きくなった結果ではない。社会の先行形態のくせに縛られないほうが大きな社会変化を生み出すのに好条件だったのであろう。

図0－4　ワリ遺跡　初期帝国ワリの首都。700－1000年ごろ。不規則に建築が連なっているように見え、どこが中心かは分からない。最大で幅２メートル以上もある厚い壁が縦横に走っており、防御的になっている。写真はベガチャユフ・モホ地区のＤ字形建造物。地下にはミイラを納める埋葬施設と考えられる切石製の構造物などが見つかっている。（筆者撮影 2019年）

ワリ帝国と同時代には、ボリビアのティアワナコ遺跡を中心としてティワナク社会が繁栄した（図0－5）。アンデス高地を中心として二つの巨大な国が併存したことになる。ワリとティワナクの間には図像表現などの共通点があるが、両者が

図0－5　ティアワナコ遺跡　ティワナク社会の中心地。標高3800メートル。550－1100年ごろ。写真はアカパナと呼ばれるピラミッド状構造物。切石建築が特徴で、平面形はチャカナと呼ばれる紋様（316ページ参照）を半分にした形となっている。その他、カラササヤと呼ばれる神殿には「太陽の門」があり、ワリ文化と共通する図像が彫り込まれている。（筆者撮影 2012年）

どのような関係にあったのかは現在も議論がつづいている。

一〇〇〇年ごろから一一〇〇年ごろにワリとティワナクが崩壊した。その後はペルー北海岸のシカンとチムーという二つの国の時代である。その他の地域ではペルー中央海岸などに大規模社会が存在した証拠があるものの、山地では基本的に小規模社会が林立していた。

シカン文化（八〇〇―一三七五年ごろ）は「北のモチェ」の範囲を継承する形で繁栄した。神殿と呼ばれる大規模な基壇建築が特徴である（図0－6）。その一つロロ神殿の麓では大量の黄金製品を伴う墓が発見された。人々の社会的役割がいくつかに分かれていたことが明瞭に読み取れる。このシカンを征服したと考えられるのが、「南のモチェ」の範囲に盤踞したチムー王国（一二〇〇―一四七〇年ごろ）である（図0－7）。

同じころ、アンデス山脈の内懐深くにあるクスコ盆地からインカ帝国が台頭し始めた。一五世紀後半にはチムー王国との戦争に勝利し、もはやインカ帝国に対抗できる大きな勢力はなくなった。その後もインカ帝国は拡張をやめることなく、スペイン人の侵入時まで征服活動を継続したのである。

アンデス文明は神殿の建設から始まった。そして神殿を中心とする社会形態、儀礼の重要性はインカ期までつづいた。巨視的に見るとアンデス文明には連続性が認められる。形成期からインカ期まで、先行社会から連続的に文化要素が継承されていった。一方、地理的関係に着目すると、海岸地帯を中心とする時期と山地を中心とする時期が交互に現れる振り子現象が見られる。それは北部

図0－6　バタン・グランデ遺跡のロロ神殿　シカン（ランバイェケ）文化の中心地。800－1100年ごろ。六つの大きな基壇型神殿がある。冶金技術が発達し、鉱石をすりつぶす臼（バタン）が多く見つかっている。この遺跡が放棄されたのち、より海岸側のトゥクメ遺跡（1100－1375年ごろ）が中心になった。（筆者撮影 2017年）

図0－7　チャンチャン遺跡　チムー王国の首都。1200－1470年ごろ。シウダデーラと呼ばれる10の構造物があり、それぞれ個別の王に対応する王宮と考えられている。その周辺に住居などが分布している。インカ帝国に征服され、チムーの王はクスコに連れて行かれたという。（筆者撮影 2002年）

の海岸の国々と南部の山地の国々との間の揺れ動きである。そして振り子が山地へと振れるタイミングで、大きな帝国が山地から台頭した。それがワリ帝国とインカ帝国である。

ペルー北海岸の国家社会（モチェ、シカン、チムー）は連続的に展開した。一方、南の山地のワリ帝国とインカ帝国は大規模社会が存在しなかった場所に成立した。ワリ帝国の崩壊とインカ帝国の成立の間には、四〇〇年以上の時間差がある。

本書の構成

本書はインカ帝国を理解するための手引き書である。目次を一瞥（いちべつ）すればお分かりのように、本書の構成は類書とはやや異なっている。テーマをよりよく理解していただくためにどのような補助線を引いて記述したのか、ここでは読み進むための見取り図を示しておきたい。

現在われわれが用いる既成の概念を援用して説明すれば、多くの読者にとってなじみ深い、理解しやすい構成になるだろう。しかし本書では、政治組織、経済の仕組み、宗教、文化など、社会の理解のために用いられるカテゴリーに沿って、インカ帝国を総体的に描き出すことはしない。また考古学や人類学において用いられるモデルや理論を援用し、それを参照枠として記述することもしない。それらの方法論を離れて、できるかぎりインカ帝国に生きた人々に寄り添い、彼らがおこなったさまざまな活動の実態を明らかにし、それらの積み重ねによってインカ帝国の全体像を浮かび上がらせる構成をとる。そのため、先住民が使用した言葉に着目し、彼らの行為や行動を示す単語、具体的なものを言い表す単語を取り上げ、当時の人々の考え方に接近するように記述する。

インカ帝国ではケチュア語が公用語とされた。本書を執筆するにあたって、一六世紀半ばから一七世紀初めにスペイン人が編纂したケチュア語の辞書（Anónimo 2014 [1586]; González Holguín 1989 [1608]; Santo Tomás 2006 [1560]）を渉猟した。スペイン語に対応するケチュア語の単語が辞書に見いだせない場合は、ではどのように説明できるのかを考えた。そこには言語の翻訳の問題のみならず、広く文化の翻訳という根本的な問題が内在しているはずである。

本書は七章からなる。第1章ではインカ研究の方法について解説する。われわれの研究の基本は史料を読むことである。文字のなかったインカ帝国において、情報は書くものではなく、結ぶものであった。紐を使用した記録装置キープについて説明し、そこに結ばれた情報がいかにして取り出され、スペイン語に翻訳されて紙に記されたのか、まずそのプロセスを概観しておく。そして逆に、紙に記された情報からさかのぼって当時の情報を読み解く方法を考える。当然ながら、情報が伝わる間には何人もの人間が介在しているため、彼らの人間関係の絡み合いを解きほぐしながら、史料を批判的に読み進める必要がある。

第2章は時間と空間についてである。現代のわれわれはそれらを分けて理解する。しかしアンデスでは時間と空間の概念は未分化であった。当時の時空間にかかわる単語を取り上げながら、先住民が時空間をどのように認識していたのかを考察する。一般に無文字社会と文字社会では時間の概念が異なる。文字社会では直線的な時間軸にしたがった歴史認識が発達したが、無文字社会ではそうではなかった。そうした時間概念の差異が、スペイン人の歴史理解のフィルターを通って再構成されたインカ帝国の王朝史にさまざまな歪みをもたらした一因ともなっている。また地図を持たなかったアンデスの人々が、どのように空間を認識していたのかについても検討する。

第3章の主題は人の移動についてである。インカ帝国では大量の人が頻繁に移動した。税は物資ではなく、労働税で納められた。人々は出身集団を離れ、指定された場所に赴いて労働した。人を移動させ分散させることで、労働力を最大限に引き出す仕組みがあった。インカ王の征服活動に伴って兵士も移動した。インカの道は帝国を拡張する大動脈であり、同時に内部の人々を循環させるためのインフラであった。また貨幣がなく自給自足が基本であったアンデスにおいて、彼らは歩き、物資を運び、労働することにどのような意味を見いだしていたのかについても考察する。

第4章と第5章は関連している。第4章は人間が作り出した物質文化の分類について、第5章は人間集団の分類とそれぞれの役割について論じる。

第4章ではもの作りについて見てゆく。もの作りをするためには、自然状態にある何らかの物質を利用しなければならない。建物を建てるにも土地を利用しなければならない。しかしアンデスでは自然を支配し、改変するという考え方はなかった。まずケチュア語のカマイという単語に着目して、造形物は物質そのものに宿る潜在的な力の自己表現と考えられていたことを明らかにする。そして製作されたものが、どのような行為と結びついていたかを考える。酒を飲むという行為など、アンデスの物質文化を理解するためのポイントを抽出して整理する。

第5章は人間集団の関係性についてである。インカ帝国はインカ王が支配した国である。しかしインカの王族が一枚岩ではなかったことが、王朝史の再構成を難しくしていることを説明する。実際、一三人の王を時系列に並べる単一王朝モデルは矛盾に満ちている。本書では筆者が考える、同時代に三人の王が並列する王朝モデルを示しておいた。また王族とそれ以外の集団との関係、国家の中の役職、人間集団の分類と各集団の役割など、統治の仕組みを具体的に見てゆく。

第6章では第4章と第5章の内容を踏まえ、分類という人間の認識のあり方を検討する。分類の基本である「分ける」、分けたものを「合わせる」という認識の方法を整理して解説する。人類のいかなる社会にも物事を二つに分けて考える二分法がある。インカ帝国では二分法が組み合わさって、より高度で複雑な認識体系を生み出していたことを説明する。

第7章の主題は「戦う」である。アンデスにおける戦争の特徴とその意味を考える。歴史上のいかなる古代国家も戦争を伴っていた。集団間の争いが国家成立のための必要条件であり、逆にそれが崩壊の原因ともなった。まさに諸刃の剣である。インカ帝国もまた戦争によって台頭し、戦争によって滅亡した。短期間に広大な領域を征服したインカ帝国は、少数のスペイン軍の侵入によって、またたくまに崩壊した。

アンデスでは一つの特徴がさまざまな場面で繰り返し認められる。それは無文字社会が複雑化するための選択肢が限られていたからであろう。そのため本書でも複数の章にまたがって同一の事例や類似した記述が繰り返されることもあることを、あらかじめお断りしておきたい。

凡例

＊スペイン語、ケチュア語などの地名、人名などのカタカナ表記にはしばしばブレがあるが、本書では原則として統一した。

＊スペイン語、ケチュア語のva, vi, vu, ve, voは、それぞれバ、ビ、ブ、ベ、ボで統一した。またlla, llu, lloは、それぞれリャ、リュ、リョで統一した。例―リョケ・ユパンキ（Lloque Yupanqui）

＊クロニカ（一六、一七世紀）の記録文書については、可能な場合、章、folioの情報を明記した。日本語版がある場合はそのページ数を記した。英語版がある場合はスペイン語版と併記した。これらについては巻末の参考文献を参照されたい。

＊日本語訳がある場合はそれを引用し、必要な情報を［　］を用いて補足した。

＊ケチュア語の辞書はGonzález Holguín 1989 [1608] を基本的に使用し、必要な場合にSanto Tomás 2006 [1560]、Anónimo 2014 [1586] を引用した。

＊グァマン・ポマのクロニカのページ数の表記は、Guaman Poma 1987 [ca. 1615] にしたがっている。実際に紙に書かれている数字を示し、［　］内に通し番号が記されている。重複するナンバーがあるため、途中から数字が大きくなるためである。

第1章

結ぶ、書く、解く

われわれは先スペイン期、すなわちヨーロッパ人到来以前のアンデス文明について、何を知っているのだろうか。荘厳なチャビン・デ・ワンタル神殿、黄金製品を伴うモチェ文化の墓、迷路のようなワリ遺跡など、さまざまな物質文化を通して当時の人々とつながることができる。しかしながらそれらを作り出したのは、今となっては名もなき人々である。立派な王がいたとしても、われわれはその人物の名前を知らない。なぜならアンデスには文字がなかったからである。

一方、先スペイン期の最後に登場したインカ帝国については、王の名前を挙げることができる。いつごろ即位し、どのように統治したのかも、ある程度知ることができる。それはインカ王に関する記録文書が残されているからである。これらの文書はどのような経緯をへて、現在まで伝えられているのだろうか。まずそのいきさつを簡単に説明しておきたい。

1-1　結ぶ

キープカマヨク

一六世紀、一七世紀にスペイン人たちが書き残した記録文書はクロニカ（年代記）と総称される。そしてそれらを記（しる）した人々をクロニスタ（記録者）と呼ぶ。当時のヨーロッパでは歴史とは王の歴史であり、それをクロニカと呼んだ。その流れに沿ってインカの歴史をも記録しようとした人々がいた。しかし無文字社会のインカの歴史を、いったいどのように編み、記したのだろうか。

一例として『キープカマヨクの報告書』（キープカマーヨ 1995 [1543/1608]）を取り上げよう。これはペルー総督クリストバル・バカ・デ・カストロの時代に編纂された記録である。一五四三年ごろにいったん書き上げられ、一六〇八年ごろに加筆された。

歴代インカ王にはそれぞれのキープカマヨクがおり、王の歴史を記憶していた。総督バカ・デ・カストロは、四名の老キープカマヨクを召喚し、インカ王の歴史を語らせた。キープカマヨクの名前はカリャピニャ、そしてスプノといった。他の二名の名前は知られていない。彼らはキープを携えて馳せ参じ、歴代インカ王の誕生から崩御まで、治世の間の出来事をそらんじて語ったのである。クロニスタにとってのインフォーマント（情報提供者）の多くは、インカ帝国の時代を生きたキープカマヨクと呼ばれた人々、あるいはその末裔であった。

図１－１　キープカマヨク「コンタドール（会計係）」と紹介されている。人物の左下に描かれたのはユパナと呼ばれる計算盤であるが、どのように使用されたのかは分かっていない。キープはそろばんのような計算道具ではなく、計算結果を記録する装置である。（Guaman Poma ca. 1615: 360 [362]）

キープカマヨクとは、キープという紐による記録装置を扱う専門家のことである（図１－１）。キープとはインカ帝国の公用語であったケチュア語で「結ぶ」を意味する。それは紐に位取りをして結び目を作り、十進法で数を記録する装置である。メインの紐（中心コード）から複数

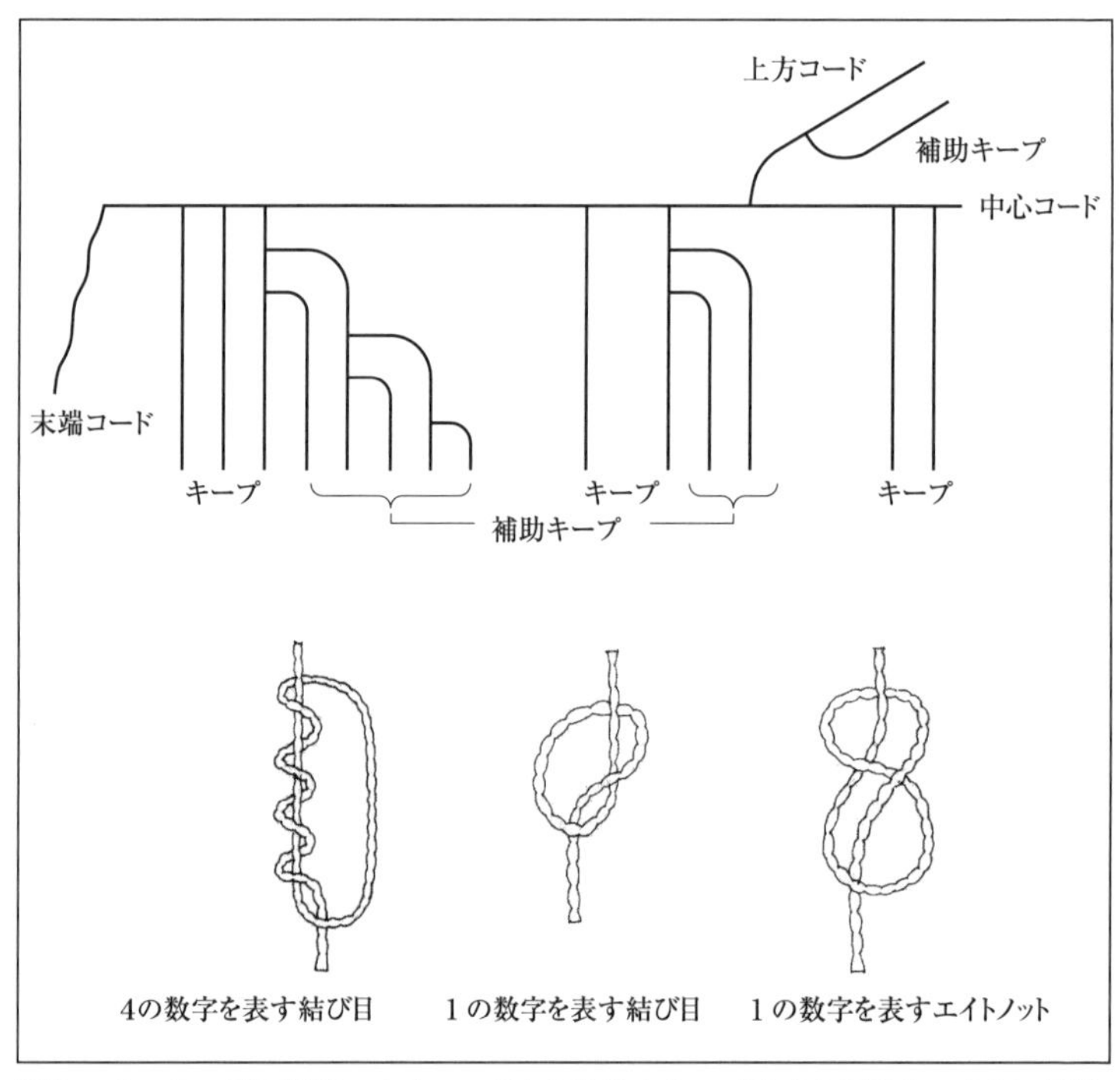

図1－2　キープの構造　中心コードから複数のキープがぶら下がる。さらに補助キープがつけられる場合もある。わっかの中に何回紐を通すかで1から9までの数字を表した。結び目がない場合は0である。1を表すにはエイトノットという結び方もあった。（Ascher & Ascher 1997 [1981] を改変）

の紐が垂れ下がる構造で、一番下が一の位、その上が十の位、そして百の位、千の位とつづき、万の位まで結ばれた（図1－2）。キープを保管するときや運ぶときはメインの紐を絵巻物のように巻いておき、読むときにそれを広げる仕組みである。ではそこに結ばれていたのは、どのような情報だったのだろうか。

キープカマヨクが語った内容をスペイン語に翻訳し、それを紙に記した記録が見つかっている（Pärssinen & Kiviharju [eds.]

2004, 2010)。現代の研究者はキープ・テクストと呼んでいる。それらを読むと、ほとんどは物資や人のリストであり、項目ごとの数の羅列である。古代国家においては数の情報の把握、数のコントロールが必要不可欠であった。他の古代国家では文字で記録していた簿記会計の情報を、インカ帝国の人々は紐に結んで記録していたのである。最も重要な情報は人口であった。このほかに農作物、家畜、道具などの情報が記録された(Murra 2002 [1973])。

キープそのものと、それが表す内容を記録したキープ・テクストが対応する事例は、残念ながら今のところ見つかっていない。キープそのものは遺物として残っているし、キープ・テクストも存在するが、どのキープを読むとどういう内容になるのかが分からないのである。

キープはこれまで遺跡などから四〇〇以上見つかっている。その七割は十進法にしたがって紐が結ばれている。しかし、残りの三割は十進法にしたがっていない(Urton 2003, 2017; アートン 2012)。数を記していないのであれば、何を結んだのだろうか。

有力な仮説の一つは、王の歴史に関する情報を結んだというものである。確かにどのクロニカを読んでも、王に関する情報は定型的である。逆にいえば、王の歴史の記録に自由度がない。

キャサリン・ジュリアンはインカの歴史にはいくつかの決まったジャンルがあるという(Julien 2000)。そのうちの一つが王の治績(life history)であり、また一つが王の系譜(genealogy)であった。それらの情報は定型的、羅列的であり、まさにキープのような装置を用いて記録した情報の特徴ととらえると整合的である。そしてキープでは、小説のような物語などを記録することはできなかったと考えられている。旧世界の初期の文字も物語などには用いられず、モノの記録や人物にかかわる出来事がおもに記録された。

声の文化

無文字社会において王の治績や系譜などを語る語り部は、定型的な情報を扱っていた（オング 1991 [1982]）。定型的な情報を伝える方法の一つは歌であり、同じ節回しを繰り返しながら歌詞を変えていくことで、情報量を増やすことができる。

他の文明と比較すれば、インカの情報を記録する方法は、キープという記録装置を用いているとはいえ、無文字社会における記憶の方法、語りの方法にかなり近い特徴を持っている。つまり文字の文化よりも、声の文化の特徴を強く示している。

歌の専門家はケチュア語でハラウィク（ハラウイ）と呼ばれた。一七世紀初めにディエゴ・ゴンサレス・オルギンが編纂した辞書には、スペイン語で次のように説明されている。

> ハラウイ、あるいはユヤイクイクナ、あるいはワイナリクナ・タキ＝他の人の出来事、そこにいない愛する人の記憶、愛、情熱を語る者。今では敬虔（けいけん）で霊的な歌い手による。（González Holguín 1989 [1608]: 152）

インカの賢人をケチュア語でアマウタと呼ぶ。アマウタとハラウィクの役割は重なっている。次節で紹介するクロニスタの一人、インカ・ガルシラソ・デ・ラ・ベガによれば、アマウタは情報を物語に、ハラウィクは情報を詩（歌詞）に変えて伝えたのである（ガルシラーソ 1609: 第2の書第27章, 第6の書第9章; 2006: (一)274-284, (三)60)。

ペドロ・サルミエント・デ・ガンボア『インカ史』

ここで、第五代ペルー副王フランシスコ・デ・トレド（在任一五六九－八一年）の部下であり、クロニスタでもあったペドロ・サルミエント・デ・ガンボアに登場してもらおう。サルミエントの『インカ史』(Sarmiento 1943 [1572]; 2007 [1572]) は一五七二年に書き上げられた。インカ帝国最後の王アタワルパがスペイン軍に捕縛されたのが一五三二年であるから、四〇年後のことである。

当時のスペインの年代記と同様に、サルミエントの記録は歴代インカ王を時系列に並べて、各王の事績を詳述するスタイルで書かれている。このころには初代王マンコ・カパックから第一三代王アタワルパまでを一系列に並べる、現在において規範とされるインカ王の歴史の形が出来上がっていた。このインカ王の即位順にはさまざまな問題があることについてはのちに述べることとし、ここではまず、サルミエントがどのように情報を収集したのかを見てみよう。文字がなかったから当然ながら聞き取り調査をして情報を集めたのである。

クロニカの末尾には、一五七二年二月九日、クスコにおいて記録が書き上げられたことを宣言する旨が記されている。そしてハウハ、グァマンガ（ワマンガ）、クスコなどの町で情報を収集したこと、証人として召喚されたインディオの名前が記される。まず、初代王マンゴ・インカ（マンコ・カパック）のアイリュ（後述）に属するセバスティアン・イリュク三〇歳、フランシスコ・パウカル・チマ三〇歳。そのあとに第二代王とされるシンチ・ロカのアイリュに属する人物二名がつづく。同様に第三代王のアイリュ、第四代王のアイリュの人物の名前が挙げられる。そのようにして第一二代王のワスカルのアイリュのインディオまで、計三六名の名前が連なる。これにその他のアイリュの人物六名が加わり、計四二名となる（ハンケ 1979 [1949]: 263; Levillier 1940: vol. 2, 1-204）。

アイリュ

注目すべきは各王にアイリュという組織があったことである（Amado Gonzales 2017）。アイリュとは祖先を共にする集団単位であり、人類学の用語を用いればクランである。辞書にはリネージという言葉でアイリュが説明されているが、リネージも祖先を共にする集団を意味するが、クランは創始者から現在までの系譜が不明瞭であるのに対し、リネージは系譜が明確にたどれる。アイリュについてドミニコ会士サント・トマスは次のように説明している（リネージはクランと読み換える必要がある）。

> 彼らの中で、仮に一人の立派な人物が何らかの形で特に著名であれば、彼の子どもたちは彼の名前を受け継ぐ。子どもたちだけでなく、子孫全員がそうする。そのようにして彼らの間ではアイリュとパチャカ［成人男性一〇〇名の単位］と呼ばれるリネージが形成される。［中略］そして、そのようにしてペルーの他のすべての地方でも、彼らがアイリュと呼ぶリネージそれぞれが、自分たちの先祖の名前をつける。（Santo Tomás 1994 [1560]: folio 56v.）

それぞれのインカ王にアイリュがあり、歴代インカ王は一つの集団に属していたわけではない。インカ王は即位すると、自分のアイリュを創設し、自身が祖先の役割を果たした。これまでこのインカ王版のアイリュはパナカと呼ばれたと解釈されていたが（Sarmiento 1572: cap. 62; 1943: 62; 2007: 77）、パナカとはアイリュを引き継いだ者の称号である（Itier 2023: 77-87）。さらに死後もそのアイリュは存続したため、インカ王のアイリュが複数あった。名の知られているアイリュだけで、計一二もあったのである。最後の第一三代王とされるアタワルパは、アイリュを創始する前にスペイン軍に捕縛された。アイリュが複数併存していたことが、インカの歴史の再構成を難しくしている要因の一つである。

サルミエントをはじめとするクロニスタたちは、インディオに聞き取り調査をして歴史を書き上げた。ところがその内容はさまざまな部分で食い違っている。食い違いの一因は、インフォーマントがどのアイリュ集団に属しているかによって、語る内容が異なっていたことにある。大雑把にいえば、自分が属しているアイリュの創始者であるインカ王のことは良く語り、敵対関係あるいはライバル関係にあった他のアイリュのインカ王のことは悪く語った。インカ族であっても、インフォーマントが歴代インカ王のどのアイリュに属しているかで分断されていた。

アイリュ間の争いとはすなわち女性同士の争いであった。例えば、ワスカルとアタワルパは、父親は第一一代王とされるワイナ・カパックであるが、母親が異なる。この二人が王位継承を争うことは、母親が属するアイリュ間の戦いに発展する。ワスカルの母ラウラ・オクリョがカパック・アイリュに属するのに対し、アタワルパの母はハトゥン・アイリュ（別名イニャカ・パナカ）に属する。カパック・アイリュは第一〇代王とされるトパ・インカ・ユパンキのアイリュ、ハトゥン・アイリュは第九代王とされるパチャクティのアイリュであり、王位継承争いはインカの王族間の争いであった。

創られた王朝史

じつは一三人のインカ王が一人ずつ連続的に即位したというのも、植民地時代に創られた歴史であった（Pärssinen 1992; 渡部 2010）。より正確にいえば、スペイン人が誤解し、先住民側が政治的に活動した結果出来上がった王朝史である。ではなぜ、創られたといえるのか。

例えば、第四代インカ王、第五代インカ王などと同名の人物が、のちの第九代のインカ王と同時代に生きていたことは否定できない事実である。この矛盾を解決するには、同名の人物が複数いたと解釈するか、あるいは単一王朝の系譜が誤っており、本来同時代に生きていた王が順番を入れ替えられ、古い時代の王とされてしまったと解釈するかの、いずれかの方法しかない。後者の選択肢をとると、多くのことを整合的に説明できるのである（第5章第1節参照）。

スペイン人は、王は当然一人であると思い込んでいるし、インカ側は、複数の王が同時に存在したことをスペイン人が理解できるように説明できなかった。その結果出来上がったインカ王朝史は、インカ側に有利に働くことになった。なぜならインカ族は実際以上に長い歴史を有することになり、王朝の正統性をスペイン人に主張しやすくなったからである。インカ王は一人ではなく、複数同時に存在したのだが、それが一人ずつに並び替えられて一三人の王からなるインカ王朝史が成立した。インフォーマントは一枚岩ではなく、彼が属する集団によって異なるバージョンの歴史を語った。先に述べたようにインカの歴史はインカ帝国の歴史というよりも、各インカ王の歴史であった。それぞれのお抱えの語り部たちが記録・記憶し、それらが寄せ集められて出来上がったものなのである。

語り部たちはキープを用いて情報を記録していたため、完全な口頭伝承ではない。王の歴史は定型化されており、どの記録を読んでも、どのように即位したのか、どこを征服したのかが中心に書かれている。どのような容姿であったかなどはほとんど書かれていない。視覚的な情報よりも、行為が中心的な情報となっているのは、他の無文字社会での語りにも認められる特徴である（オング 1991 [1982]）。

インカ帝国最後の王アタワルパはフランシスコ・ピサロによって捕縛され、処刑された。その後、王族の一部は逃亡し、クスコの北西のウルバンバ川沿いにアマゾン方面へ下り、ビルカバンバを拠点に抵抗活動をつづけた。マンコ・インカ、サイリ・トゥパク、ティトゥ・クシ・ユパンキ、トゥパク・アマルーの四人の王が即位したが、最後のトゥパク・アマルーは一五七二年にクスコのハウカイパタ広場で処刑された。

抵抗を選んだインカの人々に対する苛酷な扱いとは裏腹に、スペイン人に協力的なインカ王の末裔は、インカ王の系譜につながることで特権を享受できた。そのため具体的にどのインカ王のアイリュに属しているかを強調し、裁判を起こして特権を認めさせようとした。アタワルパを除く一二人のインカ王のアイリュに属する人々は、そうしたせめぎ合いの中で勝ち残った人々なのである。

一方で、そうした動きの中で一二人のリストから漏れてしまったインカ王とその末裔がいる。処刑されたアタワルパの末裔を名乗る者もリストには含まれていない。他にも記憶から消された、あるいは消されそうになったインカ王がいる。例えばインカ・ウルコはある時期即位したが、パチャクティによって殺害されたため、アイリュは残っておらず、一二人のリストから漏れている。インカ王と見なされていたことが複数の記録から確認できる人物は他にもいる。パウリュ・インカ、アマルー・トパなどである。ごく少数のクロニカにのみ現れるインカ王の名前まで広げれば、タルコ・ワマン、トパ・ユパンキ、ヤムキ・ユパンキなどを挙げることができる。

インカ王の系譜を作成するさいに線引きがなされ、選ばれた王と、王であったにもかかわらず選ばれなかった人物がいることになる。そうした事情について、われわれは断片的な情報を持っているにすぎない。

また、地方の首長職をめぐる争いもあった。植民地時代には地方首長の座をめぐって、本来首長の系譜には関わりのない者が出自を捏造（ねつぞう）することもあった。

先住民によって語られたインカ王の歴史は、スペイン人の筆によって文字に翻訳され編纂されていった。それはさまざまな人々の意図が働き、感情が絡み合って紡（つむ）がれた歴史である。

1−2 書く

ケチュア語に「書く」という動詞はなかった。ディエゴ・ゴンサレス・オルギンのスペイン語－ケチュア語の辞書を見ると、「書く」にはケルカ（quellca）という単語があてられている（González Holguín 1989 [1608]: 199, 301, 513）。この単語は「描く」「彫る」という意味にもなる。つまり「書く」を、文字という形を作り上げるという意味にとったようである。また、「聖書」をケルカと呼んだ（ティトゥ・クシ・ユパンギ 1987 [1570]: 23）。

彼らがキープによって情報を記録したことを考え合わせれば、「書く」は「結ぶ」に対応すると思われるが、そうはならなかった。キープは数や意味を表すことはできる。しかし音を表す記録装置ではないため、文字とは異なる。先住民にとって書くこととは、音や意味を与えることではなく、形を与えることであった。人々は文字を音声情報ではなく、あくまで視覚情報としてとらえた。

クロード・レヴィ＝ストロースは歴史と構造を対峙させ、「熱い社会」と「冷たい社会」と表現している（レヴィ＝ストロース 1970 [1962]: 220, 1976 [1962]: 280-282）。インカ帝国はキープは使用したものの無文字社会で、構造の特徴がきわめて顕著な社会であった。つまり時系列の関係ではなく、共時的な枠組みが強い社会であった。そのため時間という概念、歴史的な事項は現在の共時的枠組みの中に解消されていた。

しかしスペイン人による征服後、世界認識のあり方が変化していく。重要な変化の一つは、歴史的に世界をとらえることが始まった点にある。ゴンサレス・オルギンの辞書にはすでに「歴史」という項目があり、「歴史＝ルナプ・カチカスカマンタ・ケルカ」（González Holguín 1989 [1608]: 546）

と説明されている。歴史の概念の説明に、「書く」という単語ケルカが用いられており、文字の使用を前提としている。

先住民は一七世紀には歴史という概念を理解していたのであろう。スペイン統治下で、みずからの系譜を古くさかのぼらせることができれば、権利の正当性を主張できる。そのような政治的状況において、クロニスタからインタビューを受ける経験を通して歴史の概念は徐々に浸透していったと思われる。

その変化は、それまで使用していたキープという記録装置の放棄に端的に現れている。文字による記録の導入に伴って、アンデス社会の世界認識、時間認識は大きく転換した。時間認識の変化については、次章で述べる。

クロニスタたち

先住民のさまざまなインフォーマントが語った古(いにしえ)の記憶が、文字という新たな媒体に乗って、現在まで伝わっている。以下ではその労をとったクロニスタを紹介し、インカについての記録がどのように出来上がったのかを例示したい（Pillsbury [ed.] 2008）。

インカに関連する記録は、⑴征服者、行政官などが国王や副王宛てに書いたもの、⑵ドミニコ会やイエズス会などの神父、修道士が書いたもの、⑶先住民が書いたもの、と大まかに三つに分類できる。

⑴ 征服者や行政官の記録としては、兵士であったペドロ・デ・シエサ・デ・レオン（シエサ・

デ・レオン 2006 [1553b], 2007 [1553a])、先住民と結婚したファン・デ・ベタンソス（Betanzos 1996 [1557], 2015 [1557])、クスコのコレヒドール（役人）であったファン・ポロ・デ・オンデガルド（Polo 1916 [1559], 1916 [1571], 1916 [1567]）らによるものがよく知られている。先に登場したペドロ・サルミエント・デ・ガンボアは副王トレドに仕え、スペインによる植民地支配を正当化するため反インカ的な記述を残した。

フランシスコ・ピサロと征服活動をともにした人物として、ミゲル・エステーテ、フランシスコ・デ・ヘレス（ヘレス 2003 [1534])、クリストバル・デ・メナ（無名征服者 1966 [1534])、ディエゴ・デ・トルヒリョ（トルヒリョ 1992 [1571])、ペドロ・ピサロ（ピサロ 1984 [1571]）などが記録を残している。ペドロ・サンチョ（サンチョ 2003 [1534]）もフランシスコ・ピサロの秘書であった。経理官であったアグスティン・デ・サラテ（Zárate 1995 [1555]）も一六世紀に記録を残している。

(2) スペインによるアメリカ大陸の征服は、「無知蒙昧（もうまい）な先住民」にキリスト教を布教するという大義名分によって正当化された。植民地体制においてもカトリックの布教が最大の関心事であり、多くの修道会が参入した。

イエズス会士であるホセ・デ・アコスタ（アコスタ 1966 [1590])、ベルナベ・コボ（Cobo 1964 [1653], 1979 [1653], 1990 [1653])、フランシスコ・デ・アビラ（後述の「ワロチリ文書」を参照）、リマ大司教であったパブロ・ホセ・デ・アリアーガ（アリアーガ 1984 [1621]）らの記録がある。また、ディエゴ・ゴンサレス・オルギンの編纂したケチュア語の辞書（González Holguín 1989 [1608])、ルドビコ・ベルトニオが編纂したアイマラ語の辞書（Bertonio 2006 [1621]）などがある。

メルセス会の修道士では、マルティン・デ・ムルーア（Murúa 1946 [ca. 1609], 2004 [ca. 1590], 2008 [1616]）が豊富な絵を含む記録を残している。アウグスティヌス会士としてはミゲル・カベーリョ・バルボア（Cabello Valboa 1951 [1586]）、アントニオ・デ・ラ・カランチャ（Calancha 1974-1981 [1639]）が記録を残し、ペルー北高地に関する作者不詳の記録（Agustinos 1992 [1560]; San Pedro 1992 [1560]）もある。

ペルーにおける布教活動の先陣を切ったドミニコ会士としては、ケチュア語の辞書を編纂したドミンゴ・デ・サント・トマス（Santo Tomás 1994 [1560], 2006 [1560]）が有名である。またバルトロメ・デ・ラス・カサス（Las Casas 1948 [ca. 1559]）は、ペルーに渡航することはなかったが、貴重な記録を残した。

メキシコで主体的に活躍したフランシスコ会の神父はペルーについてあまり記録を残していないが、ペルー南高地のアンダワイリーリャスの教区付き司祭であったファン・ペレス・ボカネグラ（Pérez Bocanegra 1631）の記録などがある。またクスコの教区付き司祭としては、クリストバル・デ・モリーナ（Molina 2010 [1575], 2011 [1575]）がインカの儀礼について貴重な記録を残している。

(3) 一方、アンデスにおいて先住民の言葉で書かれた文書は、メソアメリカと比較してきわめて少ない。ケチュア語で書かれたのは現在のリマ県の山岳地帯の神話を収集した「ワロチリ文書」（Arguedas [ed.] 2009 [1598?]; Salomon & Urioste [eds.] 1992 [1608]; Taylor [ed.] 1999 [ca. 1608]）と呼ばれる記録のみである。これは先に述べたイエズス会士のアビラによって編集された。

他にはフェリペ・グァマン・ポマ・デ・アヤラ（Guaman Poma 1980 [ca. 1615], 1987 [ca. 1615], 1993 [ca.1615], 2009 [ca.1615])、ファン・デ・サンタ・クルス・パチャクティ・ヤムキ・サルカマイグァ（Pachacuti Yamqui 1993 [1613]）という先住民がケチュア語混じりのスペイン語で記録を残した。

ビルカバンバで抵抗活動をつづけたティトゥ・クシ・ユパンキ（ティトゥ・クシ・ユパンギ 1987 [1570]）がアウグスティヌス会士に語った内容を口述筆記したものもある。そして父がスペイン人、母がインカの王族であったメスティーソ、インカ・ガルシラソ・デ・ラ・ベガ（ガルシラーソ 2006 [1609]）によって書かれた記録がある。

インカ・ガルシラソ・デ・ラ・ベガ

ここでは、以上に列記したクロニスタのうちの四人と、前節で紹介した『キープカマヨクの報告書』について言及しておきたい。

一人目はインカ・ガルシラソ・デ・ラ・ベガである。その記録は一七世紀から一八世紀にかけてヨーロッパで最も広く読まれた。ガルシラソは右に紹介したように、父がスペイン人、母がインカの王族という由緒正しいメスティーソであり、自文化としてインカを称賛した。インカの王族の血を引くゆえに、彼が書いた内容は真正性を持つものとして受け止められた。しかしながら詳細に検討してみると、他のクロニカといろいろな点で異なっている。

ガルシラソの記述の特殊性はインフォーマントの立ち位置にある。ガルシラソは母方の親族からインカについての情報を得た。母が所属していたのは、トパ・インカ・ユパンキ王のアイリュであり、当然ながらトパ・インカ・ユパンキを褒め称える形で書かれている。そして敵対していたパチャクティ王のアイリュを貶めるため、パチャクティの前の代のビラコチャ・インカ王の治績を称揚した。本来はパチャクティの治績であった出来事を、ビラコチャ・インカの時代のこととして記録したのである。他の多くのクロニカはパチャクティ寄りの情報が濃厚であるが、ガルシラソのクロニカの内容はトパ・インカ・ユパンキ寄りの見方に傾いており、異彩を放っている。

ガルシラソの記録は、インカに関するクロニカとしては少数派であるにもかかわらず広く読まれ、標準のインカ史として受け止められた。ガルシラソのクロニカが流布した一七世紀、一八世紀には、現在のインカ研究の重要な情報源であるサルミエント・デ・ガンボア（一九〇六年に出版）、ファン・デ・ベタンソス（一八八〇年にその一部が、一九八七年に完全版が出版）、ペドロ・デ・シエサ・デ・レオン（一八八〇年に第二部が出版）、フェリペ・グァマン・ポマ・デ・アヤラ（一九三六年に出版）のクロニカなどはまだ流布しておらず、読まれていなかったので、ガルシラソの記録の特殊性については分からなかったのである。

ファン・デ・ベタンソス

二人目は、ファン・デ・ベタンソスである。この記録は当時のペルー副王アントニオ・デ・メンドサ（在任一五五一―五二年）の要請にしたがって書かれたものである（Domínguez 2008, 2010）。ベタンソスのクロニカは一九世紀からその一部が知られ読まれていたが、一九八七年にようやく完全版が公刊された。

スペイン人のベタンソスはインカの王女と結婚し、妻の家族がインフォーマントとなった。彼女の所属はパチャクティのアイリュであり、そのためインカ王についての語り方がガルシラソと異なる。その記録の大半がパチャクティを称賛するために費やされており、トパ・インカ・ユパンキなどはむしろ下に見られ、ガルシラソの記録との対照が際立っている。

ペドロ・デ・シエサ・デ・レオン

三人目にペドロ・デ・シエサ・デ・レオンを取り上げよう。この記録は一五五三年に書き上げられているが、一九世紀後半に歴史学者マルコス・ヒメーネス・デ・ラ・エスパーダが刊行するまで、日の目を見ることはなく埋もれていた。

シエサ・デ・レオンは兵士としてアンデスをくまなく踏破し、わずか三〇歳で浩瀚(こうかん)なクロニカを書き上げた才能あふれる人物であった。その観察力の鋭さと繊細さは高く評価されている。

クロニカを読んでみると、例えばアタワルパはだめな王として描かれている。このことからインフォーマントは反アタワルパ派であったことが分かる。インフォーマントの一人はワイナ・カパック王の末裔、カヨ・トパであった。その他にも多くのインフォーマントから情報収集した。シエサ・デ・レオンは最良の通訳を使って彼らに質問したという。またキープの素晴らしさについても言及している（シエサ・デ・レオン 1553b: 第11-12章; 2006: 63-75）。

シエサ・デ・レオンは特定のインカと血縁あるいは婚姻関係で結ばれていたわけではない。そのため、どのインカ寄りになるかを決める個人的な理由はない。集めることができた情報にもとづき、できるだけ客観的に書き記したと推察される。しかしそれでもなお、インフォーマントの立ち位置によって情報は偏るのである。記録の性格を評価するためには、インフィーマントの系譜を詳らかにすることが有効であろう。

『キープカマヨクの報告書』

次にもう一度、『キープカマヨクの報告書』を取り上げよう。その名のとおり、キープカマヨクが語った内容を記した記録である。

そこにはパウリュ・インカという人物がスペイン側に協力したこと、素晴らしい人物であったことが記されている。そのためインフォーマントはパウリュ・インカの系譜に近かったのであろうと予想できる。フランスのピエール・デュヴィオルは、この文書の信憑性を疑っているが（Duviols 2017 [1979]）、そもそもインカに関する文書に公平な記録はない。いうならば、どれもが依怙贔屓の顕著な記録である。その意味で、『キープカマヨクの報告書』は典型的なものである。

パウリュ・インカは完全にスペイン人寄りのインカであり、カトリックの洗礼を受けた。ビルカバンバに引きこもり抵抗活動をつづけた兄弟、身内の説得にもあたった。パウリュは一三人のインカ王のリストから漏れているが、この『報告書』ではインカ王として認知されている。

フェリペ・グァマン・ポマ・デ・アヤラ

最後に別の先住民の記録の例を取り上げよう。二〇世紀初めにデンマークのコペンハーゲンで発見された『新しい記録と良き統治』というクロニカであり、多くの挿絵を含むことで知られる（染田・友枝 1992)。

これを書き、描いたのはフェリペ・グァマン・ポマ・デ・アヤラという先住民である（図1-3）。彼の祖父とトパ・インカ・ユパンキ王のつながりが強調されている。四角いスペースの中に絵を描くというスタイルがヨーロッパ起源であることは明らかである。他にこうした絵が含まれる記録として、メルセス会の修道士マルティン・デ・ムルーアのクロニカがある。問題はグァマン・ポマの絵とムルーアのクロニカに含まれる絵が酷似している点である。同一人物が描いたのか、あるいは片方が真似して描いたのか。現在ではムルーアの記録に含まれる絵もポマが描いたという意見が優勢である（カミンズ 2012）。しかし絵の情報はこの二つのクロニカにほぼ限定されており、他にもあったのかどうかは分からない。そもそも二〇世紀になるまで、ポマのクロニカは文書館の中に埋もれていた。文章だけでなく絵という手がかりがあっても、クロニスタ間の人間関係を解明することは難しい。

図1－3　グァマン・ポマ自画像　副王に会い直訴するためにリマへ向かう場面。季節は冬で、貧乏だとみずから説明する。右は息子のフランシスコ。その前を行く犬にはラウタロという名前がつけられていた。（Guaman Poma ca. 1615: 1095 [1105]）

ポマの文章はケチュア語混じりのスペイン語で書かれており、きわめて読みにくい。それでも断片的にせよ、先住民の言語がクロニカの中に含まれていることから、インカの歴史を研究する貴重な手がかりが残されていると評価すべきなのである。

クロニスタ間の人間関係

以上見てきたように、インカの歴史に正統な王朝史というものは存在しない。しかしそれでも地道に研究を進めていくことで、矛盾を少しずつ解消し、解釈の整合性を高めていくことはできる。その作業を、史実に近づける、と表現しても間違いではない。しかし史実にたどり着くこと、あるいはこれが史実であると説得的な方法で証明することは、けっしてできないだろう。

インカ王族内の複数のアイリュがせめぎ合って、植民地時代の混乱の中を有利に生き延びるために画策した。自分の属するアイリュの創始者であるインカ王を称賛し、一方で相手を貶めて、結果的に出来上がった記録がクロニカなのである。クロニカを読み比べて矛盾を見つけ、より整合的に編み直す必要がある。

もう一つ注意点を指摘しておこう。時間が経過すると、前時代に書かれたクロニカをのちのクロニスタが読むことになる。やっかいなのは他のクロニカの内容を、引用元を明示せずにそのまま書き写す行為が頻繁におこなわれていたことである。現在であれば剽窃（ひょうせつ）として糾弾される行為が、当時は当たり前におこなわれていた。同じ情報が複数のクロニカに書かれていれば、信憑性が高いと評価したくなるところであるが、元をたどれば情報源は一つということがしばしばある。あくまで独立した情報源を照らし合わせて整合性を判断することが必要である。

しかしクロニカ間の参照関係を解明することはなかなか難しく、作業は遅々としてはかどらない。例えば同じイエズス会士であれば、他のイエズス会士のクロニカにアクセスすることは容易だったはずである。そうしたクロニスタ間の人間関係も頭に入れて、クロニカの系譜関係を明らかにすることが必要となる。

1-3 解く

実証的研究の始まり

キープに結ばれた情報とともに語り継がれた口頭伝承が、スペイン語に翻訳されて紙に記された。そうした紙の記録が発見され印刷された場合に、議論の俎上(そじょう)に載せられる。

今度はそれを読み解く研究者に登場してもらおう。もともとはキープに結ばれていた情報であるから、「解(ほど)く」作業であると同時に、記述された内容を「解(と)く」作業でもある。

ガルシラソの記録が広く読まれ、インカのユートピア的イメージが流布していたのが一八世紀までの状況だった。厳密な史料批判にもとづくインカ研究が始まったのは、一九世紀の終わりごろからだったといえる。その中心となったのがマルコス・ヒメーネス・デ・ラ・エスパーダである。彼によって、それまで未刊行だった多くの記録が出版され普及することで、実証的研究が可能になった。

そして現在につながる研究の流れが始まったのは、二〇世紀半ばからである。それには三人の研究者が大きく貢献した（渡部 2023）。ケチュア語で賢人のことをアマウタと呼ぶが、ここでは尊敬の念を込めて、インカ研究のアマウタとして紹介しよう。ジョン・H・ロウ（一九一八―二〇〇四）、R・トム・ザウデマ（一九二七―二〇一六）、ジョン・V・ムラ（一九一六―二〇〇六）の三人である。史料批判という点から、それぞれの研究スタイルを説明しておこう。

ジョン・H・ロウ

アメリカで生まれ、アメリカで教育を受けたロウは、植民地時代に書かれた記録文書を総合してインカに関する包括的な論文を一九四六年に発表した（Rowe 1946）。現在まで読み継がれる規範的な論文である。

そして考古学のトレーニングを受けたロウは、インカ帝国の首都クスコで発掘調査を実施し、考古学データと史料との総合を試みた。また植民地時代について多くの論文を執筆した（Rowe 1957, 2003）。

アメリカ合衆国の研究の流れの中では文化史学派に位置づけられる人物であり、クロニカの断片的な情報を総合し、歴代インカ王の推定統治年代までをも導き出した。カベーリョ・バルボアのクロニカ（Cabello Valboa 1951 [1586]）におもに依拠した計算によれば、パチャクティ王の即位年代は一四三八年ということになる。文字社会に生活するわれわれにとって、そうした歴史認識はなじみやすいため、ロウの提示した数値は史実であるかのように一人歩きしていくこととなった。

R・トム・ザウデマ

史料の内容を丁寧に読み取るロウの研究に対して、まったく違う方法を提示したのがオランダ人研究者R・トム・ザウデマである。オランダ構造主義の牙城であるライデン大学で教育を受けたあと、アメリカに渡り独自のスタイルのアンデス研究を進めていった（Zuidema 1989, 1990 [1986]）。主著『首都クスコにおけるセケ・システム』（Zuidema 1964）は英語で一九六四年に出版され、活発な議論を巻き起こした。

構造主義的方法論にもとづくザウデマによれば、無文字社会であったインカに関する記録は、スペイン人の文化理解というフィルターを通して書かれているため、歪められた記録である。そしてヨーロッパ人の歴史認識とは異なる世界観がアンデスの人々の頭の中にあったという。ではスペイン人の文化的フィルターを通って記録されたクロニカを利用して、どのようにアンデス的世界観を再構成できるのか。

ザウデマはスペイン人がまったく理解できなかった、つまりスペイン人の文化的フィルターを通っていないインカ独自の制度であるセケ・システムに着目して、インカの政治組織、親族構造などを論じた。それは、無文字社会であるアンデスにおいては歴史的思考ではなく、強固な構造的思考があるという前提のもと、その基本的構造を再構成する試みであった。

セケ・システムとは首都クスコにみられる空間構造、分類体系である。クスコ内にある聖なる物体ワカ（Bray [ed.] 2015; Meddens et al. [eds.] 2014）を結ぶ想像上の線をセケと呼び、それにしたがった空間構造、分類体系がセケ・システムである（Cobo 1653: lib.13, caps. 13-16; 1964: 169-186; 1990:

51-84)。その記録はセケごとのワカのリストであり、スペイン人が解釈を加える余地のない内容であることから、キープの情報がそのまま紙に移されたものと考えられている。

歴史的思考ではなく構造的思考が強く、枠にしたがって物事を考える無文字社会の特徴がインカ帝国にあてはまるというザウデマの主張は、大筋では正しい。しかし、歴史的な記述がすべて虚偽であるわけではない。情報がスペイン人の文化的フィルターを通っているとしても、そこから汲み取ることのできる歴史的事実は多くあるはずである。それをどのように整理するのかを考える必要がある。無文字社会の思考については次章の時空間の概念のところでまた戻って説明しよう。

ジョン・V・ムラ

三人目はウクライナ生まれ、ルーマニア育ちのジョン・V・ムラである。ユダヤ系の家庭に生まれたムラは、ヨーロッパからアメリカ合衆国に移住してシカゴ大学を卒業し、研究生活を送った。ジョン・V・ムラはアメリカに渡ってからの名前で、ルーマニアにおける本名はイサック・リプシッツ(Isak Lipschitz)である(Salomon 2007)。

ムラはクロニカを利用してインカ帝国の経済組織について博士論文を執筆した(Murra 1980 [1956])。その後、新たなジャンルの史料を導入することで研究の幅を広げた(Murra 2002)。特に植民地時代に実施された巡察(ビシタ)の記録を利用して、それまでのクロニカに偏ったインカ研究の定性分析に、具体的な人口などを算出する定量分析を加えることができるようになった。巡察とはいわゆる国勢調査である。スペインの植民地支配下では、インカ帝国の制度を温存して効率のよい徴税システムを確立する方針であったため、インカ帝国時代から植民地時代にかけての連続性が認められる。そのため巡察がおこなわれた植民地時代を起点として、遡及的にインカ帝国の時代の特徴を再構成できる。

ムラはさらに考古学とのコラボレーションを推進した。巡察記録（Ortiz de Zúniga 1967/1972 [1562]）が見つかったペルー北高地南部のワヌコ地方におけるインカ帝国時代の行政センターであるワヌコ・パンパで発掘調査を実施した（Morris & Thompson 1985）。それまでクスコに集中していたインカ研究者が地方にも目を向ける契機となった点で、ムラの功績は大きい。その後、文書記録の分析と考古学的手法にもとづく調査を組み合わせる方法がさかんになり、各地の行政センターの調査、あるいは特定地域においてインカ期に生じた社会変化の解明などが人気のあるテーマとなった。

もちろん以上の三人以外にも多くの研究者が活躍した。例えばペルー人研究者には、マリア・ロストウォロフスキ、フランクリン・ピースなど、文書記録研究で著名な研究者がいる。アメリカ合衆国では、ペルー中央高地で大きなプロジェクトを遂行したティモシー・アールとその弟子たち（D'Altroy & Hastorf [eds.] 2001）、プロセス考古学の流れを汲むブライアン・バウアー、アラン・コウヴィー（Covey 2006）の名前を挙げておこう。

ただし現役のインカ研究者の多くはロウ、ザウデマ、ムラの三人の弟子、あるいは孫弟子であり、三人の存在はやはり大きい。クロニスタ間の人間関係と同様に、研究者間の人間関係も理解したほうがインカ研究の現状をよりよく把握できるのである。

第2章　パチャ——時空間

この章ではインカ帝国の時空間について説明する。時空間といっても、インカ帝国の面積がどのくらいあって、およそ何年間にわたって繁栄したのかを説明するわけではない。それはわれわれが有する情報であって、当事者であるインカの人々が知っていたわけではない。ここで検討するのはインカの世界において時間と空間がどのように認識されていたかである。

2-1 時間と暦

直線的な暦、循環する暦

インカの人々にとって時間はどのようなものだったのだろうか。

文字社会と無文字社会の対比から考えてみよう。例えば著名な考古学者ゴードン・チャイルドの枠組みにしたがえば、文字は文明の必要条件であった（チャイルド 1957 [1936]）。文明とは社会の大規模化、複雑化の過程である。古代文明の中で、唯一例外の無文字社会がアンデス文明であった。アンデスの人々は文字がなくとも文明を創り上げた。

文字があると何が変わるのだろうか。さまざまなことを記録できるようになる。そして時間も文字で記録できるようになり、暦が誕生する。文字社会と無文字社会の大きな違いは暦の仕組みにあり、それに伴う時間認識の差にあった。

無文字社会に暦がなかったわけではない。まず暦を直線的な暦と、循環する暦に分けてみよう。

現在われわれはこの二つを組み合わせて使用している。例えば現在は西暦二〇二四年、令和六年であり、来年は二〇二五年、令和七年となる。そして二度と二〇二四年、令和六年には戻らない。これは時間が積み重なる直線的な暦である。一方、循環する暦はどうであろうか。今日の日付二月一日を過ぎると二月二日になる。しかし一年たてば、また二月一日は巡ってくる。誰にでも誕生日は毎年やってくる。

無文字社会では直線的な暦は発達しない。インカ帝国においてもしかりである。循環する暦は存在し、夏至、冬至のような一年の節目となる日の天体現象を観測していたことは分かっている。それらは一年を分割する指標であり、毎年繰り返し認められる現象である。建築が夏至の日の出の方向を向いている事例などが、天体観測をしていた状況証拠となっている。ガルシラソは次のように述べている。

インカ族は粗野で単純であったにもかかわらず、太陽の運行が一年で完結する、つまりその周期が一年であることを知っており、それをワタと呼んでいた。これは「年」を意味する名詞であるが、同時に、アクセントや発音を変えることなく、そのままで動詞としても用いられ、「縛る」という意味を持つ。（ガルシラーソ 1609: 第2の書第22章; 2006: (一) 251）

このことと関連して、マチュピチュ遺跡にある加工された細長い岩がインティワタナと呼ばれ、「日時計」と解釈されている。インティは「太陽」を意味する。しかしゴンサレス・オルギンの辞書では、「日当たりのいい場所」（González Holguín 1989 [1608]: 369）と説明されている。

アンデスの暦

ファン・デ・ベタンソスによれば、パチャクティ王は一年に一二ヶ月があることを見つけ出し、時間を知るためにパチャ・ウナン・チャンガと呼ばれる一種の日時計を作った。山の上などに石を立て、それを基準に太陽や月を観察することで種まきや収穫の時期を知ったという（Betanzos 1557: parte 1, cap. 15; 1996: 65; 2015: 183）。

一年が三六五日であることも理解されていたようである。織物が三六五本の糸からなる事例などはその証左であろう。また三六五の二倍である七三〇という数が結ばれたキープが、ペルー北部のチャチャポヤス地方のラグーナ・デ・ロス・コンドレス遺跡から見つかっている（Urton 2001）。そのためアンデスの人々が二年を一巡りとして認識していた可能性もある。しかしそれらは循環する時間であり、累積的に積み重なる時間ではなかった。

一年に一二ヶ月があることも認識されていた。クリストバル・デ・モリーナによれば、アンデスではヨーロッパの暦の五月中旬から一年が始まったという（Molina 1575: folio 7v.; 2010: 47; 2011: 21）。ただし月は何番目かが重要であったわけではなく、どのような祭りがあるかが重要であった。モリーナの記述によれば、ヨーロッパの各月に対応する月の名称と、その月におこなわれた祭り、主な行事は次のようになっている。

五　月　ハウカイ・リュスケ　インティ・ライミ（太陽の祭り）
六　月　カワイ、別名チャワルワイ　（祭りなし）
七　月　モロンパサ、タルプイキリャ　ヤワイラの祭り（豊作祈願の祭り。播種（はしゅ）の月であるため）
八　月　コヤ・ライミ　シトゥアの祭り（全土のワカをクスコに集めておこなう厄除（やくよ）けの祭り）
九　月　オマク・ライミ　グァラチリョの祭り（耳たぶに穴を開ける祭り）
一〇月　アヤルマカ・ライミ　グァラチコの祭り（耳たぶに穴を開ける祭り）
一一月　カパック・ライミ　インカ王の祭り
一二月　カマイキリャ　チョカナコ（投石器で石を投げ合う）
一　月　アトゥンプクイ　（祭りなし）
二　月　パチャプク　（祭りなし）
三　月　パウカルグァラ　（祭りなし）
四　月　アイリグァイ　アイモライ（収穫作業）

一月から三月まで山地は雨季で祭りがなく、あまり目立たない時期であった。現代の日本でも三月、四月のようにいろいろなイベントがある月と、そうではない月がある。そうした感覚がアンデスにおいても存在し、時間は均一に流れているのではなく、浮き沈みがある、あるいは拍子があると認識された。

ゴンサレス・オルギンの辞書にある月に関連する単語は次のようになり、二月、三月は出ていない。

四　月　アイリ・ワキリャ（González Holguín 1989 [1608]: 33, 41, 381）
五　月　ハトゥン・クスキ、アイムライキリャ（González Holguín 1989 [1608]: 154）
六　月　インティ・ライミ（González Holguín 1989 [1608]: 551）
七　月　アンタ・シトゥア（González Holguín 1989 [1608]: 551）
八　月　カパック・シトゥア（González Holguín 1989 [1608]: 394）
九　月　ウマ・ライミ（González Holguín 1989 [1608]: 669）
一〇月　アヤル・マカ（González Holguín 1989 [1608]: 611）
一一月　アヤマルカ、あるいはカパック・ライミ（González Holguín 1989 [1608]: 39, 603）
一二月　ライミ（González Holguín 1989 [1608]: 315）
一　月　コリャプコイ（González Holguín 1989 [1608]: 504）

一〇月がアヤル・マカ、一一月がアヤマルカとなっており類似している。また「クスキイパチャ、ミッタ＝雨が降り始める一〇月ごろの土を砕く時期」（González Holguín 1989 [1608]: 59）というように、一〇月という月の名称を明示して、その時期におこなう農作業を説明する場合もある。さらにはシトゥアの祭りが八月だけでなく七月にも結びつけられている。

他のクロニカの情報はどのようになっているのだろうか（Bauer & Dearborn 1995: 30-31; Yaya 2012: 198-199）。ベルナベ・コボのクロニカにはモリーナと同様の情報が現れる。しかしグァマン・ポマの情報では五月がアイモライとなっており、モリーナとはずれている。ガルシラソによれば、シトゥアの祭りは九月である。こうした一見すると混乱している状況は、月の始まりにあたる日が西洋の暦とアンデスの暦ではずれるため、どうしてもアンデスのある月がヨーロッパの二つの月にまたがることに起因する。

月の認識は、どのような祭りがあるのかが基準となっていたようである。大きな祭りがない月はあまり重要視されなかったのであろう。特に重要だったのは、五月、八月、一一月の三大祭り（太陽の祭り、シトゥアの祭り、インカ王の祭り）である。

暦と数字

現代の日本人は月を数字で数え、一月から一二月まで連続的に認識する。しかしアンデスの人々にとって順番は重要ではなかった。冬至の月はインティ・ライミ（太陽の祭り）の月というふうに、各月ごとに認識していた。

これは現代のスペイン語話者でもそうである。例えば八月をアゴストと呼ぶが、何番目の月に相当するかすぐには分からず、月を数字で記入する必要がある場合はエネロ（一月）から順番に数え、八番目の月と確認するのである。そのためときどきアゴストを七月、あるいは九月と間違えてしまう。

アンデスの人々は、その月が一年のうちの何番目の月かをあまり意識していなかった。西洋の暦のように数字で理解する暦とは仕組みが異なっていた。インカ王の即位順も数字で説明されるわけではなかった。そのため、スペイン人の認識の枠組みに合わせて理解しようとしてもずれが生じてしまうのである。

一方、アンデスの暦は一二月から始まる、あるいはヨーロッパと同様に一月から始まると述べているクロニスタもいる。グァマン・ポマはその一人であり、ヨーロッパ的な暦について一月から整然と説明している。しかし一年がどこから始まるかは、アンデスの人々にとって重要ではなかった。直線的な暦ではなく、循環する暦だったからである。どの月から始まっても循環するのであれば同じである。現代人にとって一月が重要なのは、一月になれば新しい年が始まるからである。アンデスでは例えばインティ・ライミが基準となり、インティ・ライミの季節がやってくれば一年が回ったと考える。そもそも月に数字をつけて呼んでいたわけではないので、何番目の月かという発想自体がなかった。新年という認識も稀薄（きはく）だったのであろう。

セケと暦の関係についても述べておきたい（Bauer 1998; Zuidema 1964）。クスコには中心となるコリカンチャ（太陽の神殿）から放射状に四一本の想像上の線セケが延びていた（図2-1）。セケは聖なる物体ワカを結んだ線であり、セケ上にあるワカを合計すると三二八となる。これが恒星月暦（太陰暦の一つ）の一年の日数（27.3×12≒328日）であると指摘したのはザウデマである。ザウデマによれば、セケ暦は現在の暦の六月九日から始まるという。そして三六五日から三二八日を差し引いた残りの三七日は、アイモライと呼ばれた（Zuidema 2011）。先に見たようにモリーナの暦では最

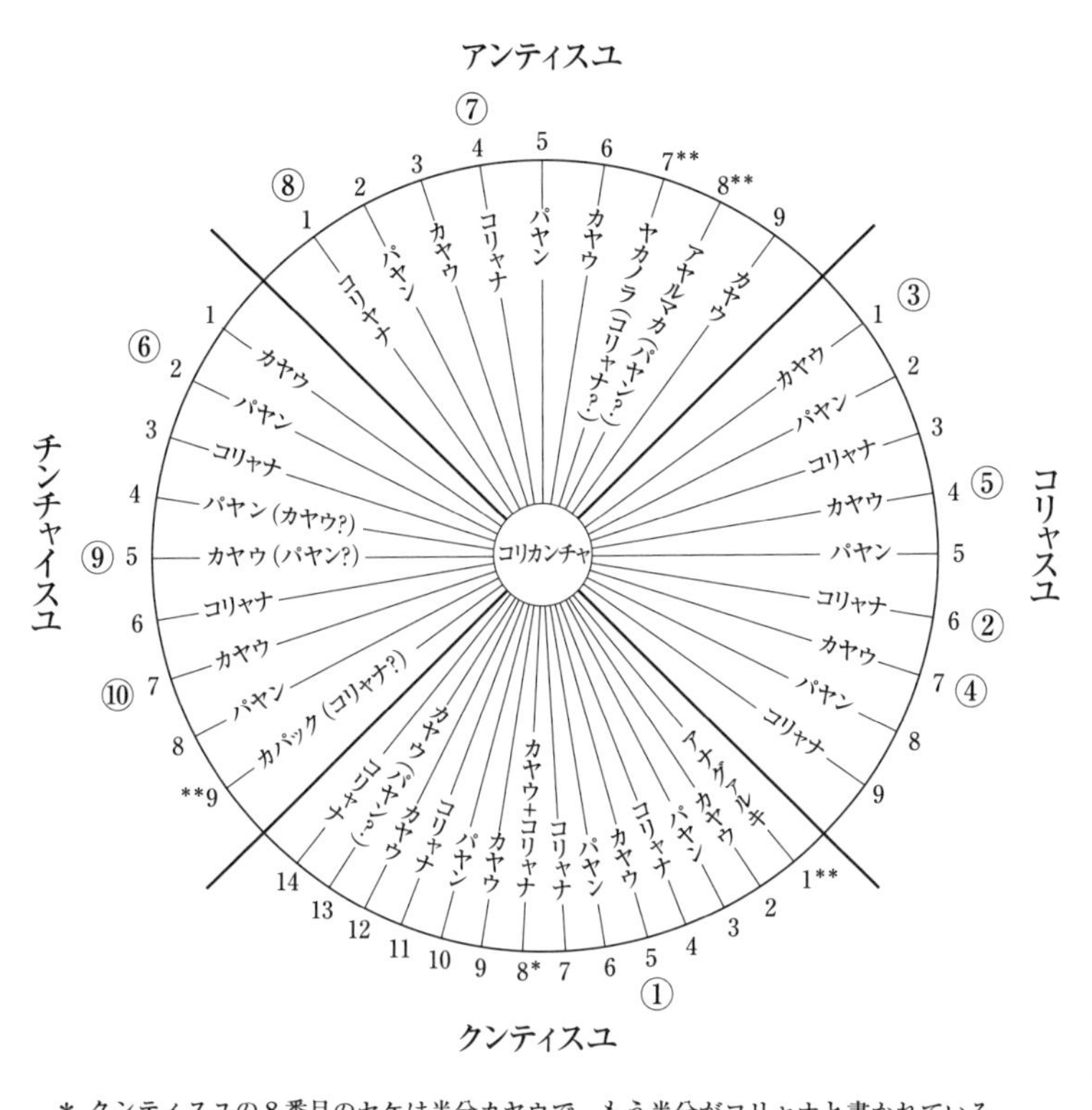

＊ クンティスユの８番目のセケは半分カヤウで、もう半分がコリャナと書かれている。

＊＊チンチャイスユの９番目のセケ、アンティスユの７番目、８番目のセケ、クンティスユの１番目のケセは、コリャナ、パヤン、カヤウのいずれに属するか明示されていない。

（　）内は筆者による推定である。

丸囲み数字は単一王朝モデルにおける歴代インカ王のアイリュ（ただし②のみは第２代王のミイラが管理されていた建物）が位置するセケ。①マンコ・カパック　②シンチ・ロカ　③リョケ・ユパンキ　④マイタ・カパック　⑤カパック・ユパンキ　⑥インカ・ロカ　⑦ヤワル・ワカック　⑧ビラコチャ・インカ　⑨パチャクティ　⑩トパ・インカ・ユパンキ

図２－１　セケ体系　ベルナベ・コボのクロニカにおけるセケの説明はチンチャイスユから始まり、アンティスユ、コリャスユ、クンティスユの順で書かれている。各スユのセケの順番はチンチャイスユのみ反時計回りである。各セケのワカはコリカンチャを起点として外側に向かって記録されている。（渡部 2010: 図7-1）

後の月で四月にあたる。収穫作業の月と位置づけられている。ただしアイモライが五月、六月にせよ四月にせよ、インカ帝国では収穫祭の習慣はなかった。

三六五日という日数と同時に三二八日という日数も認識されていたことから、二種類の暦が併用されていたと考えられる。ところが太陽暦も太陰暦も、どちらも直線的な暦の発明には結びつかなかった。キープを使用していたのであるから、年数や年齢を記録することは問題なくできたはずである。しかしアンデスにおける数字は基本的に数を数える基数であり、序数という概念は発達しなかった。キープの数は量を示すのであり、順番を示すわけではなかったのである。だから現在の電話番号のような数字の羅列などはなかった。そして、数字の順番にしたがって進むという発想も発達しなかった。

さらにフランク・ミデンズは、メトン周期に対応する一九年に一度、同じ月日に同じ位相の月が見られる現象がインカ帝国で知られていた証拠を見いだした（Meddens 2006）。人々はかなり詳細に天体を観測する技術を持っていたことが分かる。グァマン・ポマのクロニカでは占星術師が描かれており、キープを手にしている（図２－２）。

図２－２　占星術師　天体を観測する技術を持ち、播種や収穫の時期などを理解していた。絵の上の解説には「世界の四つの風を知っていた」とあり、おそらくギリシャ神話の東西南北の風の神のことを指していると思われる。（Guaman Poma ca. 1615: 883 [897]）

権力者と暦

文字の使用とともに暦が生み出されるのは、複数の文明に共通する特徴である。時間を直線的にとらえる流れの中で、まず王の即位の順序が把握され、出来事を特定の王の時代と結びつける認識が生まれる（蔀 2004）。そうして一方向に進む時間の認識が数によって示されるようになった。

古代より時間の支配は時の権力者がおこなうものであり、権力者は採用する暦を決定した。ユリウス・カエサルなど、新たな暦を導入した権力者の例は枚挙にいとまがない。時間を司（つかさど）り、時間軸の上にみずからを位置づける、まさに歴史を作るのが支配者であった。

文字社会の国家では暦が創り出され、直線的時間認識が定着し、歴史という考え方が生まれ、各王は歴史の時間軸上に位置づけられることとなった。そして何代目の王、誰々王の息子という形で王権の正統性が示されるようになる。

ひるがえって無文字社会であるインカ帝国では、各インカ王は自分たちをどのように語っていたのだろうか。

前章で、初代インカ王マンコ・カパックから第一三代王アタワルパまで、一三人が順次即位したという王朝史は植民地時代に創り上げられたものであると述べた。実際、それぞれのインカ王は自分が何代目の王かを名乗っていたわけではない。キープカマヨクも、どの王が何代目であったかを語ってはいない。序数は重要ではなかったのだが、クロニスタがキープカマヨクの提供する情報を総合し編纂するさいに第何代王という語りが生まれたのである。

インカ王が自分の系譜を過去にさかのぼって誰々王の息子と語ることはない。インカ王は「太陽の息子」であった。王朝の起点を通時的に確認するのではなく、「太陽の息子」を名乗ることで王権の正統性を共時的に示したのである。インカ帝国の創始者とされる初代王マンコ・カパックも「太陽の息子」であったという（キープカマーヨ 1995 [1543/1608]）。

すでに述べたように、それぞれのインカ王のアイリュがあった。インカ王は一系として認識されるものではなく、併存するものであった。つまりインカ王の関係性は通時的にではなく共時的に、歴史的にではなく構造としてとらえられるものであった。植民地時代に残った一二のアイリュ以外に、失脚したインカ王のアイリュもかつては存在したと考えられている（ロストウォロフスキ 2003 [1988]: 24-27）。

インカ帝国の構造の枠組みにはまらなくなったアイリュは、王朝史の語りから除外されたのであろう。インカ王に関する情報は時間の経過とともに歴史的に累積されるのではなかった。インカ王のアイリュの数は累積的に、時間に比例して増えていくことはなく、定まった枠が最初にあったと考えられる。

インカ王が前王から王位を継承するという認識、何代目の王であるという認識はなかった。そして新しいインカ王は前王の財産を引き継ぐことはできなかった。すべてゼロから始めたのである。この点については第4節で述べよう。

王朝史を認識していなかったことに関連して一点補足しておく。植民地時代になり、スペイン王カルロス五世宛てに送られた品目のリストの中に、歴代インカ王の系図、いくつかの出来事を描いた織物があったという（Julien 1999）。そうした織物が、王の歴史を視覚的に表現していた可能性が指摘されている。

植民地時代になるとインカ王の図像が描かれ始めたため、これもそうした流れの中で製作されたものであろう。少なくとも、インカ帝国時代にインカ王の姿を表現した遺物は一点も見つかっていない。これはモチェやワリなど人物表現を頻繁に用いた先インカ期の文化とは異なる点である。インカ時代の図像表現についても、第4章第6節であらためて述べることにしたい。

パチャ

直線的な時間概念にしたがった歴史認識がなかったとしたら、アンデスの人々は過去をどのようにとらえていたのだろうか。それを理解するため、パチャという概念を取り上げる。

パチャを辞書で引くと、「時間、大地、場所」（González Holguín 1989 [1608]: 268）と出てくる。アンデスの世界では時間と空間は分離されていなかった。現在はカイ・パチャ、過去はニャウパ・パチャと認識された。つまり時間は現在と過去という二項対立でとらえられ、時間軸上に過去、現在、未来がつづくとは認識されなかった。過去が数値を伴ってどのくらい昔か、と示されることもなかった。いわば無時間的な過去であり、時間軸の概念自体がなかったのである。どのくらいの昔か、どのくらいの年齢か、という時間の長さを示すのに、比較の基準として数は用いられなかった。今か昔かという定型的な枠に合わせて時間が認識された。

アンデスでは数を数えることが基本であった。順番をつけることは重要ではなかった。このことは何代目の王か、あるいは何番目の月か、にこだわらないことと同様である。そして決められた枠を繰り返し適用した。例えば世代は四つの世代が基本であり、世代を指すのに数字ではなく、後述するコリャナ、パヤン、カヤウという三分制の用語が用いられた（Pérez Bocanegra 1631: 613）。時間も枠として数えるのであって、どのくらいの長さかを示すものではなかった。

単位の概念

古代国家において度量衡は重要な要素である。長さは尺、メートルなどの定まった単位が基準となる。インカでは、両手を伸ばした長さをリクラ（ricra）、その半分をシクヤ（sikya）、肘から指先までをクチュチ（cuchuch）、手首から指先をカパ（capa）、指の長さをロカナ（rokana）、親指と人差し指の間をユク（yuku）、二歩分の長さをタトキイ（thatkiy）と呼んだ（Hamilton 2018: 44; Rowe 1946: 323-325）。

面積に関しては、チュタ（Chuta）という単語がある（Hamilton 2018: 117）。チュタ・カスキは「土地の公式単位、一尋分（ひとひろ）」（González Holguín 1989 [1608]: 125）という意味である。また辞書には「チュタ・カヤクニ＝死者のように伸ばして詰められた」（González Holguín 1989 [1608]: 125）ともあり、アンドリュー・ハミルトンは『ワロチリ文書』第二四章に出てくる二つの像を指すチュタという言葉は、ミイラを大きくした像のことを指していると考えている（Salomon & Urioste 1991 [ca. 1608]: 121-124; Taylor 1999 [ca. 1608]: 324-341）。人間の体をスケールの基準とした単位のようである。以上のようにインカ帝国の長さと面積の基準は人の体であるといえる。

インカ帝国では統一的に全体の大きさが把握されることはなかったようだ。個別の対象の大きさや長さが表されただけである。重さについても、何袋という数え方で、貫、グラムといった単位が用いられることはなかった。人間が持てる量が基準となり、何人力という認識の中に、重さの情報が解消されたのである。

人口は十進法で把握され、ものの数もキープで数えられた。数は順序ではなく枠組みであり、大きさや量を示す単位の概念であった。先に述べたようにインカ帝国における時間についても同様で、循環する暦のみで、長さとして時間をとらえることはなかった。

アンデスでは長さや面積や重さなどを比較するための共通の枠組みが発達しなかった。貨幣、商人、市場はなく、何かを測るさいは長さ、面積、重さなど何でもトゥプという単位が採用された。畑などは成人男性一人あたりの労働量がトゥプの基本となっており、身体外の共通の測定基準はなかった。ガルシラソは「土地の分配がその所有という観念に基づいてではなく、その土地を耕作するために必要な個々人の、そして集団的な労働の量に従ってなされていた」(ガルシラーソ 1609: 第6の書第35章; 2006:(三)202) と述べている。度量衡という考えが発達しなかったのは、あくまで人間中心的であったからである。人間の身体が基本であり、身体から外在化した長さや面積や重さの単位を規格化する方向には向かわなかった。

2-2 始まりと終わり

始まり

アンデスの人々は時間を循環するものと認識し、過去を現在と対比して二項対立的にとらえた。それぞれの出来事は継起する一連の歴史の一部としてとらえられるのではなく、個別の出来事、循環する新たな輪の生成として認識された。一つ一つが独立していたのであり、何らかの因果関係を見いだして、それらの間の時間的前後関係を重視したわけではない。たとえていえば、時間は線、軸としてではなく、枠、輪として認識された。

王の即位は単独の出来事であって、何代目の王の即位というふうに先行する出来事と接続されることはなかった。それぞれの王が新たに加わったのである。先に述べたようにインカ王は即位すると自身が祖先、創始者となり、新しいアイリュを創設した。これはアンデスの社会が祖先を共有する単位でまとまるという原則にのっとった習慣である。そのため、一連の出来事は、時間という一つの軸に沿って配列されるのではなく、それぞれ並列すると考えられた。換言すれば、歴史的に時間軸上に位置づけられるのではなく、あらかじめ存在する共時的な枠組みの中に解消されたのである。

アンデスの民にとって、自分たちの祖先が出てきたと考える特別なワカがあった。それをパカリナと呼んだ（アリアーガ 1621: 第2章; 1984: 401; cf. Albornoz 1989 [1584?]: 169)。「始まる」という意味の単語には、他にカリャナ（カヤウ）がある。第6章第2節で説明するように、カヤウはコリャナ、パヤンとともに三分制を示す。始まりに関する単語には次のようなものがある。

パカリ、ユニリ＝生まれる（González Holguín 1989 [1608]: 267）
カリャリクニ＝始まる（González Holguín 1989 [1608]: 61）
カリャリチニ、パカリチニ＝始める、何かを考案する（González Holguín 1989 [1608]: 61）
カリャリク・マチュ＝リネージの祖先（González Holguín 1989 [16081: 61）
カリャリチク・パカリチク＝物事の発頭人、リネージの始まり（González Holguín 1989 [1608]: 131）
カリャリク・パチャ＝時代、世界の始まり（González Holguín 1989 [1608]: 131）
カリャリク・パチャマンタ＝世界のはじめから（González Holguín 1989 [1608]: 131）
パカリチク・マチュ・チャウチュ、フルトゥミ＝リネージの始まり（González Holguín 1989 [1608]: 267）

各集団が起源のワカを中心にまとまり、そこを祀る神殿などを建てた。インカの人々に抽象的な神という概念があったわけでも、神がワカに宿ると考えたわけでもない。自然の中の地形、目に見え手に触れることのできる物体そのものがワカであった。そしてワカの力、ワカから出てきた祖先の力を体現するのが首長であった。直線的な時間概念はなくとも、物事を考える起点、始まりは認識されていた。それは自分たちの起源と結びついた人間中心的な時間概念といえよう。

正確な暦を作成するためには、天体の運行など人間の外部に基準点を設定する必要がある。しかしインカの人々は共通の尺度による比較が可能な世界に生きたわけではなく、個別の世界に身を置き、具体的なものに即して考える世界観をもっていたのである。

一六世紀の記録から読み取れるのは、誰の子は誰、という個別の情報であり、スペイン人クロニスタはそれらの断片を拾い集めて、われわれが歴史と呼ぶ形の記述を編んでいった。インカの人々自身が、直線的な時間概念を生み出し、その軸上に種々の出来事を位置づけて整理することはなかった。

インカ帝国では時間の前後関係よりも、ワカ間の共時的な関係性が基本であった。それは、どのワカとどのワカが同一のセケによって結ばれるか、どのワカは異なるセケに属するか、という二者間関係の積み重なりであった。そこには時間的な因果関係、階層性などは見いだしにくい。理念的な世界観があるわけではなく、個別の具体である各ワカ間の関係性の集合である。そのため時間認識も、せいぜい今と昔という二者間の関係の表象でしかない。

インカ王の人生

一つのサイクルの事例として、インカ王の誕生と死を見てみよう。インカ王の誕生の儀式についてはベタンソスが記している。生まれてから一〇日間祭りをおこない、盛大な儀式では多くの人々が捧げ物をした。その一年後に髪を切る儀式をおこない、命名されたという（Betanzos 1557: parte

1, cap. 45; 1996: 174; 2015: 309)。

即位のさいには王権の象徴である頭飾り、マスカパイチャが授けられた。辞書では次のように説明されている。

> マスカパイチャ＝王の徴（しるし）であった房飾り、王の冠（González Holguín 1989 [1608]: 232, 435）
>
> 冠＝レイパピリュン、マスカパイチャ。インカによって冠として使われた房飾り（González Holguín 1989 [1608]: 461）

ガルシラソによれば、コレケンケという白黒の鳥の羽が、緋色（ひいろ）のマスカパイチャの上につけられた（ガルシラーソ 1609: 第6の書第28章; 2006: (三)154-157）。インカ王としての人生の始まりの儀式とはマスカパイチャを受けることであり、ヨーロッパの戴冠式にあたるものである。そしてインカ王の即位は、自分自身がアイリュの創始者、祖先になるという意味で、新たな規範を生み出すことになった。

インカ王の死は、一つの時間の区切りである。死にさいしてはプルカヤと呼ばれる荘厳な儀式が執りおこなわれた。辞書には「プルカヤン＝インカの死を悼み泣く儀礼」（González Holguín 1989 [1608]: 297）とある。ベタンソスはパウリュ・インカのプルカヤについて記している。それによれば、多くの人間、動物の犠牲が捧げられ、インカの造形物で最も貴重視された織物が大量に燃やされたという（Betanzos 1557: parte 1, cap. 31; 1996: 134-137; 2015: 263-266）。

インカ王の遺体はミイラとされ、一連の儀式が終わったあとも、生きているかのようにかしずかれ、儀礼などに参加した（図２－３）。ペドロ・ピサロは次のように述べている。

図２－３　輿に乗るミイラ　11月のアヤ・マルカイ・キリャの儀式（死者の祭り）では、プクリョと呼ばれる建物からミイラを担ぎ出し、豪華な衣服を着せて、頭には羽根飾りをつけた。人々は食べ物や飲み物を与え、死者とともに歌い踊った。通りを練り歩き、祭りが終わるとプクリョに戻された。（Guaman Poma ca. 1615: 256 [258]）

> このクスコにいた人々を見ると、驚きを感ずる。彼らの大部分が、前にも述べた例の死者たちに仕えていて、毎日それを広場にかつぎ出し、それぞれ古さにしたがってきちんと並べて、そこで男女の使用人が飲み喰いした。［中略］ここ［大きな水がめ］に人々は死者たちに捧げるチチャ［トウモロコシを原料とする酒］を注ぎこみ、しかもそれを大げさに誇示しながら死者たちがたがいに酒をすすめ合い、死者が生者に、生者が死者にそれをすすめ合うのだった。（ピサロ 1571: 第15章; 1984: 109）

ここでは、死という出来事が一つのサイクルの完結であると同時に、新たなサイクルの始まりともなっていることが分かる。現在と過去の二つの枠で考えれば、インカ王の死は現在から過去への移行であるが、王のミイラとアイリュは存続した。

ミイラはケチュア語でマルキと呼ばれた。ミイラの別の呼称はイリャパである（シエサ・デ・レオン 1553b: 第30章; 2006: 178; Guaman Poma ca. 1615: 287 [289]）。そしてイリャパ、イリャは雷、稲妻を意味する単語でもある。雷はアンデスの信仰において特別な位置づけにあった。男の双子の片方は雷の息子であり、神聖な力を持っていると考えられた。「アワ、ウィスパ＝一回の出産で生まれた女の双子。ティラ、イリャ＝男の双子」（González Holguín 1989 [1608]: 17, 543-544）と説明されている。また変わった形の石もイリャと呼ばれた（González Holguín 1989 [1608]: 366）。奇石に聖性を見いだしていたのである。ミイラは一つのサイクルの完結を意味するが、雷は新しい存在を生み出す力を持つと考えられた。このようにイリャパという単語は両義的な意味を担っていた。

先スペイン期のメソアメリカの神とは違って、アンデスのワカが死ぬ、なくなる、という考えはなかった。人間の死は、現在から過去への移行であった。そして過去に属するのは祖先の世界であり、過去は大地の中にあると認識された。より正確にいえば、自然の地形がワカであり、ワカの中に人間の過去、起源が組み込まれていた。

起源神話

インカの起源はどのように語られていたのだろうか。ここでは起源神話を取り上げよう。パチャクティがインカ帝国の拡大路線を最初に採用した王であったかどうかについては意見が分かれるが、王朝の創始者をマンコ・カパックとする点では、すべてのクロニスタが一致している。ところがインカの起源神話には二つのバージョンが存在する。

図2－4　プマウルコの丘　インカの祖先が出てきたとされる三つの洞窟があった場所と同定されている。（筆者撮影 2012年）

一つはティティカカ湖を起源の地とする。ボリビアとペルーにまたがって広がる神秘的なたたずまいの湖には、「太陽の島」（口絵1）と「月の島」があり、二つの島にはインカ様式の建築物が残っている（Bauer & Stanish 2001）。

もう一つの神話は、クスコの南方三〇キロほどのところにあるパカリクタンボを起源の地とする。パカリクタンボにはマウカリャクタという遺跡があり（口絵2）、その近くのプマウルコと呼ばれる丘（図2－4）が神話におけるインカ出現の場所と同定されている（Bauer 1991）。

なおパカリクタンボが、クスコの南五レグア（約三〇キロ）の場所にあるという地理的情報は、一五七二年のサルミエント・デ・ガンボアの記録に初めて現れる(Sarmiento 1572: caps. 11-13; 1943: 45-51; 2007: 56-63)。この神話の歴史化のプロセスには、初代王マンコ・カパックのアイリュの成員がかかわったと思われる（Urton 1990）。

いずれの起源神話でも、インカはもともとクスコにいた人々ではなく、外から移住してきたと説明されている。これは世界の他の地域の起源神話と共通する「異人としての王」という語りである。「太陽の島」にあるインカ様式の建築はクスコのそれより古い年代を示しており、ボリビアではいわゆるインカ様式の紋様や器形の土器がクスコよりも一〇〇年ほど古くからある（Pärssinen & Siiriäinen 1997）。マウカリャクタ遺跡の年代との比較が必要であるが、今のところボリビアのほうが古い。

ところがだからといって、インカ族の起源がティティカカ湖にあるという結論にはならない。クスコにいた人々が他の地域から新しい建築様式や土器様式を導入したという解釈も可能だからである。実際クスコの人々、ペルーの人々はインカの起源がボリビアにあるとする説を認めたがらず、クスコ県にあるパカリクタンボが起源の地だと主張する。この問題は現代の政治状況が絡み、やっかいなのであるが、人間集団と物質文化の関係を検討することで議論を進めるしかない。

いずれにせよインカ族にとっての過去は、クスコではなく別の場所に想定されている。この二つの起源神話は排他的ではなく、最初にティティカカ湖にいて、その後パカリクタンボに移動し、クスコに移住したというストーリーも考えられる（篠田 2012）。

また言語の点からは、インカの王族はむしろ東のアマゾン方面とのつながりが強い。王族は臣民には分からない言葉を話していたとされる。それは今では失われたプキナ語であり、現在アマゾンからカリブ海方面で話されているアラワク語系の言語と考えられているからである（Adelaar & Muysken 2004; セロン＝パロミーノ 2012）。一五七二年までつづいたスペイン人に対する抵抗活動の拠点であったビルカバンバ（エスピリトゥ・パンパ遺跡と同定されている）も、マチュピチュより下ったアマゾン地域にある（図2-6）。

クスコを設計し建設したのはマンコ・カパックではなく、第九代王とされるパチャクティであったとクロニスタは語る。そしてセケ・システムの仕組みを整え、空間構造、社会構造などを物質化、可視化した。そのさい、パチャクティ王よりも前の王のミイラ、そしてそれを管理する集団もセケ・システムに組み込まれた。つまり特定のセケと王のアイリュが結びついているのである（図2－1）。その意味で、クスコにはインカ帝国の過去も組み込まれており、「物的に現在化された過去」と説明できよう（レヴィ＝ストロース 1976 [1962]: 286）。

過去の王との関係は共時的に示され、ザウデマは一〇のアイリュという枠、構造が重要であったという（Las Casas ca. 1559: cap. 17; 1948: 90-91; Zuidema 1990 [1986]: 88, note 25）。いかなる数であれ、決められた枠の中に過去の出来事を組み込むことが基本であった。そして一〇という枠が固定されていたのであれば、新たなアイリュが参入する場合、追い出されるアイリュもあったということである（ロストウォロフスキ 2003 [1988]: 24-27）。

インカ帝国はケチュア語でタワンティンスユ、すなわち「四つのスユが一緒になった」と呼ばれた[*1]（González Holguín 1989 [1608]: 336, 681）。タワは数字の「四」を意味する。チンチャイスユ、アンティスユ、コリャスユ、クンティスユの四つのスユから構成された（図2－5）。

セケ・リストにしたがえば、インカ王のアイリュのなかでマンコ・カパックのものだけがクンティスユに位置する。他の三つのスユにはマンコ・カパックよりものちのインカ王のアイリュがあるが、そうした王が属することができないのがクンティスユであり、四つのスユのうちクンティスユのみが過去に属する。インカの時間認識は過去と現在の二項対立にしたがっていると述べたが、過去の基準点がマンコ・カパックであった。空間の中に過去の定点を組み込み可視化した。インカの起源の地パカリクタンボもクンティスユにある（図2－6）。

歴史的思考のように過去に連続的にさかのぼって語るのではなく、過去は一つの枠として語られた。つまり過去の出来事の前後関係を決定して、古いほうから順序にしたがって認識することはなかった。

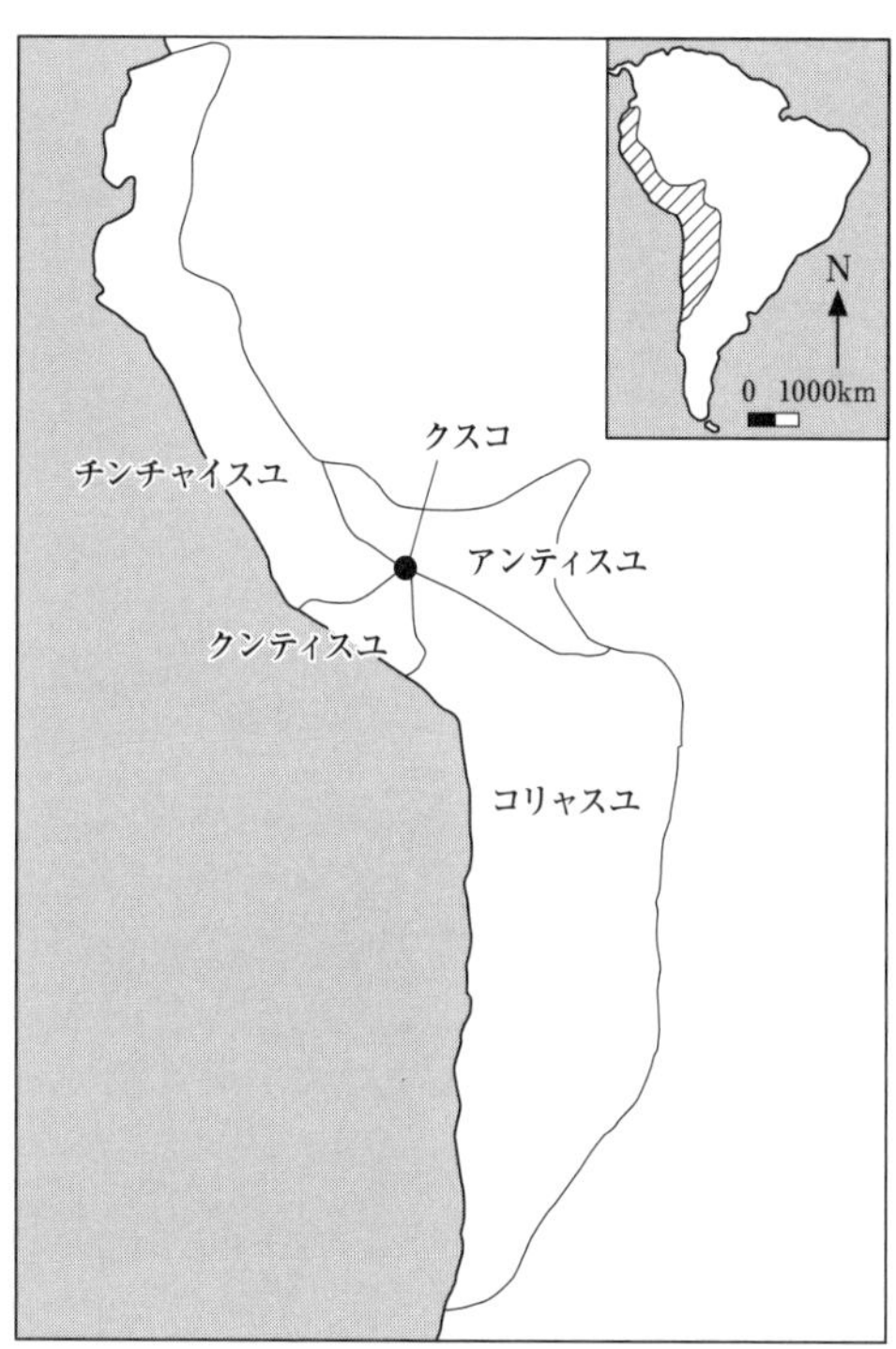

図2－5　四つのスユ　「インカ帝国」とはスペイン人がつけた名称である。チンチャイスユとコリャスユはその範囲の有力な民族集団から、またアンティスユとクンティスユは地方名から名称が採られている。（渡部 2010: 図7-2）

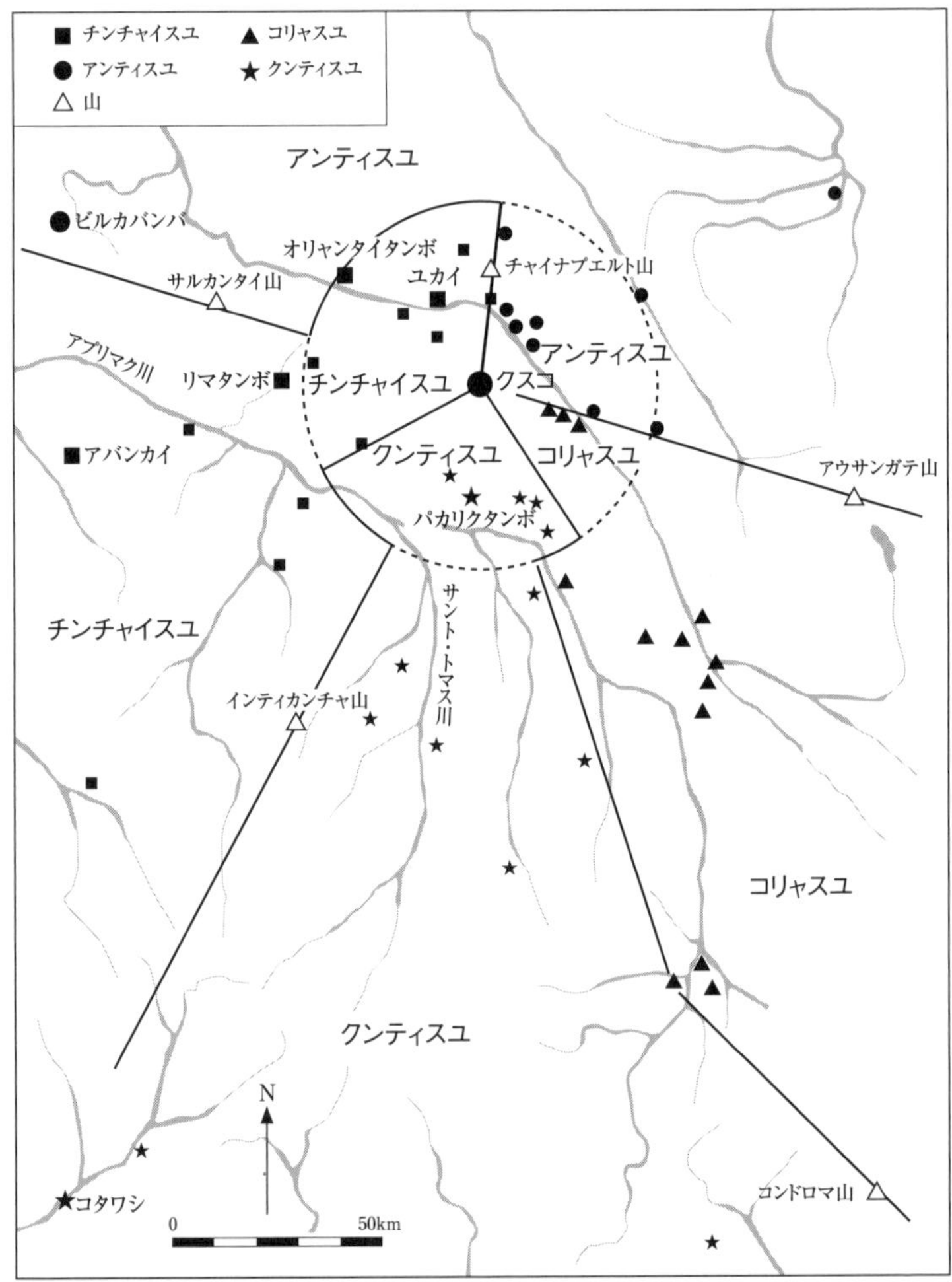

図２－６　クスコ周辺の四つのスユ　クスコ周辺、クスコ内も四つのスユに分かれていた。クスコに近い地域ではチンチャイスユがアンティスユの方向へ拡張している。四つのスユの起源神話に登場するパカリクタンボはクンティスユに、インカの末裔が抵抗活動をつづけたビルカバンバ（エスピリトゥ・パンパ遺跡と同定されている）はアンティスユに位置する。（渡部 2010: 図7-3）

点としての時間、線としての時間

祖先崇拝に関しても、マンコ・カパックを創始者と認めるが、そこからの連続的な系譜は重要ではない。過去はあくまでも点である。点から連続的に線が延ばされるわけではない。現在との関係を語る上での基準、枠にすぎない。

アイリュにおいても祖先は想定される。しかし、そこからどのように現在までつながっているかはやはり重要ではない。人類学におけるクランという概念に対応する（三六ページ参照）。クランは共通の祖先を有する集団である。長い時間がたって系譜が忘れ去られた、あるいはのちの時代に創始者が作り上げられたという想定がなされるが、アンデスでは時間が短くても、祖先と現在との間の糸は重要視されないのである。そして空間の中の特定のワカが過去を表象した。クスコにおいてはパカリクタンボが過去を表象し、クンティスユに位置した。パチャという言葉には時間と空間の二つの意味があるように、アンデスでは両者は未分離の概念であった。そのことを如実に示すように、空間の中に過去を可視化したのである。

パチャクティとはインカ・ユパンキが即位後に用いた名称である。それは「時間の裏返し（vuelta de tiempo）」（Betanzos 1557: parte 1, cap. 17; 1996: 76; 2015: 195; cf. Cobo 1653: lib. 12, cap. 12; 1964: 78; 1979: 133）、あるいは「時代の変革（mudamientos de tiempo）」（キープカマーヨ 1995 [1543/1608]: 213）という意味である。インカ王は誰々王の息子としてではなく、「太陽の息子」として現在形で自己を語った。これが典型的になったのはパチャクティ以降である。インカ帝国の創始者であるマンコ・カパックに過去の基準点を設定するのではなく、現在の自分自身に定点を据え直したという意味で、パチャクティは時間を裏返したのである。

ビラコチャ

本節の最後に創造神ビラコチャについて触れておきたい。ビラコチャはアンデスにも唯一神があったのだという根拠となっている。しかしこれは植民地時代に創り上げられたイメージである（Itier 1993: 158）。

ビラコチャ神について多くのクロニスタが語っているが、そもそも神を人格化して語るのはヨーロッパ的なスタイルである。アンデスの信仰対象はあくまで物体であるワカである。擬人化する、さらにそれを物質に表象することは、少なくともインカ帝国ではなかった。人間の形で表されるのは、ワカの世界すなわち超人間的世界と人間の世界をつなぐ神官であり、ワカ、神格そのものではなかった。

人格化された神の例として他に、ペルー北高地ワマチュコ地方のカテキル神がある。手に持つ投石器で石を投げると雷を呼び起こすという（Agustinos 1992 [1560]: 18; San Pedro 1992 [1560]: 175）。なぜワカ崇拝からこのような擬人化された神が出てきたのか。本来は神官の役割であり、それが神の姿に転化されたのか。スペイン人侵入後にあらわれたのか、あるいはインカ帝国期にすでにこのような変化が始まっていたのか。今後明らかにしなければならない。

2-3　空間——点と線

地図

時間の次に、アンデスにおける空間の概念を検討してみたい。

人間は空間をどのように認識するのか。一人一人が知覚できる範囲はごく限られている。移動すればその範囲は少しずつ広がるものの、ある時点で見ることができる範囲はやはり限定されている。仮想的にではあっても、大きな空間を一目で分かるようにする装置が地図である。より大きな空間の中に自分を位置づけることができる。ではインカ帝国にはどのような地図があったのだろうか。

現在われわれが使用する地図は、メルカトル図法にせよ、他の図法にせよ、東西南北の方向が示され、そこに面積の情報が加わったものである。グァマン・ポマが一七世紀の初めに完成させたクロニカの中には、アンデスを表す世界地図が描かれている（図2-7）。征服後八〇年たったころには先住民も地図を使用するようになったことが分かる。ちなみに地球儀は一四九二年にすでに製作されていたが（ロバーツ 2020 [2017]: 147）、新世界にはまだ伝わっていなかったようである。

グァマン・ポマの地図も周囲に限界がある中世的な地図であった。しかしインカ帝国で、すでにこのような地図が利用されていたという証拠はない。建物の模型は形成期やモチェ文化（Castillo Butters 2020）で作られたが、単独であり、他の建物との関係、あるいは周囲の空間との関係を示すという発想にはつながらなかった。

L·REINO·DE·LAS·INS
O·HACIA·EL·DERECHO·DEL·AR·DE·NORTE
MAR
OTRO·REINO·LLAMADO·COLLASVIO·SALE·SO
VIO·HACIA·LA·MAR·DE·SVR·LLA
④
⑤
a riquipa
potosi villa
ballena

図２－７　グァマン・ポマの地図　解説は次ページ。（Guaman Poma ca. 1615: 983-984 [1001-1002]）

図2－7（解説）

インカ帝国は対角線によって四分割されている。左方がチンチャイスユ、右方がコリャスユで、太陽は右から昇り左へ沈む。上方はアンティスユでアマゾン方面を指し、森林のこちら側には人間を含む10体の動物が左を向いて並んでいる。下方はクンティスユである。

見開き図版のノド側が少し欠けてしまっているが、中央部（対角線の交点）にはトパ・インカ・ユパンキ王とその正妻ママ・オクリョが描かれ、その下に「クスコ大都市、このペルー王国の都」とある。ママ・オクリョは、グァマン・ポマの出身地とされるペルー北高地南部のワヌコ地方、ワイラス、アタピリョを統治したとされる（Guaman Poma ca. 1615: 138 [138]）。

またチンチャイスユにはカパック・アポ・グァマン・チャワとポマ・グァルカ、アンティスユにはアポ・ニナルアとマルクスマ、コリャスユにはマルコ・カスティリャ・パリとカパコリ・タリャマ、クンティスユにはアポ・ムリョとティムタマの男女がそれぞれ描かれる。なおグァマン・チャワはグァマン・ポマの祖父にあたる（237ページ参照）。

主要幹線道路はキト、リマ、クスコ、チュキサカ、ポトシを結んでいる。チンチャイスユ、クンティスユの海岸に多くの港が造られた。

Ⅰ　枠外の文章

上：インディアスの世界地図／北の海の右側に位置するアンティスユ
右：太陽が昇る方向のコリャスユ
下：南の海の方向のクンティスユ
左：太陽が沈む方向のチンチャイスユ

Ⅱ　地名

①キト、アウディエンシア（現在のエクアドル）　②リマ市「陛下のこの国の都、首邑」　③クスコ　④チュキサカ、アウディエンシア（現在のボリビア）　⑤ポトシ、ビリャ、銀鉱山

私たちは現在、もう一種類の地図を用いている。駅の路線図を思い浮かべてほしい。それは駅と駅の位置関係を示したものであり、大まかな方向は合っているにせよ、距離などはあまり重要ではない。重要なのはどの駅とどの駅が結ばれているかという情報である。こうした点と点を結ぶ地図はトポロジカル・マップと呼ばれる。

アンデスにおける空間認識は、このような点の連続であったと考えられている。それはまさにキープの結び目と結び目との関係を示すような空間認識であった。十進法にし

たがっていないキープには、このような地図の役割を果たしたものもあったのかもしれない。ケチュア語には東西南北を示す単語はなく、方角を示すためには「クスコの方向」というように特定の点との位置関係を参照する（Rowe 1946: 300）。

点と点を連続的につなげていく空間認識は、説明が容易である。実際、現在のアンデスの住民は、どこかに行く道順を点と点の関係として説明することはできる。ところが地図を見せても、見方が分からない場合が多い。地図上に地名を見つけて、このような位置関係になっていたのかと初めて知る場合も多い。

インカ帝国全土において、こうした点に見立てられたものの一つが、タンプと呼ばれた行政センターである（後出の図2-17参照）。それは各地に設置された地方支配のための拠点で、それぞれの点は道路で結ばれていた（Hyslop 1984）。主要な幹線道路はケチュア語でカパック・ニャンといい、日本語では「インカ道」と訳される。小さい道はケチュア語でプリナと呼ばれた。移動のさいにどこを通ってもよいわけではなく、道を歩くことが想定された。それはまさに駅と駅をつなぐ線路のような網状の空間認識である。

セケ・システム

こうした点と線で構成される空間認識を典型的に示している事例として、首都クスコのセケ・システムについて見てみたい。

ペルー南高地に位置するクスコには、現在も町中にインカ時代の石組みが残っている。中心にあるのはコリカンチャ（太陽の神殿）である。首都の中心には王城や宮殿がありそうなものだが、アンデスでは神殿が核にある。

コリカンチャを基点に、クスコの空間構造が決まっていた。それについて解説しているのは、イエズス会の神父ベルナベ・コボである。といってもコボ自身が得た情報ではなく、他のクロニカの情報を書き写したものである。その情報源はポロ・デ・オンデガルドの記録であろうと想定されているが、ポロのもともとの記録は見つかっていない。他にもクリストバル・デ・アルボルノスなどがワカについての情報を残している。

コボの記録によれば、セケとはワカとワカを結ぶ線であり、計四一本がコリカンチャから放射状に延びていた（図2－1）。線といっても、具体的に地表に描かれていたわけではなく、どのワカとどのワカが同じセケで結ばれているかを認識する想像上の線である。コボのセケ・リストには三二八のワカが記録されており、それらのワカは四一本のセケのいずれかに属する。つまり四一に分類されている。

大まかに説明すれば、セケは中心から放射状に広がっているので、交差することは基本的にない（図2－8）。ただし実在のワカとワカを結ぶ線であるので、まっすぐではなくジグザグに進む。現在の地図上にプロットしてみると稲妻（雷）のように見えるため、セケの線は雷を表象しているのかもしれない。このようにジグザグな線はインカの建築にも見られ、例えばクスコのサクサイワマン遺跡にはジグザグの壁がある（口絵3）。またセケという語は「線」を意味するが、同時に「流水」をも表す（González Holguín 1989 [1608]: 81, 395）。

インカ帝国は四つのスユで構成されていた。クスコも四つのスユに分かれており、セケもいずれかのスユに属していた。さらに、それぞれのセケにはコリャナ、パヤン、カヤウの三つのカテゴリーのいずれかが当てはめられていた。四分法と三分法に同時にしたがった仕組みである。これが空間構造のみならず、社会組織、親族組織の基本になっていた。しかしセケの仕組みの詳細はいまだに解明されていない。

空間構造を理解するために重要なのは、空間の中にワカという対象物が固定されていたこと、それが基準となり想像上の線が引かれていたことである。それでは中心から放射状に延びたセケの外延はどうなっていたのだろうか。コリカンチャから始まって、一番近いワカ、二番目に近いワカと説明がつづき、計三二八のワカは中心からおよそ二〇キロの範囲内に位置する。しかし各セケで一番遠いワカ同士をつなげる認識はなかった。したがってセケは放射状の線ではあっても、全体を括(くく)り、面として認識されることはなかった。あくまで点と線の集合なのである。

セケ・リストは羅列的であり、まさにキープ・テクストの構造にしたがっている。もともとキープに結ばれていた情報だったのであろう。それは中心コードから四一本の紐がぶら下がるキープであり、中心コードを環状に巡らせたのではないか（Sherbondy 1986: Dibujo 1）。クスコの空間構造がキープそのものに写されていたのである。

さらにセケ・システムは首都クスコに限定されるわけではない。他の場所でも同様であった。ポロ・デ・オンデガルドは次のように書いている。

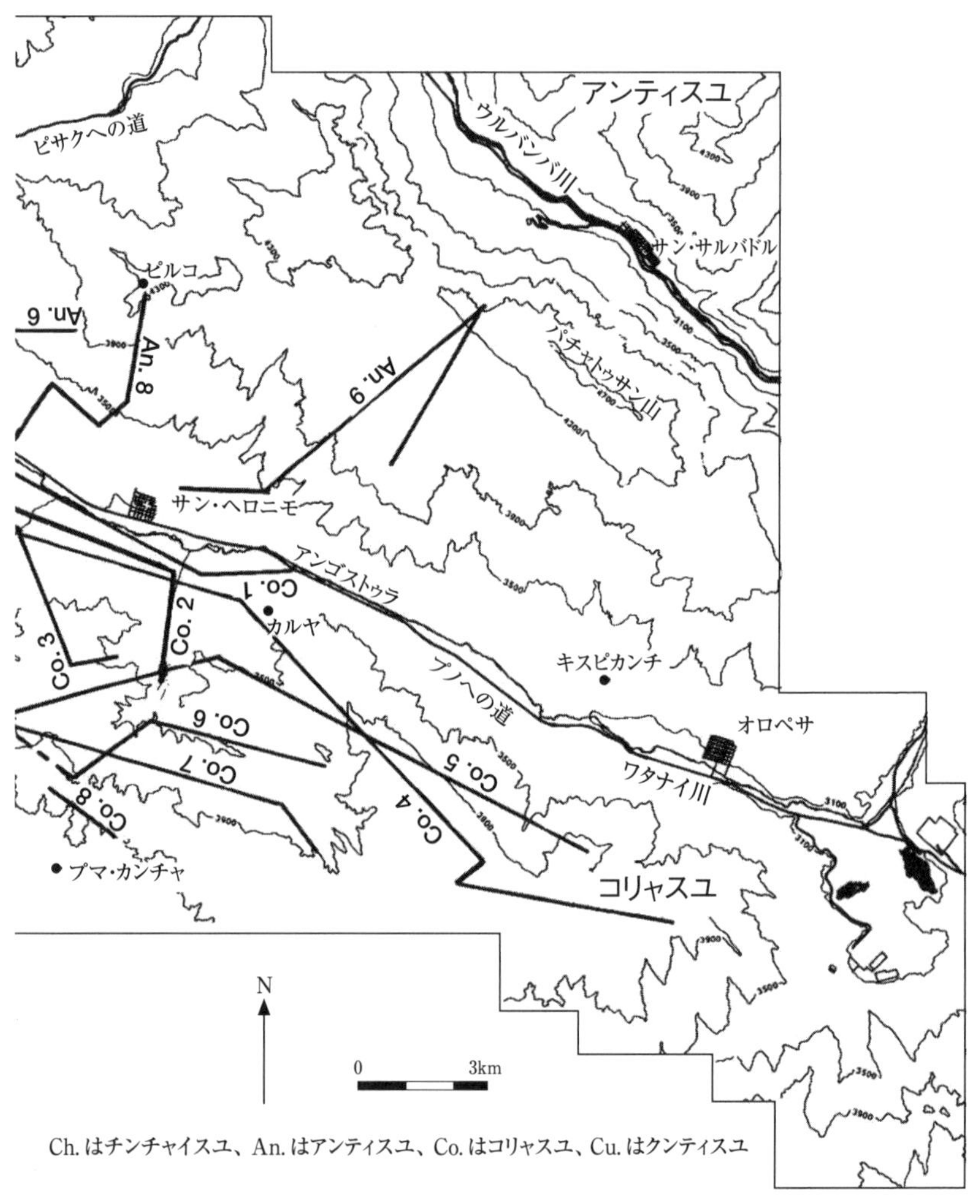

Ch. はチンチャイスユ、An. はアンティスユ、Co. はコリャスユ、Cu. はクンティスユ

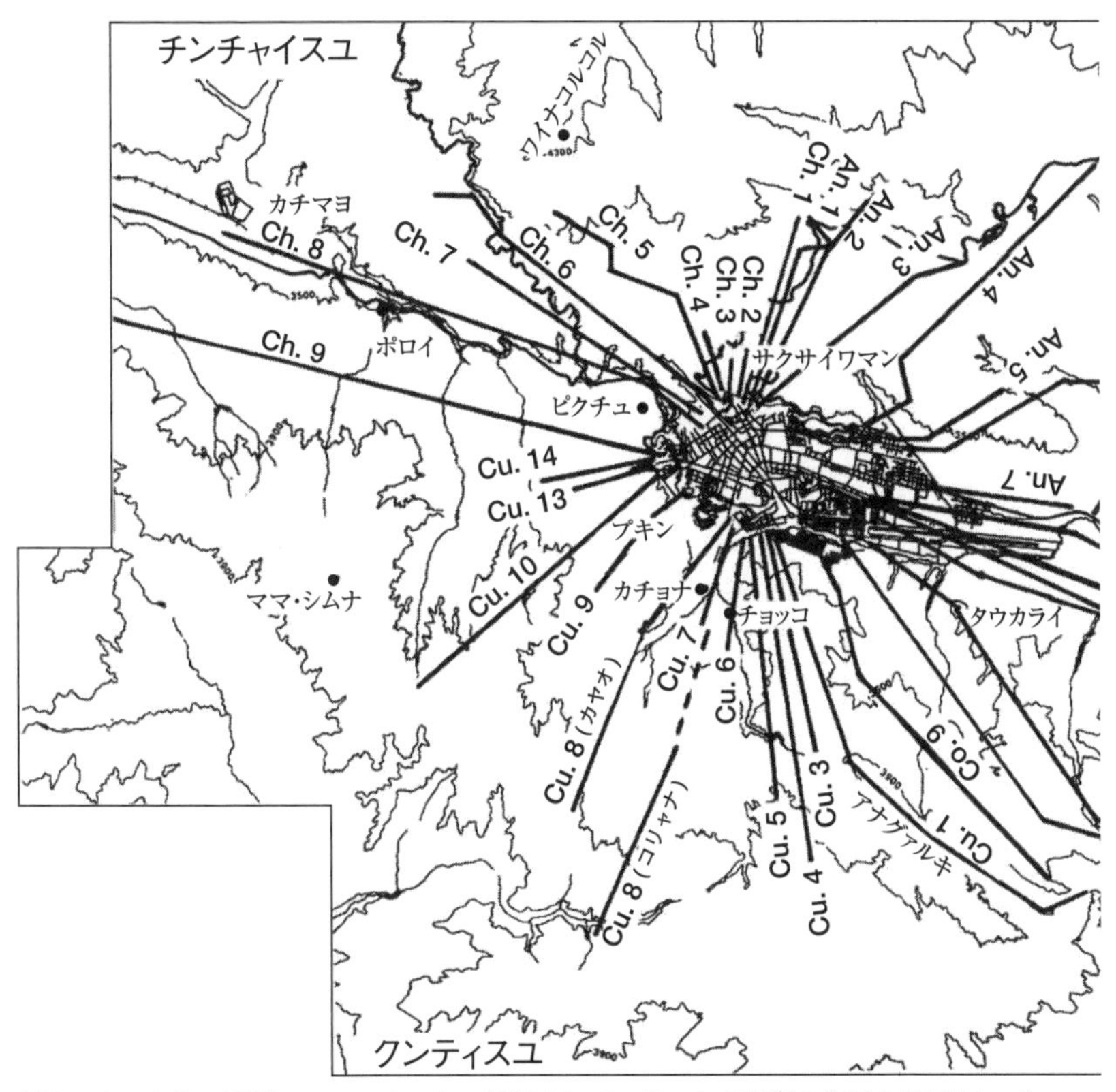

図２－８　セケの配置　セケ・リストに記録されているワカの実際の位置を地図上にプロットすると、セケはジグザグに進むことが分かる。（Bauer 1998を改変）

各村での秩序も同様であった。地区はセケと線で区画され、さまざまなもの――泉、湧水、水源、石、窪地、谷、アパチタと呼ばれる山頂など目立つすべてのもの――を聖化して崇めた。(Polo 1571: folio 6; 1916: 56-57; 2012: 227)

実際にボリビアのチャルカス地方の遺跡はセケ・システムにしたがっているという(del Río 1996: cited in Pärssinen 2005; Gyarmati & Condarco 2018)。

モホン

面としての空間認識そのものがなかったという見方に対して、異論を唱える研究者もいる。マリア・ロストウォロフスキは、山、川、谷、運河などが境界を示したという(ロストウォロフスキ 2003 [1988]: 262)。

また植民地時代には土地の境界が明示されていたという記録がある。その根拠はスペイン語でモホンと呼ばれる物体である(図2-9)。「境界標」「道標」などと訳される。ケチュア語ではもともと「サイワ=土地の境界石」(González Holguín 1989 [1608]: 325)、「サイワニ=土地の境界標を立てる、区画を定める」(González Holguín 1989 [1608]: 401, 484)という単語があり、それがモホンに対応しているようである(図2-10)。

しかしスーザン・ラミーレスが指摘するように(Ramírez 2001: 187; 2005: 55)、モホンとはワカ、アパチタ、モニュメントなど本来別のものが、植民地時代に転用・再利用されたものであろう。ア

図2－9　モホン　右がハナン・クスコのコナ・ラキ・インカ、左がウリン・クスコのウナ・カウチョ・インカ。トパ・インカ・ユパンキ王の命令により、各地にモホンを設置したという。（Guaman Poma ca. 1615: 352 [354]）

図2－10　サイワ　モホンと同じ形状である。中心から対角線上に設置されている。中心に「サイワ」、下方には「インカのモホン」と記されており、モホンとサイワが同義に使用されている。（Murúa 2004 [ca. 1590]: folio 79v.）

パチタとはケルンのように石を積み上げたものであり、道標、基準となる地点を示すが、境界を明示するものではない（図2－11）。むしろ中心性を含意する。

マルティン・デ・ムルーアのクロニカに描かれたサイワやアパチタは、いずれも中心と四隅に配置されている。また四つのスユも、クスコの周りに放射状に配置されている（図2－12）。アンデスにおける空間認識は、基準点からその周りを見るということであり、最初に全体的な枠、空間的境界がありその中での位置づけを考えるわけではない。

土地の所有

アンデスに土地の境界があったか

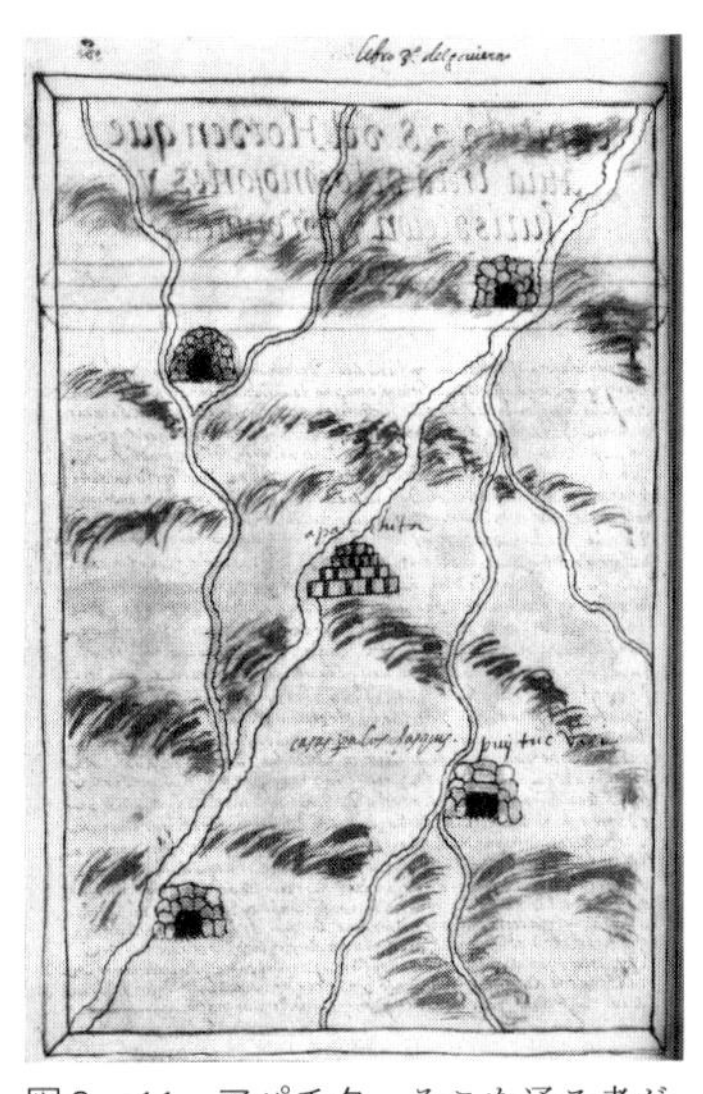

図２－11　アパチタ　そこを通る者が崇めたという。サイワと同じ構図で設置されている。下方に「チャスキの家、プイトゥク・ワシ」と記されており、チャスキ（飛脚）が往来する沿道に置かれたのであろう。（Murúa 2004 [ca. 1590]: folio 80v.）

図２－12　クスコと四つのスユ　中心にクスコ、左上から時計回りにアンティスユ、コリャスユ、クンティスユ、チンチャイスユが描かれる。中心から対角線上に配置される構図はムルーアとグァマン・ポマの絵に共通する。（Murúa 2004 [1590]: folio 63v.）

どうかを考えるため、土地がどのように所有されたかを見てみよう。土地の単位トゥプは、先に述べたように成人男性一人が耕作する面積を意味する。一人の人間の労働量を基準に、数として数えられた。具体的に境界を区切って示すものではなかった。

植民地時代に土地の境界が問題になったのは、土地所有の仕組みが導入されたからである。しかし先スペイン期のアンデスに土地の所有権の概念はなく、あったのは用益権のみである。そのために土地の境界があったとしても、それは用益権の及ぶ範囲を意味するにとどまった。

そもそも土地の所有権が問題になるのは、人口あたりの土地が少なくなることに起因する。フランクリン・ピースと増田義郎が指摘するように、アンデスの土地を利用するためには開墾する必要があり、すぐに役立つ土地は少なかった（ピース&増田 1988: 132-133）。そのため、土地を開墾する労働力の確保のほうが土地そのものの獲得よりも重要であった。だから土地を奪い合うという発想はなく、奪い合いの対象となったのは労働力であった。インカ帝国の最大範囲は南北四〇〇〇キロに及び、そこに約一〇〇〇万人の人々が生活していたから、人口密度はかなり低かった。ローマ帝国は約五〇〇〇万であるから、その数分の一である。

ただしインカ帝国末期には、クスコ周辺において「王領」（後述）が増加したため、新しい王が利用できる土地が減少したとも考えられており、土地の個人所有やインカ王個人に隷属する人間が出現することも起こっていたようである（網野 2017）。

スケール

人間は暦によって時間のスケールを整理する。インカ帝国の暦は循環する暦であった。そして多くの国家においてはそれぞれの基準を設定して、長さや面積、重さなどを統一的に把握した。しかしインカ帝国では、統一的な基準に照らしてサイズ（実際の大きさ）や重さを把握することはなかった。例えばクスコなどでも、基本となるサイズの倍数で建物の長さが設計されていたという証拠は確認されていない。メソアメリカのテオティワカンでは八三センチが長さの基準であったそうだが（Sugiyama 2010）、そのような基本となるサイズはこれまで発見されていない。これ

図2－13　ティンリ　中央の女性は、第8代王とされるビラコチャ・インカの正妻ママ・ユント・カヤン。ティンリたちをかわいがっていたという。リクリャ（肩掛け）をトゥプと呼ばれるピンで留めている。（Guaman Poma ca. 1615: 134 [134]）

は次節で述べるように、インカ王が前王の宮殿を相続することがなかった事実と整合性がある。つまり長さの基準なども前代から引き継ぐことはなかったのである。あるいはそれぞれのインカ王の身体が基準となっていたのかもしれない。

スケールはサイズとは異なる（Hamilton 2018: 26）。サイズはものの実際の大きさを示し、スケールはあるものと比較したさいの相対的な大きさを表す。インカは巨大なものを作る一方で、ミニチュアも作った。スケールを表す言葉には「ハトゥン（大きい）」「フチュイ（小さい）」がある。グァマン・ポマの絵には、しばしばインカの王族に伴う「ティンリ（小さな人）」（González Holguín 1989 [1608]: 343）が描かれる（図2－13）。人間についても通常とは異なるスケールの者をかわいがっていたようである。

動物像や人物像などはよく知られているが、世界を三次元に表現した模型もあった。有名なのはクスコ郊外のサウィテ遺跡の石彫である（図2－14）。ただし個々のモチーフは統一されたスケールで表現されているわけではない。

また建物の模型もあった。ガルシラソはクスコとその周辺地域の模型を見たという（ガルシラーソ 1609: 第2の書第26章; 2006: (一)269)。サルミエント・デ・ガンボアも模型について述べている(Sarmiento 1572: cap. 39; 1943: 110; 2007: 135)。模型は具体的な建物を模して、より小さいスケールで作ったものである。しかしそれは設計図ではない。最初に建物があり、それを模したのであろう。そもそもアンデスでは建物を作り替えるプロセスが重要であり、最初から完成形を意識して建設を始めるわけではなかった。ペルー北海岸の先インカ期モチェ文化のサン・ホセ・デ・モロ遺跡では模型が複数出土しているが、焼かれておらず(Castillo et al. 2011)、一時的な目的のものであり設計図ではない。

図2－14　サウィテ遺跡の石彫　巨石の上部に動植物などさまざまなモチーフが表現されている。階段や建物などもある。スケールはバラバラである。(Carrión Cachot 1955)

したがって、地図や設計図のように統一的なスケールで現実の空間を表象した模型の存在を想定することは難しい。想定し得るのは単独の点、あるいは複数の点の関係性を示す、彼らの世界観にもとづいた物的表象なのであろう。それはセケ・システムと同様に、キープの結び目と結び目の関係を別の形で示したものなのではないか。

ワカについてもスケールを考える必要がある。ワカは本来、自然の地形そのものであるが、それらのワカを理念的に表す、持ち運び可能な小型のワカ像が作ら

図2－15　トゥパク・アマルーとワカ像　ビルカバンバを拠点に抵抗活動を展開したトゥパク・アマルーは捕縛され、1572年にクスコで処刑された。右のスペイン兵の手のひらに載せられた小像は、ワナカウリ（クスコの南東約10キロの丘）のワカを表している。ワカ像の上には、その力を象徴するように光の中に太陽像が描かれている。（Guaman Poma ca. 1615: 449 [451]）

れ、戦場に携えられた。グァマン・ポマの絵に、捕虜となったトゥパク・アマルーと小型のワカ像が描かれている（図2－15）。

　またシトゥアの祭りでは、インカ帝国全土の小型のワカ像をクスコに集めて厄除けがおこなわれた（六一ページ参照）（cf. Pachacuti Yamqui 1613: folio 12v.; 1993: 206）。この他に、カパクチャと呼ばれる儀礼で生贄（いけにえ）に捧げられた少年少女の代替としての小型人物像などもあった（第5章第8節参照）。

　またチャカナと呼ばれる紋様など、同じ紋様がさまざまなスケールで表現され、分割されたり繰り返されたりした（第6章第4節参照）。

2－4　場所

リャクタ

ここでは空間の中に位置する具体的な場所について考えてみよう。

自然の景観の中にさまざまなワカがある。土地はワカのものであり、人間が所有するという発想はなかった。人間は労働力を投下して景観の中に畑を作り、道を通し、水を引いた。しかし人間が自然を改変したというのは正しくない。第4章第1節で述べるように、それぞれの場所やものが持つ潜在的な力（カマイ）に寄り添い、エスコートしたと説明するのがより適切である。そして人間はさまざまな場所に建物を建設した。

インカ帝国において村を表す単位はリャクタであった。正確に説明すれば、ヨーロッパやアジアの村落とは異なる。リャクタとはワカとそれを奉じる人々のまとまりである（Salomon 1991）。ヨーロッパの町や村が空間、土地を基準としたものであるのに対し、アンデスのリャクタはワカを中心とした共同体の単位である。リャクタには線で区切られる境界があるわけではない。その成員の所在地をプロットしてみると、リャクタとリャクタの間は互いに入り組み、境界線を引くことはできない（図2-16）。

そもそもアンデスでは集落を認定することは難しい。戦争が頻発したと考えられる先インカ期に丘の上に建物が集中した遺跡の例などはあるが、平地に多くの人々がまとまって生活することは少なかった。現在のアンデスの山間部で一般的なのは一軒一軒離れて生活するスタイルである。それは先スペイン期からの特徴であろう。また各民族集団が利用する土地は非連続的であり、飛び地という形態をとる。

しかし現在まで残る遺跡は多くある。集落ではないとしたら、それらはどのような性格のものな

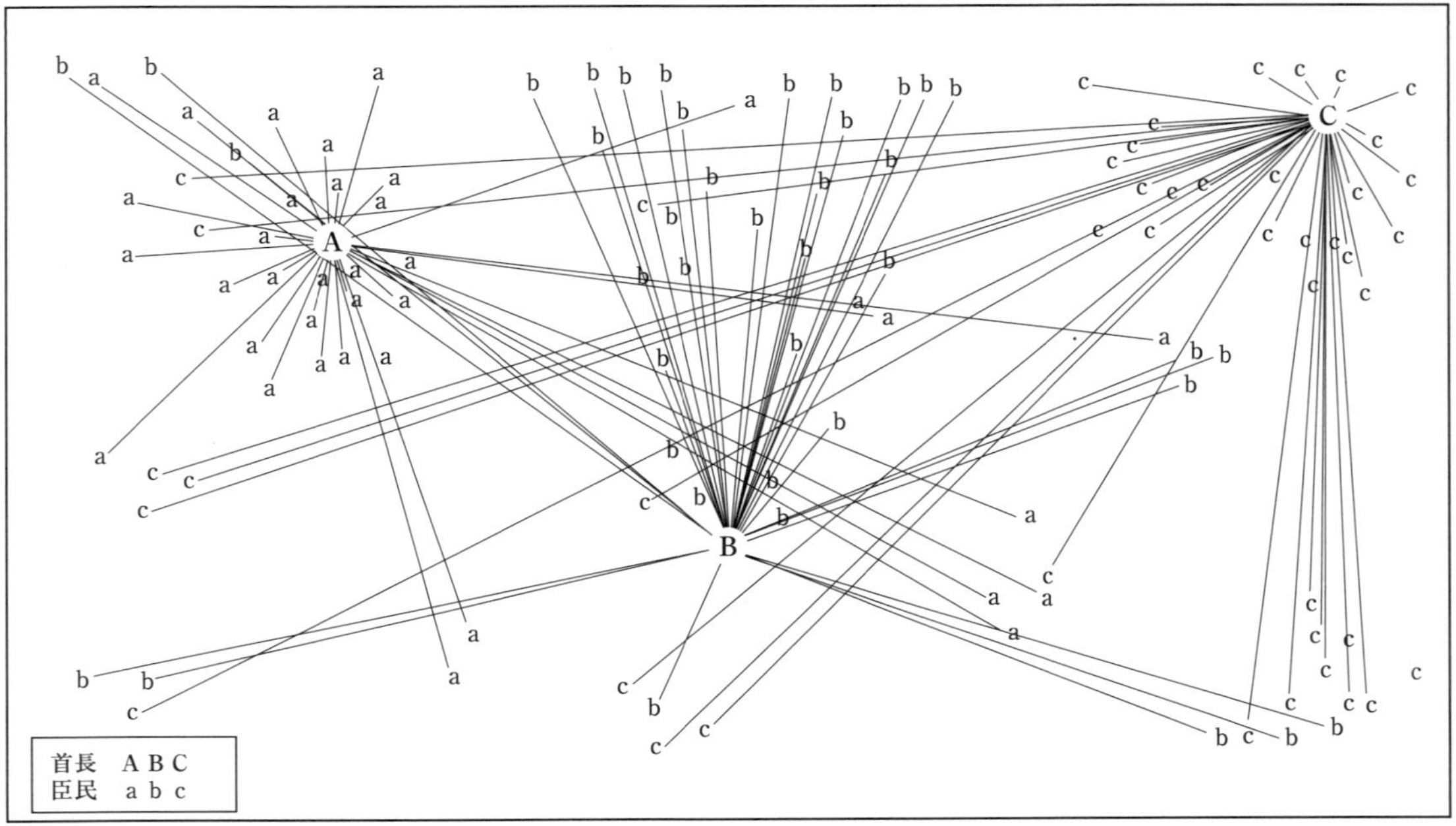

首長　A B C
臣民　a b c

図2－16　アンデスの共同体の模式図　A、B、Cは首長および共同体の中心となるワカを表している。それぞれの共同体の成員は首長に属しており、地理的に区分されるわけではない。そのため別々の共同体に属する人々が入り組んで分布することになる。（Ramírez 2005を改変）

のだろうか。

行政センター

インカ帝国の遺跡としてまず行政センターを取り上げよう(図2-17、図2-18)。それは地方支配のための拠点である。

行政センターは現在の考古学者による呼称であり、当時はタンプと呼ばれていた。辞書には「タンプ＝屋台、宿屋」(González Holguín 1989 [1608]: 337) とある。つまりインカ道の途中に配置された、駅のようなものと説明されている。多くの建物が集中するが、そこは人々が集住するような都市ではなかった。一例をスペイン人の記録の中に見てみよう(ヘレス 2003 [1534]; 無名征服者 1966 [1534])。

一五三二年一一月一六日、インカ王アタワルパはペルー北部の町カハマルカにおいてフランシスコ・ピサロ率いるスペイン軍に捕縛された。世界史に残る有名な出来事である。その前日、ピサロの部下フランシスコ・デ・ヘレスは、カハマルカから東に五キロのところにあるバーニョス・デル・インカの偵察に出かけた。兵士がたくさん集まっていたが、彼らはみなテントに泊まっていた(無名征服者 1966 [1534]: 485)。バーニョス・デル・インカもいわゆるタンプの一つである。するとタンプの中にある建物は、食物やその他の物資を補給するための倉庫であり、人が寝泊まりする宿舎のようなものではなかったことになる。

ヘレスはカハマルカについて次のように記している。

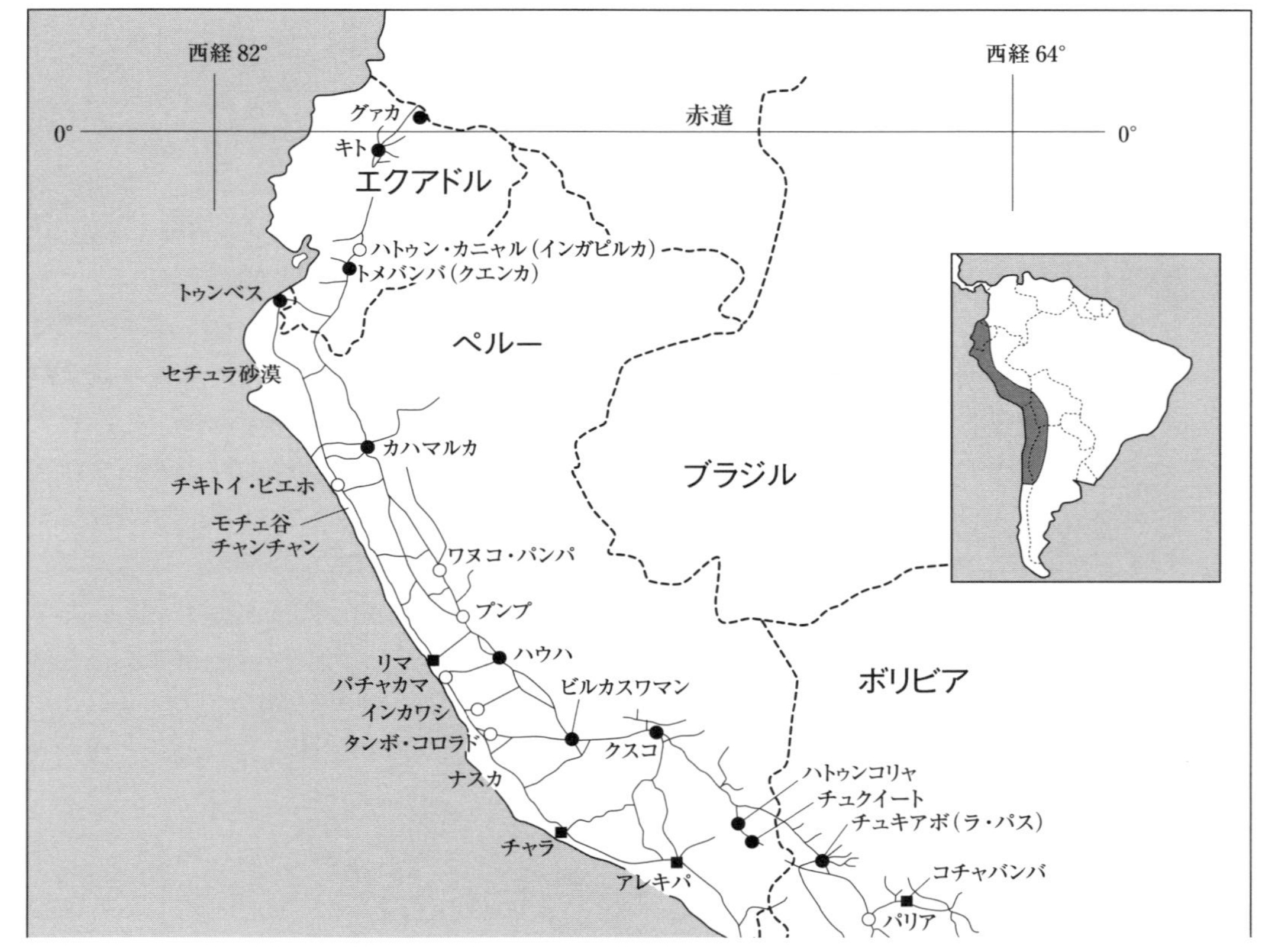
西経82°
西経64°
0°
赤道
0°
グァカ
キト
エクアドル
ハトゥン・カニャル(インガピルカ)
トメバンバ(クエンカ)
トゥンベス
ペルー
セチュラ砂漠
カハマルカ
チキトイ・ビエホ
モチェ谷
チャンチャン
ブラジル
ワヌコ・パンパ
プンプ
リマ
ハウハ
パチャカマ
ビルカスワマン
ボリビア
インカワシ
タンボ・コロラド
クスコ
ナスカ
ハトゥンコリャ
チュクイート
チュキアボ(ラ・パス)
チャラ
アレキパ
コチャバンバ
パリア

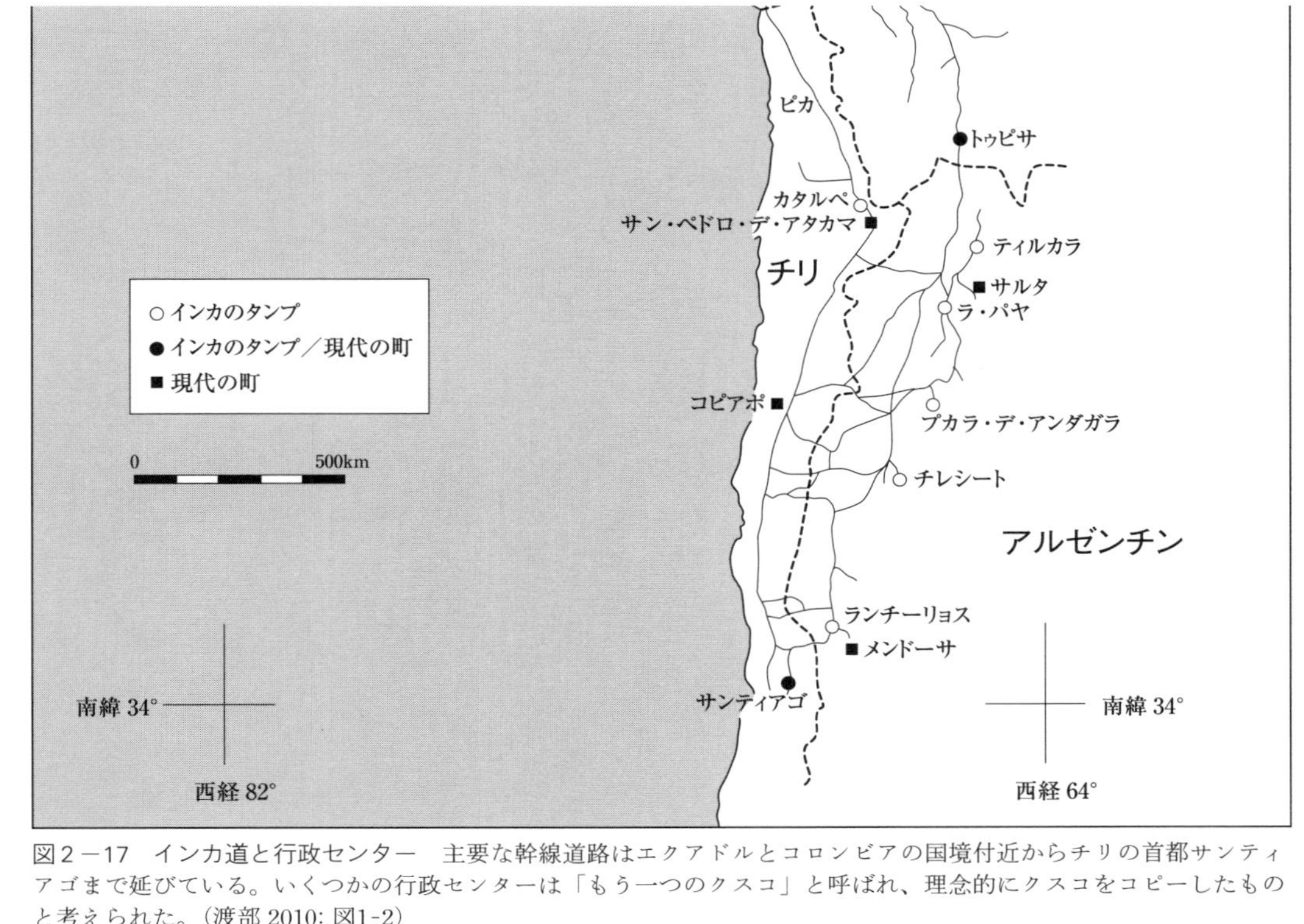

図2－17　インカ道と行政センター　主要な幹線道路はエクアドルとコロンビアの国境付近からチリの首都サンティアゴまで延びている。いくつかの行政センターは「もう一つのクスコ」と呼ばれ、理念的にクスコをコピーしたものと考えられた。（渡部 2010: 図1-2）

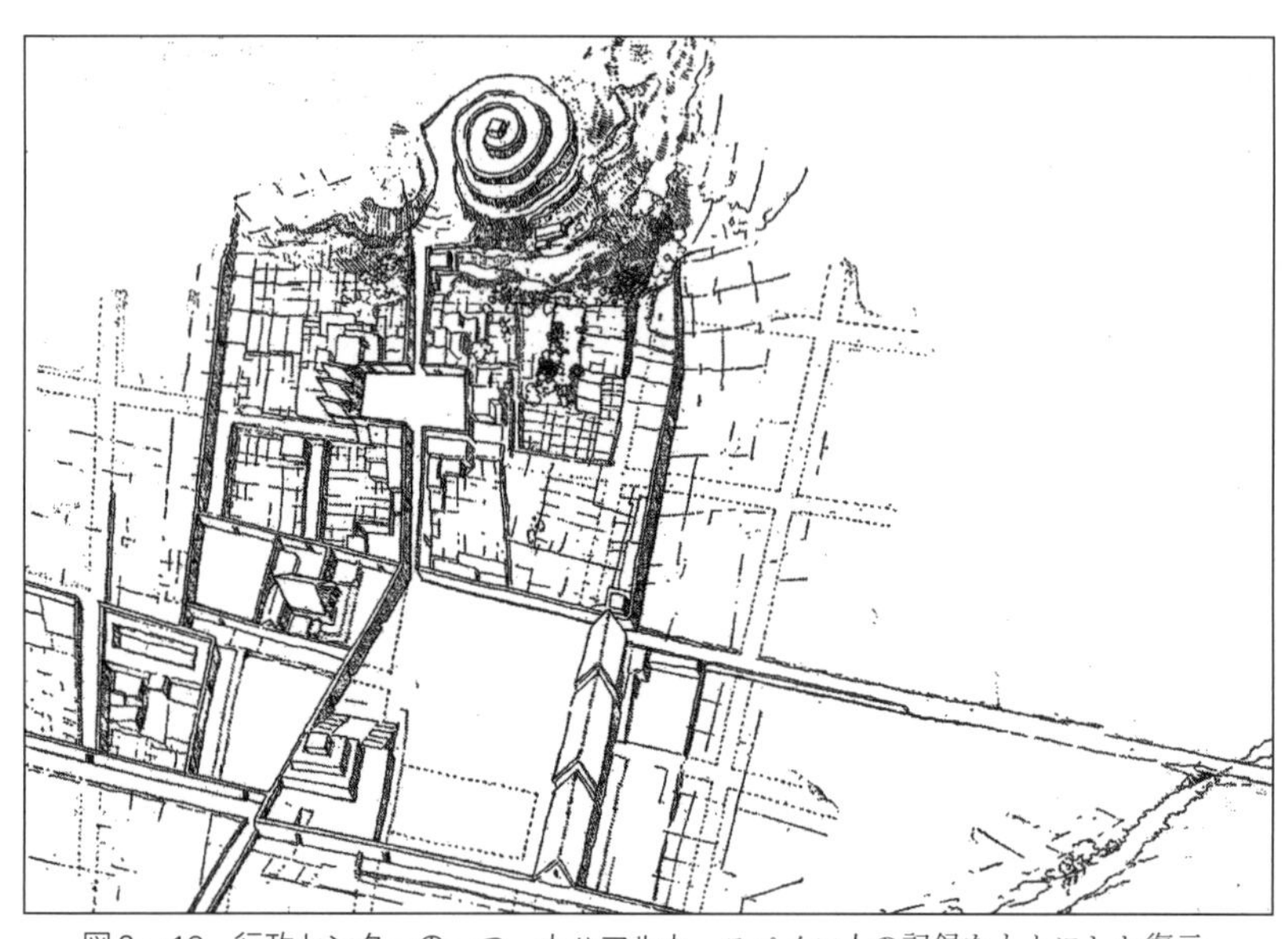

図2－18　行政センターの一つ、カハマルカ　スペイン人の記録をもとにした復元図。現在のサンタ・アポロニアの丘（螺旋状の道がある部分）の麓に行政センターがあった。フランシスコ・ピサロ一行とインカ軍はここの広場で対面した。現在の町に唯一残っているインカの石組みの建築が「幽閉の部屋」と呼ばれているが、実際にそこにアタワルパ王が捕らわれていたかは確かではない。(Harth Terre 1985)

> このカハマルカの町では、衣類が梱（こり）に入れられて天井までぎっしり積み上げられている建物が発見された。軍隊に補給するための倉庫だそうだ。キリスト教徒は、ほしいだけそこから取った。それでもその建物ははち切れそうであり、なにも取り去られずまるでもとのままのように見えた。
> （ヘレス 2003 [1534]: 79）

倉庫があり、大量の物資が保管されていたことが分かる。多くの建物は、物資を保管する倉庫や、労働するための場、そして儀式などを執りおこなうスペースであった。労働、儀礼などのために一時的に多くの人々が集まることはあっても、そこで恒常的に生活していたわけではなかった。アンデスにおける人の配置は、特定の場所に固定されるのではなく非常に動態的である。人々の動きのメカニズム、集まる場所とタイミングを考えなくてはならない。

行政センターは何もないところにゼロから作られた行政のための施設であり、国家が崩壊するとその場も放棄された。人々がその場に残り、住みつづけることはなかった。国家と連動するという特徴は東アジアの都城と同様である（藤本 2007）。

それぞれのタンプを結んだのがインカ道、すなわちカパック・ニャンである。全体がつながった編み目のような構造であり、その結節点にあるのがタンプであった。単独で存在するのではない。道をキープにたとえれば、タンプを設置することは、紐に結び目をつける行為なのである。ではタンプはどのような場所に設置されたのだろうか。

インカの起源神話に出てくるパカリクタンボの名称にもタンボ（タンプ）が含まれている。サント・トマスの文法書には「あのマンゴ・インガ［マンコ・カパック］が出現したといわれる場」（Santo Tomás 1994 [1560]: 104）とある。ベタンソスは「始まりの家」と説明する（Betanzos 1557: parte 1, cap. 3; 1996: 13; 2015: 129）。

インカ帝国の首都クスコは、サプヒ川とトゥリュマヨ川の合流点に設置された。クスコの中心部は二本の川に挟まれた地域である。川の合流点は典型的なワカの一つであり、二本の川が合わさる地点はティンクイマヨと呼ばれる。マヨは川を意味する。ティンクイは二つのものが合わさることを意味し、手袋や靴など二つがセットになったものを表す。人間集団も二つが合わさる、あるいは二つに分かれるなど、アンデスでは二つのものをセットで考える思考が強かった。

クスコ以外の場所にも基準となるワカがあった。自然の中の山、泉、石、川、川の合流点などのワカを基準にしてタンプを建設する選地がおこなわれた。それぞれの場所をワカにしたがって意味づけしていたともいえる。当然ながら実利もあった。例えばペルー北部のカハマルカは南北をつなぐ中枢に位置し、そこから東のアマゾン側にも西の太平洋側にも出ることができる交通の要所であった。ちなみにカハマルカの近くで重要なワカは、現在サンタ・アポロニアと呼ばれる丘であった（図2－18）。丘もワカの典型である。行政センター内の具体的な建築物については第3章第4節で述べよう。

王　領

インカの遺跡のもう一つのカテゴリーについて見ておこう。それは研究者が「王領」と呼ぶ遺跡群である（ナイルズ 2012）。

インカ王が誰々王の息子、あるいは第何代王と語ることによって自己の王位の正統性を主張することはなかったとこれまで述べてきた。王は「太陽の息子」とみずからを位置づけ、そのように認知された。第何代城主といった説明もない。なぜなら前王のものを相続することはできなかったからである（サンチョ 2003 [1534]: 225; シエサ・デ・レオン 1553b: 第11章; 2006: 66; ピサロ 1571: 第10章; 1984: 76-77; Polo 1559: cap. 2; 1916: 8; 2012: 345）。王の建物は一代限りのものであり、譲渡不可能なものであった。

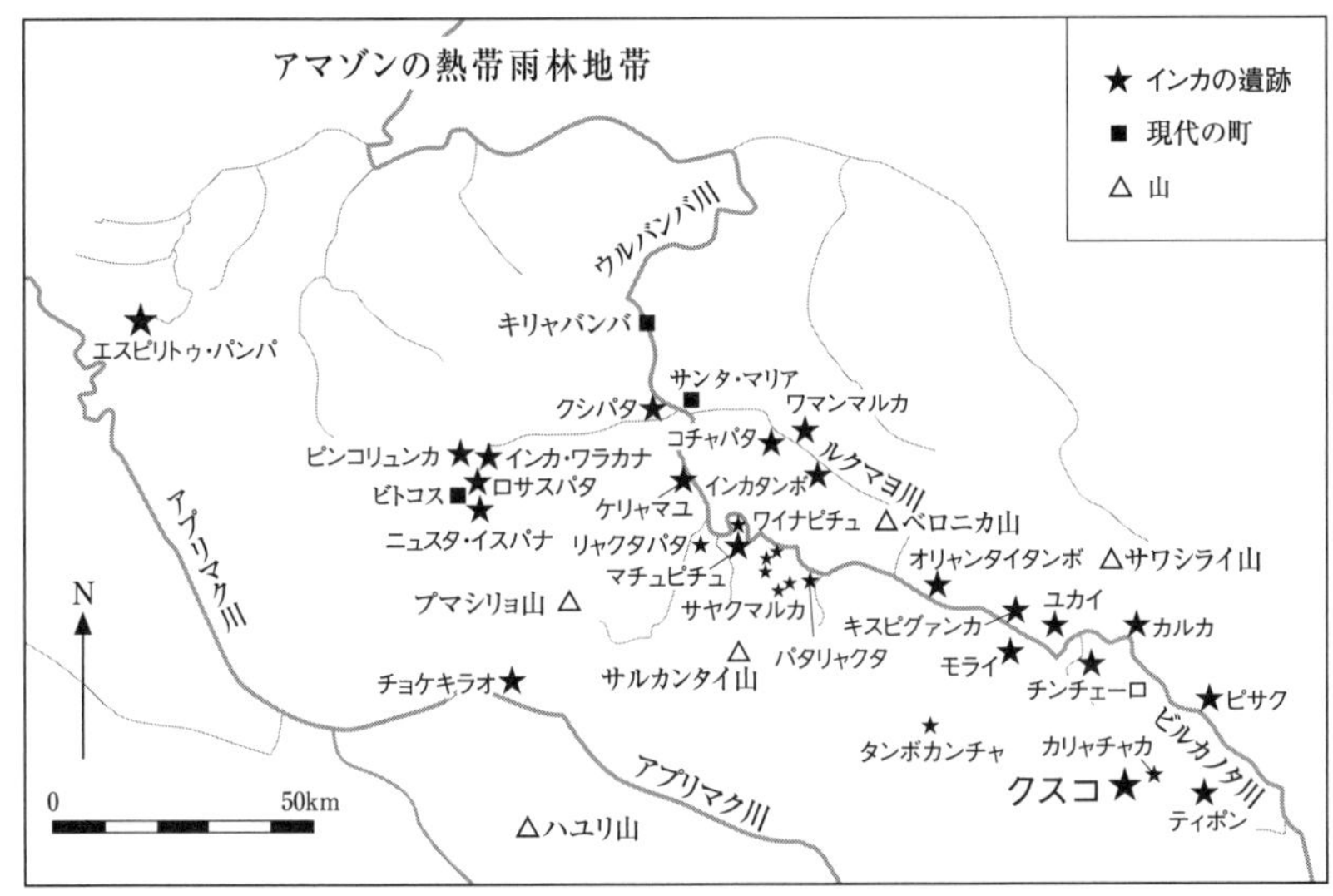

図2−19　クスコ周辺の遺跡　どの王の王領であるかは文献史料にもとづいて同定されている。パチャクティ領が多い。ユカイ周辺で複数の王領が隣接しているのは、共同体の構成原理と同様、基本的に点状に分布していたということだろう。またインカ族の抵抗の拠点ビルカバンバはエスピリトゥ・パンパ遺跡と同定されている。各王の主な王領は以下の通りである。ビラコチャ・インカの王領：ティポン　パチャクティの王領：オリャンタイタンボ、ピサク、マチュピチュ、ロサスパタ　トパ・インカ・ユパンキの王領：チンチェーロ、タンボカンチャ　ワイナ・カパックの王領：ユカイ、キスピグァンカ　ワスカルの王領：カルカ　アマルー・トパの王領：カリャチャカ（D'Altroy 2015を改変）

インカ王は死後もミイラとなって支配した。王のミイラが所有する建築群、畑などはアイリュによって管理されていた。国家のものではなく特定の王に属する遺跡は王領と呼ばれている。

例えばマチュピチュ遺跡はパチャクティ王の王領であった（図2−19）。マチュピチュは道によってつながっている一連の遺跡のうちの一つであった。またトパ・インカ・ユパンキ王のチンチェーロ、ワイナ・カパック王のユカイ、キスピグァンカ、ワスカル王のカルカなどがよく知られている。条件のよい場所から選ばれてゆくため、のちの王に残っている選択肢はしだいに少なくなる。そのためワスカルはミイラが王領を所有することに憤慨したという（Betanzos 1557: parte 2, cap. 1; 1996: 189; 2015: 321）。

それでは、ある王領がどの王のものであったかは、どのようにして知ることができるのだろうか。王ごとに建築の特徴が異なるという考古学的な指標は確認されていない。われわれがどの王のものと特定できるのは、植民地時代に残された行政文書に依拠している。

行政文書作成の主役となったのは、過去のインカ王のアイリュに属する末裔たちであった。末裔であることでさまざまな特権を得ることができたため、みな躍起になってインカ王との連続性を誇示しようとしたのである。植民地時代にはインカ王の末裔が財産を守るためにさまざまな書類を残しており、王の正妻（コヤ）に属した土地にも触れられている（ロストウォロフスキ 2003 [1988]: 260）。

そして裁判によって末裔であることを正式に認められた人々が、どの土地がどの王のものであるかを主張した。その過程で帰属が変わってしまうこともあったのかもしれない。一三人のインカ王のリストのうち、第八代から第一二代までのビラコチャ・インカ、パチャクティ、トパ・インカ・ユパンキ、ワイナ・カパック、ワスカルの王領が確認されているが、王として認定されたからこそ王領を維持できたということもあるだろう。パチャクティと同時代の人物カパック・ユパンキのように殺害されることもあったのだから、王領どころか、アイリュも根こそぎにされる場合もあったのであろう。他にカリャチャカはアマルー・トパの王領とされている（Niles 1987）。

マチュピチュはパチャクティの末裔に関する文書に「ピチュ」という地名への言及があるため、

パチャクティの王領と認定された（Rowe 2003［1986］）。マチュは「古い」、ピチュは「鳥」を意味するため（González Holguín 1989［1608］: 223, 284, 287）、マチュピチュは「古い鳥」、ワイナピチュは「若い鳥」という意味になる。ちなみにピチュには「瞳」という意味もある。日本ではしばしば「峰」と紹介されるが、ピチュに峰という意味はない。

マチュピチュを基準として、それとインカ道で連結している諸遺跡もパチャクティの王領と推定される。その一つパタリャクタはパチャクティのミイラが保管された場所としてクロニカに記録されており、マチュピチュを含む一連の遺跡がパチャクティの王領であるという解釈の傍証となる。

考古学者は王ごとに異なる建築や土器など何らかの物質的指標を見いだそうとするのだが、誰もまだ成功していない。たとえ物質的な差異が見つかったとしても、王の在位年代の時間差を示すわけではないのかもしれない。なぜなら王の死後も建築活動は継続していたと考えられるからである。物質的な差異は時間差によるものではなく、王のアイリュが属するスユの違いによるのかもしれない。チンチャイスユのインカ王（パチャクティ、トパ・インカ・ユパンキ、ワイナ・カパック）の遺跡が大部分であるため、それらとアンティスユのインカ王（ビラコチャ・インカ、ワスカル）の遺跡との比較も検討する価値のある方法である。またセケ・リストに記録されているワカの一部は建物であり、各セケはコリャナ、パヤン、カヤウのいずれかに分類されているため、その三つのカテゴリーにしたがって特徴を見いだすことができれば重要な発見となる。

遺跡単位で比較するには、各遺跡の神殿と神殿など、同一の機能を持つ建物を比較することで何か手がかりが見つかるかもしれない。しかしインカ帝国の特定の建物の機能を推定すること自体が難しい。カンチャ、カリャンカなど、建物の形態や建築技術にもとづき分類することができるのみである（第4章第5節参照）。

アンデスにおける空間認識は点とそれを結ぶ線が基本である。現在に残る遺跡も点の一つである。そして線で区切った領土というような空間認識は稀薄であった。点の集合としてアンデス世界をイメージすることが適切である。王領も全体としてみると点と線の集合であり、そうした網が併存していた。

＊1　マルティン・デ・ムルーアの絵の一枚（図2－12）に、中心にクスコが、四隅に四つのスユが配置された構図があるため、四つのスユに囲まれたイメージなのかもしれない（cf. González Holguín 1989 [1608]: 647）。

第3章　歩く、運ぶ

人は移動する。基本的な手段は歩くことであった。やがてそうした移動を身体から外在化した方法でおこなうようになり、現代社会では車や飛行機などを利用する。

アメリカ大陸には大型の家畜はいなかった。せいぜいアンデスのリャマとアルパカである（稲村1995）。リャマは二五キロから四〇キロの荷物を背負って歩くが、動物の水平方向に牽く力を利用した移動手段はなかった。車輪もなかった。一般に回転運動を利用した技術は発達せず、水車や風車もなかった。遠心力を利用する轆轤はついに実用化されなかった。回転運動は投石器で石を投げるときなどに利用されるのみであった。

水上運搬が発達しなかったのもアンデス文化の特徴の一つである（Bennett 1948）。海で利用する船は小型で、せいぜいカヌーのようなものであった。スペイン人が目撃した船も小型である。古代の地中海世界や、東アジアや東南アジアでは水上交通が発達した。現在でも大量の物資を運ぶのは車などによる陸上交通ではなく、船による水上交通である。

それらとは異なり、アンデスではそもそも海上交通で大量の物資を運ぶ相手がいなかった。西の太平洋の先に大規模社会はなく、また北のメソアメリカ世界との活発な交流の証拠もない。かさばる重いものといえば食料であるが、アンデスでは自給自足を重んじたため、食料を大量に長距離移動させることはなかったのである。

3－1　道と橋

道を歩く

インカ帝国における基本的な移動手段は歩く、そして走る、である。荷物は背負った。移動のためにインカ帝国内には幹線道路が整備された。それをカパック・ニャンといい、日本語では「インカ道」と訳される（図3－1）。ニャンの他にも、プリナと呼ばれる別のカテゴリーの小さい道があった。

プリナ＝道、歩く通り（González Holguín 1989 [1608]: 297）
カル・プリナ＝長い道（González Holguín 1989 [1608]: 444）
ピシ・プリナ＝短い道（González Holguín 1989 [1608]: 444）

幹線道路の建設は、カパック・ニャン・トクリコクという役職の人物が監督した（図3－2）。インカ王の許可なしにインカ道を歩くことはできず、それを破った者は厳しく罰せられた（Bram 1941: 37; Las Casas ca. 1559: cap. 21; 1948: 115）。

アンデスの道は歩くための道である。車輪があり、車があれば、それが通るために適切なルートが設計されねばならない。車だと急な勾配を一気に登ることはできないからである。しかし徒歩な

図３－１　カハマルカ地方のインカ道　この箇所は「インカの穴（hueco del inca）」と呼ばれる。地図上でインカとつく地名、あるいはケチュア語の地名がある場所は、インカの遺跡やインカ道が見つかることが多い。（筆者撮影2002年）

らば、まっすぐ登ることが可能である。また車道はそれなりの道幅が必要であるが、歩道は狭いところでは人ひとりが歩けるくらいの道幅になる。道はつねに造られ、修繕された。それはインカ王へ納める労働税の一つであった。

そしてインカ道が運んだのは第一に人であった。戦争のために兵士が移動し、また次節で述べるようにミトマと呼ばれた人々も地方から地方へと移動した。インカ道は帝国を拡張するための大動脈であり、同時に内部の人を循環させるためのインフラであった。

川を渡るためには橋が架けられた。橋は植物性の素材でできており、それほどの重さには耐えられない。人ひとり、あるいはリャマ一頭が通るように設計されていた。われわれが登山をするさい、持ち物で一番重いのは水である。水の補給が容易にできるようにインカ道は川沿いを通り、しばしば川を横切るようになっていた。

橋の管理者はアコス・インガと呼ばれた（図３－３）。ガルシラソによれば、橋は半年ごとに付け替えられたという（ガルシラーソ 1609: 第3の書第15章; 2006:（二）92）。道路と橋の修築は労働力を投

図3－2　カパック・ニャン・トクリコク　絵の右下には「ビルカス・グァマン」とある。ビルカスワマンはペルー中央高地南部の行政センターである。左上にはモホンが描かれ、銀鉱山があった「チョクリョ・コチャ」の地名が見える。（Guaman Poma ca. 1615: 354 [356]）

図3－3　アコス・インガ「チャカ・スユヨク（橋の責任者）」と説明されている。インカの時代には大小の吊り橋のほか、木製の橋もあった。スペイン統治下のカニェテ副王の時代に入り、石と石灰で橋が造られるようになったという。（Guaman Poma ca. 1615: 356 [358]）

下する格好の対象であった。

インカの橋を燃やすと死刑にされた。スペイン人に対する抵抗活動をつづけたマンコ・インカは、意図的にこうした橋を燃やした。橋を破却し道路を寸断してしまえば、敵の侵攻を妨げる防御になるからであった。スペイン人による征服後、特に山地においてインカ道は使われなくなった。山地から山地への移動より、海岸と山地の間の移動が重要になり、管理されなくなった橋は朽ち果てたのである。

インカ道の要所要所にはタンプと呼ばれる行政センターがあった。大量の物資が保管されており、労働税を納めるために人々が集まって働いた。中央には広場があり、儀礼の舞台となった。行政センターには建物が集中するので、そこに人々が宿泊したと考えたいところだが、そうではなかった。人々はテントで寝泊まりしていたのである。フランシスコ・ピサロ率いるスペイン軍がカハマルカでインカ軍と相まみえる日の前日、偵察がバーニョス・デル・インカに派遣された。そこで目にしたのは、あたりをびっしりと埋め尽くしたワタ製のテントであった（一〇三ページ参照）。

杖をついている巡察使の姿がグァマン・ポマの絵に描かれている（Guaman Poma ca. 1615: 362 [364]）。アンデスでは、人の持ち物で長いものは槍か杖と認定される。こうした杖は歩くさいに用いられたが、役割を表す持ち物としても重要だったのかもしれない。

主な履物はオホタ（ウスタ）と呼ばれるサンダルであった。山地の人々は足の皮膚が固くなり、寒さを感じなくなっていた。そして男性はチュスパと呼ばれる袋を携行し、その中にはトウモロコシの粒やコカの葉が入っていた。

輿を担ぐ

インカ王が移動するときには輿が用いられた。戦争に赴くワイナ・カパック王が輿の上に立つ場面がグァマン・ポマの絵に描かれている（図3-4）。ペルー南高地のルカナス族やボリビアのカリャワヤの人々が輿を担ぐのに長けていたという（ガルシラーソ 1609: 第6の書第3章; 2006: (三) 31; Guaman Poma ca. 1615: 331 [333], 333 [335], 338 [340]）。またマルティン・デ・ムルーアのクロニカには、輿に乗るワスカル王が描かれ、輿を担ぐ四人はクンティスユを除く三つのスユの人とカリャワヤの

図3－4　輿の上に立つワイナ・カパック王　「ピルコ・ランパ（赤色の輿）」と説明されている。エクアドル方面へ向かう場面。アンダマルカ、ソラス、ルカナス、パリナコチャスの人々を戦争に連れて行ったという。いずれもペルー南高地の民族集団である。（Guaman Poma ca. 1615: 333 [335]）

図3－5　輿に乗るワスカル王　輿を担ぐ4人はそれぞれ頭飾りが異なる。右奥の人物は「カリャワヤ」と書かれており、クンティスユではない。左手前のアンティスユの人物はアンデスでは一般に用いられない弓矢を持っている。（Murúa 2008 [1616]: folio 84r.）

人であったと記されている[*1]（図3-5）。

なお銀山で知られるポトシを描いたグァマン・ポマの絵では、二本の柱の間にインカ王が立ち、やはり四人の人物が柱を支えている（図3-6）。輿と同様に四人で支えることが重要だったのであろう[*2]。

輿のことはスペイン語でアンダ、リテラ、あるいはアンガリャスという。ケチュア語ではワントゥ、ランパ、カリャピと種類によって名称が分けられていた。輿の名称が複数あるのは、役割が識別されていたことの証左である（cf. Herring 2015: 100）。

図３－６　柱を支える４人　ポトシの風景の上部に、「ヘラクレスの柱」と呼ばれる2本の柱の間に立つインカ王と、それを支える４人が描かれる。「ヘラクレスの柱」とは地中海西端のジブラルタル海峡を指し、ここではポトシ銀山がスペイン経済を支えていることを示している。ラテン語で「プルス・ウルトラ（さらなる前進）」と記されているように、ポトシの銀を経済的基盤にスペインは世界に拡大していった。（Guaman Poma ca. 1615: 1057 [1065]）

ワントゥ＝寝台のように肩に担ぐ輿。覆いはない（González Holguín 1989 [1608]: 178, 566）

アヤ・ワントゥナ＝死者の輿（González Holguín 1989 [1608]: 39）

ランパ＝インカや女性を運ぶ椅子付きの覆いのある輿（González Holguín 1989 [1608]: 178, 311, 566）

カリャピ＝担架。何かを運ぶために結びつけた丸太（González Holguín 1989 [1608]: 44, 407）

運　ぶ

歩くことができれば、当然走ることもできるだろうと現代人は考えがちである。ところが日本人も江戸時代まで、一般の人は走ることができなかった。だから飛脚は走ることのできる人々が就く特別な職業であった。

アンデスでも同様で、チャスキと呼ばれる人々が走って物資や言葉を運んだ。例えば山中のクスコにもチャスキが海岸の魚を届けたという。チャスキに関するケチュア語の単語には次のようなものがある。

チャスキ＝飛脚（González Holguín 1989 [1608]: 98）

チャスキニ＝伝言を得る、受け取る（González Holguín 1989 [1608]: 98）

受け取る＝チャスキニ（González Holguín 1989 [1608]: 654, 681）

チャスキニのもともとの意味は「走る」ではなく、「受け取る」であった。物資やキープ、メッセージなどを受け取って、次の人に受け渡したのである。

現代社会では大量の物資が移動する。しかし先スペイン期で最も重要なのは人の移動であった。税は労働税で納められたため、人々は指定された場所に赴き労働した。食料、鉱物などを税として納めることはなかった。

では、どのような物資を運んだのだろうか。日常生活に必要不可欠な物資は基本的に近隣から獲得された。遠くから運ばれたものの例を見ると、エクアドル付近のトゥンベスから運ばれたスポンディルス貝（赤色の二枚貝、ケチュア語でムリュと呼ばれる）、そして海岸から運ばれた砂などである（第6章第1節参照）。儀礼に用いられたものは遠くから運ばれたようである。しかし貨幣や市場や

商人は存在しなかったので、これらを運ぶための専属の役割を担った人々がいた。
アンデスでは額に紐をかけて荷物を背負う方法が主流である（図3-7、図4-3）。だから彼らの背中はまっすぐであった。

図3－7　荷物を運ぶ　6月の収穫作業ハウカイ・クスキで、ジャガイモを掘り出している場面。左端の男性はチャキタクリャと呼ばれる踏み鋤を使用し、中央の女性は手鍬で掘り出している。右の女性はイモの入った袋をしばり、頭にかけて運んでいる。クリストバル・デ・モリーナの記述では、5月がハウカイ・リュスケとなっている。（Guaman Poma ca. 1615: 1147 [1157]）

3-2　ミトマ——人の移動

異邦人

出身地から離れた土地に送られた人々のことをミトマ（複数形はミトマクーナ）と呼んだ。スペイン語化してミティマ（ミティマエス）ともいう。もともとの意味は「よそ者」「異邦人」である。

ミトマク＝ある場所に来たよそ者（González Holguín 1989 [1608]: 244, 390, 425）

よその場所から来る＝ミトマニ、ミトマクニ（González Holguín 1989 [1608]: 390, 425, 520）

ミトマ＝よそ者、異邦人（Santo Tomás 2006 [1560]: 332）

ミトマとはどのような人々だったのだろうか。じつは特殊な人たちであったわけではない。王の命令で、人々は出身地から他の場所へと移動させられた。例えばペルー中央高地南部のアバンカイ、ティティカカ湖畔のコパカバナなどには、多くの場所から人が集まってきた（ダルトロイ 2012）。行政センターを結節点として人は移動していたようである。

シエサ・デ・レオンはミトマを三つに分類して説明している（シエサ・デ・レオン 1553b: 第22章; 2006: 128-135）。

一つは帝国によって征服された社会から、別の場所へと移動させられた人々である。移動先として似たような自然環境の場が選ばれた。高地の民は低地に行くと、それまで経験したことのない虫などに悩まされ、病気になることを嫌がった。また逆に低地の民は、高地では酸素が薄いためソロチェと呼ばれる高山病になってしまうことがあった。植民地時代に連れてこられたアフリカ系の人々が高地に順応できなかったことがあったが、アンデスの人々の間でも同様の問題があったのである。

二つめは、辺境の守備についたミトマである。そのさい一つの民族集団に戦力が集中し反乱を企てることがないように、彼らは各地から徴発された。

そして三つめは、新たに征服した豊かな土地を開発するために入植させられたミトマである。この例として、ワイナ・カパック王がボリビアのコチャバンバに送り込んだミトマが有名である

(Wachtel 1982)。

各地に分散させられたにもかかわらず、納税は出身集団を単位としておこなわれた。大規模な集団内にとどまっていれば、なかにはそこに安住して、さぼる人たちが出るかもしれない。しかし移動先では、それぞれ別個の出身集団に帰属しているので、一緒に作業することはない。人を移動させ分散させることで労働力を最大限に引き出す仕組みとなっていた。これは植民地時代までつづき、納税者が行方不明になっている場合には、その出身集団が埋め合わせをしなければならなかった。

どれだけの人を移動させたかというと、人口の四割に達するという試算もある(Cobo 1653: lib. 12, cap. 23; 1964: 109; 1979: 189; ダルトロイ 2012: 143)。こうして送り込まれたミトマは、スペインによるインカ帝国の征服後も存続した。帝国の政策で移動させられたのであるが、帝国の崩壊後、すぐに元の場所へ戻ったわけではなかった。植民地という新しい環境で先住民はしたたかに生き延び、ある場合には飛び地に残ることで、首長の地位など有利な条件を勝ち取ることに成功したのである(Van Buren 1996)。

人を動かす仕組み

アンデスでは市場や物々交換などの、物資を運搬する仕組みは発達しなかった。何か欲しいものがある場合には、人々はそれを獲得するために、あるいは栽培するために出かけた。物資ではなく人を動かす仕組みが発達し、いわば物流ではなく人流が盛んであった。その結果として、人が動くことに付随してものが動いた。人は歩いて、持ち物とともに移動するのである。移動すること自体も、インカ王に命じられた労働の一部と見なすことができる。それは臣民の時間をコントロールする仕組みの一つであった。

それぞれの民族集団内部においても、異なる環境帯に人が送られ、一定期間生活した。ある場合には、歩いて一〇日もかかる飛び地に数世帯が移り住んで、そこで栽培した作物、獲得した物資を各民族集団の中核地に運んだのである（Murra 1972）。中央集権的な仕組みが民族集団ごとに機能していた入れ子状の仕組みともいえる。

兵士もつねに移動した。インカ王が征服活動を継続していたのであるから、それに伴って移動する兵士が必要であった。それは専門の兵士ではなく、それぞれの共同体から徴発された人々であった。特定の集団が恒常的に征服活動に従事するわけではないので、定期的に人は入れ替わっていたと考えてよい。

3‐3　自給自足と市場の欠如

等身大の文化

アンデスの人々は労働そのものに喜びを見いだしていたのであろうと考えたくなる。国家への奉仕も儀礼化され、インカ王の畑を耕すときは、酒を飲み、歌いながら労働した（ガルシラーソ 1609: 第5の書第2章: 2006: (二) 252）（図3‐8）。

他の人々が労働して得たものを手に入れる、盗む、そういうことはインカの人々の頭の中にはな

図3－8　8月の鋤入れ作業　トウモロコシの種を播くため、並んで鋤を入れている場面。飲食をして、歌い踊った。右の女性は酒を入れたコップを持っている。「チャクラ・ヤプイ（畑を耕す）」の月と説明されている。この月にはワカにクイやムリュ（スポンディルス貝）などの捧げ物をしたという。(Guaman Poma ca. 1615: 250 [252])

かった。楽をしよう、効率よく作業しようという考えもなかった。ホセ・デ・アコスタは次のように述べている。

> ピルー［ペルー］のインディオは、このほかにもみごとなことを行なっていた。それは、ひとりひとりに、人間生活にとって必要な仕事のすべてを、子供のときから教えこんだことである。というのは、彼らの間にあっては、われわれのように、仕立屋、靴屋、織物屋等の決まった職業がなく、個人ならびに家庭で必要とされるものは、みな自分で作り方を学んでこしらえなければならなかったからである。すべての人間は、機を織って、衣服を作ることができた。それゆえインガ［インカ］は、彼らに羊毛を供給することによって、着るものを与えたのである。また、すべての者は、人をやとわずに自分で土地を耕し実らせることができた。すべての者は自分で家を建てた。なかんずく女たちはなんでもこころえていて、甘やかされて育てられてはおらず、ひじょうに心使いこまやかに、夫に仕えた。／人間生活において、日常ありきたりでない仕事については、それ専門の職人がいた。たとえば金銀細工師、画師、土器工、船頭、会計

士、奏楽者などがそれで、織物、刺繡、建築等の仕事に関しても、貴族の使用する一級品に関しては、職人がいた。（アコスタ 1590: 第6巻第16章; 1966:（下）308）

アンデスは等身大の文化である。ヨーロッパの文化では、家畜や自然の力をできるだけ利用し、一人の人間が扱える力を大きくしようとした。家畜を殖やし、車輪を牽かせ、また風車や水車などの回転運動を利用した。アンデスでは一人の人間が扱えるのは一人分である。しかし、一人の人間ができるだけ時間を費やし、最大限の成果を挙げた。そして一人ではできない仕事は、複数の人間が集まることで成し遂げた。質よりも量で勝負したといってよいであろう。

自分の足で歩き、自分の背中で荷物を運んだ。貨幣など、ものの価値を表す代替物はなかった。人間そのものが価値を持っており、その数で勝負した。広場など人が多く集まることのできる空間がアンデスの遺跡にはある。それは物資を集める市場ではなく、祭りや儀式のさいに人が集まる場であった。動員力こそが、アンデス社会の活力を判定する基準であった。

専業化の度合い

インカ帝国では人々は基本的に農民で、みな同じようなものを栽培していた。自給自足を志向し、他の集団に頼ることはなかった。貨幣経済や物々交換はアンデスでは発達しなかった。

そのため、例えば土器職人、鍛冶師、戦士などといった形で職業の分化は進まなかった。素晴らしい土器や織物などを見ると、われわれはそうした専門家がいたのだろうと想像する。たしかにそうした作業が得意な人物はいたが、それが専門の職業となり、特殊な集団を形成し、それだけで生業を成り立たせていたわけではなかった。半農半職人という言葉が適切なように、あくまで自分で食べる分は自分で確保し、残りの時間をどのように費やすかという差であった。プロフェッショナルな人々ではなく、あくまで兼業していただけなのである。

ただし程度の差ではあるが、山地よりも海岸のほうが専業化の度合いは高かった。特に金属細工に関しては海岸で発達しており、インカはその専門家を高地に連れてきた。そもそも金属細工の原料である金の多くは砂金であったとされる。そのため、海岸の川沿いのほうが望ましかったし、金属の精製には高温での作業が必要であるから、酸素が多い標高の低い海岸のほうが有利であった。

しかし職業の専門化の度合いの差は、そうした環境の差よりも、むしろ海岸地帯における社会の性質に由来すると考えるべきであろう。「独立生産」「従属生産」という分類がある（Costin 2001）。独立生産は政治組織から独立して専業化が進む仕組みである。一方、従属生産では権力者の庇護の下で専業化が顕著となる。アンデスはより従属生産の傾向が強い。そうすると、中央集権の度合いが弱い社会では専業化は進まない。ペルー北海岸は、モチェ、シカン、チムーと中央集権的社会が連続的に展開した。一方山地では、ワリ、ティワナク、そしてインカなどが繁栄したのであるが、その前後に断絶があるため、専業化の連続性は担保されなかったのである。

山地において高温を用いる技術については、おそらく海岸地帯など、別の場所から技術を持った人々を連れてくる方法が基本だったのであろう。人を集めるという意味でもミトマ制度は必要であった。

アンデス文明は黄金文明というイメージを持つ人がいるが、そうした冶金技術を有していた先行文化を継承することで、インカ帝国でも黄金製品が作られた。ただしクスコ周辺で古くから大量に黄金製品が作られていたわけではなかった。アンデスの領域内であればどこからでも人を連れてくる仕組みがあったからこそ、文化的連続性が生まれたのである。それぞれの地域が自治をおこなっていたのではなく、人的資源を共有し、移動させる仕組みがあった。

交換と自給自足

アンデスに商人がいたかどうかという議論があるが、ヨーロッパ的な商人はいなかった。アンデスの人々は特定の物資を獲得するために、その場に人を派遣した。別の人間が中間に入って儲けを出す仕組みはなかった。

マリア・ロストウォロフスキは、一五七一年の文書に商人という単語が使用されているため、海岸には交易に従事する人たちがインカの時代からいたと論じた（Rostworowski 1989 [1970]）。しかしスーザン・ラミーレスは、王や首長の指示にしたがって物資を運ぶ役割を果たした人々のことをスペイン人が商人と呼んだのだと論じ、山地と海岸で異なった経済システムが機能していたのではないとした（Ramírez 2007）。

物資を運ぶ人たちのことを初期のスペイン人も記録している。船にたくさんのものを積んで移動する人たちがいた。現在の物流の仕組みでは、区間を区切り、いくつかの中継点をへてリレーのように物資を運ぶ。一方、インカ帝国ではそもそも市場はなかったため、各集団が必要な物資を獲得するために、それぞれの場所に人を送り込むことが基本であった。納税記録によると、例えば王のミイラの管理、橋の建設など、特定の労働と人間が結びつけられていた（D'Altroy 2015: Table 12. 1）。

ロストウォロフスキも自身の考え方を補足、修正し、初期のスペイン人が商人と呼んだ人々は、当事者が必要とする物資のみを運んでおり、利益を得ることを目的としていたわけではない、と述べている（ロストウォロフスキ 2003 [1988]: 290）。つまり物資の運搬を双方向で説明する交易という仕組みよりも、一方向でインカ帝国内のものの動きを考えたほうがよい。

インカ帝国の経済活動はどのような原理にしたがっていたのだろうか。ジョン・V・ムラは、「互酬」と「再分配」という概念でそれを説明した（Murra 1980 [1956]）。互酬とはギブアンドテイクの関係のことである。互酬が一対一の関係であるのに対し、それが一対多の関係になると再分配と呼ばれる。再分配の一に対応するのが、首長などのリーダーである。

アンデスでは自給自足が基本であった。その理由はアンデスの自然環境の特徴から説明すると分かりやすいであろう。アンデスの自然環境は、高度差によってめまぐるしく変化する。例えば標高二〇〇〇メートルの場所に生活している場合、一時間上れば寒くなるし、逆に一時間下りれば暖かくなる。そのため一つの集団が利用できる環境帯が徒歩圏内に複数存在する。異なる環境帯が隣接しているため、その環境帯にみずから赴いて、必要な物資を栽培した。

ムラは同一集団が異なる環境帯を多角的に利用する仕組みを「環境の相補性」と説明し、高度差によって異なる複数の環境を利用する形態を「垂直統御」と呼んだ（Murra 1972）。狭い範囲に異なる環境帯が隣接する垂直的な自然環境が前提条件となり、アンデスでは自給自足経済が志向された。

ものを動かすのではなく、人を動かすのがアンデス経済の特徴である。こうした自給自足経済が軸となり、その規模が拡張されたのがインカ帝国の経済であった。各共同体はインカ王のための労働税のほか、自分たちで必要な物資は自分たちで獲得した。そのため、例えばティティカカ湖周辺に本拠地のあったルパカ族は、歩いて一〇日もかかる標高の低い場所にその成員の一部を派遣し、トウモロコシやコカなど高地では栽培できないものを栽培させたのである。効率ではなく、移動すること、労働すること、自給自足すること自体が目的となっていたと理解できる。

価値をもので表すことになると、それを代替する貨幣が生まれる。しかしアンデスでは価値の基準は人であった。植民地時代の遺言書でも、首長が説明するのは、自分の管轄下のどこにどれだけ人がいるかであって、物資についてではなかったのである（Ramírez 2005）。

インカ帝国において税は物資ではなく労働税であった。植民地時代にはインカ帝国の制度をできるだけ温存して、効率のよい納税体制を確立しようとした。

例えばペルー北高地南部ワヌコ地方のチュパイチュ族については、植民地時代におこなわれた巡察記録が見つかっている（Ortiz de Zúniga 1967/1972 [1562]）。記録によれば、橋の建設維持に何人など、作業ごとに供出する人数が指示されている。インカ王のミイラの管理という労働もある。第1章第1節で説明したように、インカ帝国ではキープを用いて納税を管理した。その基本は人口の把握であった。その次に物資がカウントされたのである。中米のアステカ王国では貢納表が作成されたが、人口は記録されなかった。インカでは記録の優先順位は逆で、最も重要な情報は人口であった。

食料など生活必需品は自給自足の傾向が強いことを確認した。しかし一方で、貝や砂など、わざわざ遠隔地から運ばせたものもある。これは各集団が取りに行ったのではなく、中央の指示によって移動させられたものであろう。重要なのは、あるものが別の何かと交換されることを前提とせずに、一方向に運ばれるということである。では次に、ものを運ぶということの意味を考えてみたい。

3-4　物資の運搬と貯蔵

労働力と時間のコントロール

アンデスの建築、造形芸術を見るとわれわれ現代人は圧倒され、それらを造り上げるのにいったいどれだけの時間と労力が費やされたのだろうと驚嘆する。それはものの運搬や、ものの製作には目的があって、それらを遂行するためにはできるだけ短い時間で、少ない労力でおこなうことが望ましいという考え方にしたがっているからである。

しかしアンデスの人々は逆に考えていたのではないか、と思いたくなる事例がいくつもある。逆というのは、時間をかければかけるほどよい、望ましい、と考えていたのではないか、ということである。

インカ王にとっての富とは人であった。つまり支配下にどれだけ人がいるか、コントロールできる労働力がどれだけあるかが重要であった。一般人の場合は、その人を助ける人がどれだけいるかが基準であった。逆に貧しい者とは、身寄りのない者であった。

インカ王は、前王に仕えた人々を相続することはできなかった。そのためゼロから支配関係を作り上げる必要があった。地方の人々もまた、インカ帝国という組織に従属しているのではなく、例えばパチャクティという特定のインカ王に仕えていると考えた。そのため王が替わったら、新たに支配関係を結び直す必要があったのである。

宮殿や畑などは、労働力を投下する対象として重要であった。つまり物質を媒介として、労働力が動くことが重要であった。むしろ人間の労働力をコントロールするために物質があったとも説明できる。そしてすべての人々が労働している状態を保つために、われわれが一見無駄と思うようなこともした。例えば、クスコの石をわざわざエクアドルまで運ばせたことがクロニカに記録されている（第4章第1節参照）。実際にエクアドルで放置されたインカ様式の切石が、クスコ周辺から運ばれたことが判明している（Ogburn 2004a, 2004b）。

シエサ・デ・レオンは次のように述べている。

> またグァイナ［ワイナ］・カパックは、この王国の人々をよく服属させるためには、彼らがなにもすることがなく、仕事もないときに、ひとつの山を他の場所に移させるとよい、としばしば言った。クスコからでさえ、キート［現在のエクアドルの首都キト］の建物を建てるための石や平石を運ぶように命令し、それらの石が、それを素材とした建物に今でも残っている。（シエサ・デ・レオン 1553b: 第65章; 2006: 346）

つまり、わざわざ仕事を作り出していたのである。われわれは遠くから運ばれたもの、わざわざ集められたものに何か価値があると思う。それはものを中心として考えるからである。貨幣経済では価値をものに置き換えて判断する。しかしアンデスの人々は労働力、あるいはことに照らし合わせて考えるのである。石など現地にあるものを使用すればいいではないかと思うのだが、わざわざクスコの石を運ぶこと自体に意味を付与していた。石を見てもどこのものかは分からない。しかしそれをクスコから運んだということが重要なのであり、それに聖性を付与して説明したのである。それによって膨大な労働力が投下されることが正当化された。

昆虫のシラミを集めることも、同様に説明できるであろう。ガルシラソは次のように述べている。

> われわれが気の毒な弱者と呼ぶ身体の不自由な者たちは、別の形で貢税を納めていたが、それは定められた期間内に、シラミのつまった一定数の葦の管を、居住地の司政官に提出しなければならない、というものであった。インカ王たちがこんな貢物を求めたのは、（納税を免除されている者以外は）誰もが、たとえどんなに気の毒な境遇にある者でも、納税の義務を果たすという習慣を徹底させるためであり、それゆえ、身体が不自由なため、皆がやっているような、労働による奉仕のできないこうした人びとには、シラミでその代わりをすることを求めたのだと言われている。（ガルシラーソ 1609: 第5の書第6章; 2006: (二) 269-270)

シラミという昆虫自体は、何の役にも立たないものである。集めることによって駆除し、清潔に保つという目的でおこなっているわけでもない。臣民を、すべての人々を、インカ王のために働いている状態に保つことが重要なのである。

インカ帝国のシステムは、いわば臣民の時間をコントロールする仕組みであった。ミトマのように人々を移動させることも、時間をコントロールすることになる。自分の時間が残っていないのであれば、人々が集まって相談する時間はなくなる。反逆する余地もなくなる。そして労働だけでなく、それに対する見返りの時間もコントロールされていた。祭りに参加して、そこで食料や酒を振る舞われ、臣民は酔いしれたのである。こうして人々はインカ帝国の完全な歯車となっていった。ペドロ・ピサロは次のように述べている。

> オレホン［大耳の意味でインカ族の男性のこと］たちは、一年を通じ、主君のために彼らを働かして遊ばせないようにしていた。この地の首長たちは、住民はいつも働かす方がよい、それは彼らが怠け者でろくでなしであり、働かせておけば健全な生活をするからだ、と言っていた。
>
> （ピサロ 1571: 第15章; 1984: 124）

コルカとサプシ

さて、ものを媒介として富を示すということはなかったが、やはり物資の貯蔵、コントロールはきわめて重要な要素であった。どのような物資が、どこに保管されていたのだろうか。

ここでキープ・テクストを参照し、ペルー中央高地ワンカーヨ地方における巡察の記録を見てみよう（Murra 2002 [1973]）。キープに結ばれていた情報が次の順番で記されている。人間、家畜、服、作物、履物、器、鳥、燃料、酒・果物、使用人、移動に伴う家畜、道中の食料。インカがどのようなカテゴリーにしたがって物資を認識していたかが分かる。そしてムラが指摘しているように、武器は記録されていない。これはアンデスでは殺傷能力の高い武器を必要としなかったことと整合的である（第7章第3節参照）。またトウガラシ、コカの葉が登録されていないのは、遠隔地で栽培されるものであったからかもしれない。

物資は倉庫に保管されていた。そこには大量の食料など、あらゆるものが集積されていた（シエサ・デ・レオン 1553b: 第64章; 2006: 340）。フランシスコ・デ・ヘレスの記録によれば、カハマルカの町では衣類が大量に積み上げられた倉庫から欲しいだけ取り出しても、もとのままのように見えたという（一〇六ページ参照）。

食料のなかで最もかさばるトウモロコシとジャガイモはどうであったか。ワヌコ・パンパという行政センターの発掘の結果、円形の倉庫はトウモロコシ用、方形の倉庫はジャガイモ用であったと解釈されている。ボリビアのコチャバンバ地方では円形構造物が多く確認されている（Gyarmati & Varga 1999）。そこではワイナ・カパック王の時代にトウモロコシ栽培がおこなわれていたという記録と合致する。行政センターの建物の多くは貯蔵用と労働用のスペースであった。周辺の畑で栽培された作物などが集められたのであろう。

倉庫はコルカと呼ばれた。グァマン・ポマの絵などにも円形の屋根の建物として描かれている（図3－9）。倉庫にはさまざまな種類があった（González Holguín 1989 [1608]: 54, 287, 502, 670, 686）。

コルカは倉庫の総称であるが、特にトウモロコシ用のアドベ（日干しレンガ）製の倉庫を指した（González Holguín 1989 [1608]: 535）。カーニャ（植物の太い茎）や草（イチュと呼ばれるイネ科の植物）でできたより簡素なものはピルワ、泥壁の倉庫はチャワイ（図3－10）、ゴザでできたものはタッケ、地下式のものはコリョナ（クリュナ）と呼ばれた。素材や造りによって呼び分けられており、そこに保管するものも異なっていたであろう。

「貯蔵庫＝ワカイ・チャチスカ」（González Holguín 1989 [1608]: 478）という名称もある。「イリャ・コルカコルカ＝インカの倉。戦争のための物資」（González Holguín 1989 [1608]: 287）、「インカの穀倉＝コルカコルカ・ワシ」（González Holguín 1989 [1608]: 535）など、コルカに他の単語がくっつく場合もある。

図3－9　コルカ　左に立っているのはトパ・インカ・ユパンキ王、キープを手にしているのはアポ・ポマ・チャワ。コルカには地域によってジャガイモ類、トウモロコシ、干し肉、獣毛、トウガラシ、ワタ、コカ、キャッサバなどが保管されていた。チンチャイスユの人々は体は小さいがトウモロコシを食べチチャ酒を飲むので強く、コリャスユの人々は体は大きいがジャガイモを食べているので弱いと説明されている。（Guaman Poma ca. 1615: 335 [337]）

図３－10　チャワイ　「カパックマルカ・ワシ（インカの家）」、その下に「チャワイ」「トロハ（納屋）」とある。女性の服の下部には「デスペンセラ・デル・インカ（インカの食料係）」と見える。建物の下部がギザギザに描かれているのは、湿気を避けるための工夫かもしれない。（Murúa 2004 [1590]: folio 88v.）

興味深いことにコルカという言葉は、同時にある星を指していた。現在プレヤデスと呼ばれる星団であり、ちょうど冬至のころに観測された。南半球の冬至は六月二四日ごろで、収穫の時期にあたる。収穫時期を天文学的知識と結びつけていた事例である。一方、山地では一二月から三月までは雨季となるが、雨季にはオンコイとも呼ばれた（ロストウォロフスキ 2003 [1988]: 253）。

プレヤデスという言葉は一七世紀から確認できる（Calancha 1974-1981 [1639]: lib. 2, caps. 10-11）。それ以前はスペイン語でカブリリャスと呼ばれていた（González Holguín 1989 [1608]: 440）。

ポロ・デ・オンデガルドは「星の中では通常、みながコルカと呼ばれる星を崇めた。われわれがカブリリャスと呼ぶ星である」（Polo 1559: folio 7; 1916: 3; 2012: 343; 1567; 1916: 189）と述べている。またルドビコ・ベルトニオのアイマラ語の辞書では、プレヤデスを指す単語としてカタチリャイが挙げられている（Bertonio 2006 [1612]: 463）。これはセケ・リストでチンチャイスユの八番目のセケの一〇番目のワカの名称ともなっている（Cobo 1653: lib. 13, cap. 13; 1964: 174; 1990: 61; Bauer &

Dearborn 1995: 107)。

なお他の特別な星として、二つ紹介しておこう。チンチャ地方で商人がクンドリと呼んだ星があったという(Albornoz 1989 [1584?]: 190)。航海するさいに方角の指標としたのかもしれない。また流れ星は不吉の予兆であった。「真夜中に腕ほどの厚さで、騎士の槍ほどの長さの緑のしるしが空から降りてくるのを見た」アタワルパは悲しい顔つきになり、父のワイナ・カパックが亡くなったときも同じしるしを見たと語り、その一五日後にアタワルパは死んだという(シエサ・デ・レオン 1553a: 第65章; 2007: 369-370)。

さて、コルカは建物を指しているが、これに関連する重要な単語がある。サプシである(Ramírez 2016; Salomon 2005, 2015)。辞書では次のように説明されている。

サプシ=すべての者の共有物(González Holguín 1989 [1608]: 324)

サプシ=共同体すべての者の共同労働(González Holguín 1989 [1608]: 333)

サプシチャクラ=貧しい者を支える共同体の畑(González Holguín 1989 [1608]: 83)

サプシクタン・リャムカニ=共同体の畑を作る(González Holguín 1989 [1608]: 83)

サプシカケンパス、サプシイマンパス=共同体の農場(González Holguín 1989 [1608]: 83)

サプシは共同体すべての者の共有物資、共同労働を指しており、いわばコルカとサプシは箱と中身の関係にあったのだろう。グァマン・ポマがクロニカにおいて六三回、サプシに言及していることとから、鍵となる概念であることが明らかである（Cock 1980: 215-240; Salomon 2015: 356）。

＊1　ただしスーザン・ラミーレスはカリャワヤの人物をコンデスョ（クンティスユ）の人物と同定している（Ramírez 2005: Figure 2. 3.）。
＊2　スーザン・ラミーレスは四つのスユの人物と解釈しているが、明記されているのはチンチャイスユとコリャスユのみである（Ramírez 2005: Figure 6. 1.）。

第4章　作る——物質と儀礼

植民地時代に残された記録文書を通して、われわれはインカ帝国について多くの情報を得ることができる。一方で、インカ帝国の範囲内に残る遺跡、出土する遺物から、より具体的に当時の情景を思い浮かべることができる。

ものを作り、建物を建てるという行為はどのような特徴を有していたのだろうか。具体的な事例を扱う前に、インカの人々の物質に対する感性、考え方について説明したい。第1章第1節でケルカ（quellcca）という単語を検討した（四一ページ参照）。それは「書く」「描く」「彫る」という意味であった。ケルカニ（quellccani）という動詞は「色で縁取る」「色をつける」「染める」を意味する。さまざまな行為が一つの言葉で理解されていたのである（DeLeonardis 2016: 147）。

4－1 カマイ

物質に宿る力

アンデスでは土地の所有権はなかった。土地はワカによって構成された世界であり、人間がワカを所有するという発想はなかった。ワカは抽象的な存在ではなく、目に見え、形を持った石、泉などであった。人々は物質を信仰の対象と見立てていた。つまりアンデスの信仰は初めから物質化されていたのである。

自然と文化を二項対立的にとらえるヨーロッパ的思考とは異なり、アンデスでは自然の中に人間が作り出す文化が包摂されていた。自然を支配する、自然を改変するという考え方はなかった。しかしながら、もの作りをするためには、自然状態にある何らかの物質を利用しなければならない。建物を建てるにも土地を利用しなければならない。人々はワカとどのように折り合いをつけていたのだろうか。

ケチュア語のカマイという単語に着目してみたい。じつはこの単語はすでに出てきている。キープを扱う専門家キープカマヨクの名称の一部となっている。カマヨク（Camayoc）とは、何らかの技術の専門家という意味である（González Holguín 1989 [1608]: 48）。他にもクンピ・カマヨク（上質の織物の専門家）、ケロ・カマヨク（木工の専門家）、ワシ・カマヨク（家を建てる専門家）、タキ・カマヨク（踊りの専門家）、ケルカ・カマヨク（絵や文字の専門家）、ピルカ・カマヨク（建設の専門家）、アワイ・カマヨク（織物の専門家）、アカー（アスア）・カマヨク（酒の専門家）などがいた（Santo Tomás 2006 [1560]: 210-213）。

サント・トマスの辞書では、カマクは「創造する者」「新たに作る者」と訳されている（Santo Tomás 2006 [1560]: 209）。カマニには「創る」「成し遂げる」という意味がある。[*1] トム・カミンズは、カマイは「どんな自然状態の中にも宿っている潜在的な力」、「あらゆる物質的存在を活性化させる超自然的なもの」であり、その超自然的な原型としてカマクがあると説明する（カミンズ 2012: 222-223）。それぞれの品物は、カマイを物質的、視覚的な形に具現化したものであった。

図4－1　血の涙を流す石　インカ・ウルコ王がクスコからワヌコまで石を運ばせている場面。石が疲れて動きたくなくなり、「血の涙を流している」と書かれている。またワイナ・カパック王はクスコ、ユカイからエクアドルのキト、トメバンバまで石を運ばせたという。（Guaman Poma ca. 1615: 159 [161]）

「疲れ果てた石」

重要なのは、人間がそのような能力を持っていると考えたのではなく、物質そのものにカマイが備わっており、あらかじめ定められた方向性に人間が寄り添い、物質の形が変わると考えている点である。このことを有名なマルティン・デ・ムルーアの絵に見てみよう。

インカ・ウルコ王が石を運ばせている様子を描いた図である（口絵4）。石には目があり、四角い輪郭線が見える。それは運ばれて四角い石に加工されることを示している。すでに素材の中に方向性が内在しているのである。人間がみずからの意思で形を作り上げるのではなく、物質そのものがあらかじめ決まった段取りで変化するのである。

またガルシラソは「疲れ果てた石」という表現を用いている（ガルシラーソ 1609: 第7の書第29章; 2006: (三) 373）。疲れるのは人間でなく石なのであり、石に主体があることが分かる。つまりアンデスの造形芸術と一般にいわれるものは、じつは自然の物体の自己表現と考えられていた。インカ・ウルコ王が石を運ばせているグァマン・ポマの絵では、石が血の涙を流したと説明されている（図

4-1)。

もう一つ例を挙げよう。ワンカと呼ばれる石である。ワンカはアイマラ語で「巨石」を意味する(Bertonio 2006 [1612]: 550)。それは聖なる石で、祖先が姿を変えたものと考えられていた。インカの起源神話においても、石になった祖先について語られている。石に過去の出来事を見てとったのである。「石の形をとることは、神として永続し、人間を神聖化する一様式」(ロストウォロフスキ 2003 [1988]: 16)であった。

ワンカの一例はプルラウカと呼ばれる石である。チャンカ軍がクスコに攻めてきたときにインカ軍の勝利に貢献した戦士たちが、のちに姿を変えたのがプルラウカの石であると語られる(アコスタ 1590: 第6巻第21章; 1966: (下) 324; Pachacuti Yamqui 1613: folio 19r.; 1993: 219)。

以上のようなアンデスの特徴は日本の文化とも類似している。伊藤亜人は日本的思考を「もののあわれ」という言葉で表現している(伊藤 2007)。具体的事例に即して思考することはアンデスでも同様である。何か抽象的な概念、世界観があり、それを物質化するのではなく、物質そのものから彼らの世界が組み立てられているのである。

4-2 作る——酒と記憶

土器

作られたものの具体的な事例として酒を取り上げよう。液体であるから酒そのものは残っていな

図4－2　アリバロスを据える台座　地方では大型のアリバロスは少ない。アリバロスの酒はケロ（木製のコップ）やアキリャ（金属製のコップ）に注がれて飲まれた。（マウカリャクタ遺跡、筆者撮影 2012年）

いが、その器は現在まで伝わる。酒はアンデス文化を語るうえで鍵である。

展覧会などでアンデスの造形芸術を目にすれば、いろいろな特徴が分かる。一つはヨーロッパなどの文化で発達したいくつかのものが欠如していることである。刀などの殺傷能力の高い武器、兜や鎧などの防具はない。武器は硬度の高い金属器ではなく、多くは石器であった。石器は多く使用されたが、あまり面白い変化はしていないから、展示には向かない。同様に農具なども展示されていない。

代わりにアンデスの博物館で多く展示されているのは、織物と土器である。ただしワタや獣毛でできた織物は腐食しやすく、保存条件のいいところでしか残らないため、数として圧倒的に多いのは土器である。アンデスは土器を大量に作った文化であった。

インカ文化の土器で最も多いのは、考古学者がアリバロスと呼ぶ器である（口絵5）。器形がギリシャのアリバロスに類似していることから、そう呼ばれるようになった。しかしギリシャのアリバロスは油入れであるのに対して、アンデスのアリバロスは酒壺であり、入れる中身が異なっていた。

アリバロスは尖底であるため、大型のものは床に台を作ってそこに置かれた。クスコ県のマウカリャクタ遺跡では、床にきれいに円形の台座が残っている（図4-2）。

アリバロスは酒を入れる器である。振る舞いの場に運びやすいように、把手に縄を通し、胴部中央にある突起に引っかけて背中で背負うようになっていた（図4-3）。突起はネコ科動物のピューマの頭部を模したものである。ファン・デ・ベタンソスは、パチャクティが首都クスコをピューマに見立てて建設したという。ピューマの表象は土器にも認められる。

インカ帝国では土器もつねに更新されていた。土器は墓の中から見つかる。また行政センターでも土器の破片が多く出土する。要するに保存するものではなく、つねに製作し、使用し、いずれ廃棄する、あるいは副葬品とするものであった。中身である酒と同様に、器も大量に消費された。循環する時間の流れの中に、もの作りという行為、そして作り出された物質そのものが位置づけられていた。廃棄するという行為は儀礼的な意味を帯びていた。

図4－3　アリバロスを背負う「歩きながら遊ぶ少女」と呼ばれる。5歳から9歳の少女と説明されており、この年代は母親や年上の女性の手伝いとして働いた。他の資料でも土器を運ぶ女性の姿が描かれているので、一般に酒壺を運ぶのは女性の役割だったのであろう。（Guaman Poma ca. 1615: 229 [231]）

　酒壺が大量に作られるのはインカ文化だけの特徴ではなく、先スペイン期の諸文化にあてはまる特徴である。形成期の鐙形壺、モチェ文化の鐙形壺、ナスカ文化の橋型把手付き双注口壺、ワリ文化の大型鉢とコップ形土器、チムー文化の鐙形壺、シカン文化の長頸壺など、アンデスの人々は酒を入れる器の製作に力を注いだ。

酒

酒を飲むことにどのような意味があったのだろうか。一緒に飲み食いすることを共食と呼び、人間が集団を構成する重要な要素となっている。人口の多い社会においては、大規模に共食がおこなわれた。それを饗宴と呼ぶ（Dietler 2001）。

インカ帝国においては饗宴が頻繁におこなわれ、酒が大量に振る舞われた。ごちそうというと肉を思い浮かべる人が多いであろう。アメリカ大陸では大型の家畜は少なかったため、食用となるのはラクダ科動物のリャマやアルパカ、野生のシカ、そしてクイと呼ばれるテンジクネズミである。しかしウシやヒツジやブタなどに比べれば肉の量は劣る。したがって饗宴における酒の役割はより大きかった。トウモロコシの酒は一般にチチャと呼ばれる。チチャはアラワク語系の言葉で、ケチュア語ではアスア、あるいはアカーと呼ばれた。

国家社会においては、アワ、コメ、ムギ、トウモロコシなどの穀類が重要であった。イモ類とは異なり長期間保存ができるため、富として蓄積できるからである。そしてもう一つの特徴は、酒の原料になることである。ムギはビール、コメは日本酒などの原料となる。トウモロコシも酒の原料として重要であった。

アンデスにおいて炭水化物の素となる主要作物は、トウモロコシとイモ類である。トウモロコシは消化によくないので、いろいろな工夫が必要であった。メキシコでは石灰と一緒に摂取するニシュタマリゼーションという技術、いったん粉にしてから焼くトルティーリャという工夫が生み出された。アンデスではトウモロコシを焼いたりしても食べるが、むしろ酒の原料として大量に消費された。

ジャガイモは山地では主食となっており、苦みがある場合は粘土と一緒に食べるなどの工夫がされた（Browman & Gundersen 1993; ロバーツ 2020 [2017]: 198）。ただしジャガイモで酒をつくることはあまり盛んではなかった。

アンデス山地で酒をつくるのは女性の仕事であった。例えばインカ王に仕えたアクリャと呼ばれる女性たちの重要な役割は、糸を紡ぎ織物を織ること、そして酒をつくることであった。発酵させるための酵母がなかったため、女性の唾液を用いて発酵させた（Polo 1571: folio 41v.; 1916: 118; 2012: 276）。一方、海岸地帯ではチチャをつくるのは男の仕事であったという（ロストウォロフスキ 2003 [1988]: 285）。

饗　宴

インカ帝国の経済には貨幣も市場も商人も存在しなかった。各共同体が基本的に自給自足で生産活動をおこない、インカ王との関係においては再分配というメカニズムが機能した（Murra 1980 [1956]）。

図４－４　吐く酔っ払い　酩酊すると悪魔と話し、ワカに拝む。植民地時代にはこうした飲酒およびコカの葉を噛む習慣をやめさせようとした。グァマン・ポマによればインカの時代には酔っ払いは厳しく罰せられたという。（Guaman Poma ca. 1615: 862 [876]）

臣民はインカ王のために働くから、王はその見返りとして何かを与えなければならない。それを機能させる重要な仕組みが饗宴であり、酒の振る舞いであった。スペイン人はしばしばアンデスの民を「酔っ払い」と形容したが、この再分配のメカニズムにこそアンデス文化の本質があった。要するに、強制された義務として労働を果たすのではなく、その見返りに酒を飲んで楽しむという、労働をプラスのエネルギーに変える文化なのである。酔うために酒に幻覚剤をも入れた（第5章第9節参照）。

インカ帝国では政治的権力は物質によって示されるものではなかった。権力者は宮殿や墓を造って誇示するわけではなく、財宝を保持するわけでもなかった。

権力者の富は、どれだけその人を助ける人間がいるかで評価された。そのため労働に対する見返りでも、物資ではなく、飲み食いするという行為が大事であった。身体と直結する習慣であり、人々は吐くまで飲んだ（図４－４）。

ティトゥ・クシ・ユパンキは、「伯父「アタワルパ」は、スペイン人が「その前に」チチャという名のわれわれの飲み物をぶちまけたことで、彼らに侮辱されたと思っていた」（ティトゥ・クシ・ユパンギ 1987 [1570]: 23）と書いている。酒を酌み交わすことが人間関係の基本であったことを物語るエピソードである（cf. Pachacuti Yamqui 1613: folio 29; 1993: 239）。

またペドロ・ピサロはワイナ・カパック王について次のように述べている。

三人のインディオが束になってかかってもとてもかなわないくらいの量の酒を飲み、しかもけっして酔っ払わなかったという。彼の部将やインディオたちが、どうしてそんなに飲んでも酔わないのかとたずねると、じぶんはたくさんの貧者を助けているが、その人たちのために飲むのだ、と答えたという。（ピサロ 1571: 第10章; 1984: 74）

図４－５　ケロで飲み交わす　６月（ハウカイ・クスキ）のインティ・ライミ（太陽の祭り）で太陽と酒を飲み交わす場面。ウンク（貫頭衣）の図柄はインカ・ウルコ王と同一と思われる（図4-1）。この祭りでは多くの子供、金銀製品、ムリュ（スポンディルス貝）が埋められたという。（Guaman Poma ca. 1615: 246 [248]）

ケロ

人々は酒をコップに入れて飲んだ（図４-５）。木製はケロ、銀製はアキリャ、金製はコリ・アキリャと呼ばれた。大ジョッキ二杯分ぐらい、一リットル近く入る大きなコップである。

コップはつねに二つ一組で

図4－6　トカプ紋様を伴うケロ
この紋様はインカ王や妃の衣服の腰の部分に表現されることが多い。ケロに施されるほか、チュルパと呼ばれる塔状墳墓に描かれた例もある。グァマン・ポマのクロニカに描かれたトカプは現存する衣服などでも確認することができる。（Espinoza Soriano 1997 [1987]）

製作され用いられた。ガルシラソによれば、ケロは同じ木から作られた（ガルシラーソ 1609: 第6の書第23章; 2006:(三) 131）。現代では食器は五個セットや一〇個セットのものが多い。しかしアンデスでは二つ一組が基本であった。そしてインカ王と太陽が、あるいは首長と臣民が、酒を飲み交わすことで関係性を築くことが重要であった。

インカ時代のケロには表面に紋様が描かれている。正方形の枠を用いたトカプというマス目状の幾何学紋様である（図4－6）。本来トカプは上質の衣服を指すが（González Holguín 1989 [1608]: 344）、しばしばそこにマス目紋様が表現されているため、この紋様を指すのにも用いられた。一般にインカの造形芸術では人物表現は少ない。ケロにも人物はほとんど描かれなかった。人面が描かれたケロは例外的である。

行政センターの一つであったワヌコ・パンパなどでは、焦げたケロが見つかっている（Cummins 2002）。ケロは大切に保管されるものではなく、祭りのさいに大量に消費されるものだったのだろう。アンデスでは建築も保存されるのではなく、つねに更新された。ケロを作っては消費する習慣はアンデス文化一般の特徴と合致する。重要なのは保存することではなく、更新することであった。

酒を飲み交わすことによって、人々は関係を結んだ。時にそれは過去の出来事の記憶を呼び覚ます行為ともなった。かつてインカ王から下賜されたケロは、それを用いることによってインカ王と飲み交わしたことが想起される装置であった。ケロは過去を想起させる道具であり、レヴィ＝ストロースの言葉を借りれば、「物的に現在化された過去」である（レヴィ＝ストロース 1976 [1962]: 286）。

ケロを用いて酒を飲むことは、過去の記憶を呼び覚ます行為である。そして飲むという出来事自体が、新たに語り継がれる記憶として加わる。アンデスにおける信仰の基本は祖先崇拝であるから、過去との関係を基軸に儀礼が構成された。

「酔っ払い」

一方で、飲酒のもう一つの重要な要素は忘却である（Saignes [ed.] 1993）。酒を飲み過ぎれば、しばしば記憶をなくす。アンデスの人々の飲み方は、まさに記憶をなくすために飲むといってもよいほど激しかった。現在でも「インディオのような酔っ払い」という言い方がある。酔っ払いはアンデスの文化である。つまり飲酒は、記憶を呼び覚ますと同時に、忘却するという二面性を持った行為なのである。ほどほどにたしなむ、などということはない。儀礼のときには徹底的に飲む。

現在でも普段は節約して慎ましい生活を送る先住民が、いったん祭りになるととことん飲んで、お金を全部使い果たしてしまう。貯金して積み重ねるのではなく、リセットしてしまう。別の言葉で説明すれば、更新するのである。あるところで振り出しに戻り、またゼロから始める。アンデスの暦と同様に、一直線に進むのではなくサイクルが繰り返されるのである。

シエサ・デ・レオンはこうしたアンデスの飲酒の習慣を「酔っ払い（borrachera）」と表現している[*2]（シエサ・デ・レオン 1553b: 第11章, 第14章, 第29章; 2006: 65, 83, 171）。またペドロ・ピサロはワスカル王について次のように書いている。

> ひじょうにきびしく、臣下の前に姿をあらわさず、また然るべきときに広場に出て臣下たちといっしょに食事するのがそれまでの王たちの習慣であったのにそれをしなかったため、人々に好かれなかった。（ピサロ 1571: 第10章; 1984: 76）

インカ王が酔っ払いの会合に参加しなかったことは、アンデスの伝統ではあり得ないことだった。アンデスの儀礼は、古いものを破壊して新たなものを作り上げるという流れにしたがっておこなわれた。織物も保存するのではなく、王が下賜して、あるいは焼いて、新たに織らせた。保存よりも更新が重要であった。更新に伴うのは古いものの廃棄である。飲酒文化では、忘却がその役割を果たしていたのである。

ロストウォロフスキは北海岸の首長の事例を挙げて、次のように記している。

> 北海岸では、トランペット、およびいわゆる〝タベルナス（居酒屋の意味）〟が、首長につきものであった。後者は、首長が住居から出るときたずさえる飲み物を入れた瓶を担ぐ者たちにスペイン人がつけた名前である。輿（こし）が止まるたびに、首長のふるまいで民衆がそれを飲むため

に集まった。大首長であればあるほど、民衆に分かつための飲み物を入れる容器の数は多かった。（ロストウォロフスキ 2003 [1988]: 211）

またペルー南海岸のチンチャでは、海に出ない日は酒を飲んでいる漁民たちを、スペイン人は「酔っ払い」と呼んだという（ロストウォロフスキ 2003 [1988]: 253）。

土器の形

われわれはインカの人々が飲んだ酒そのものを観察することはできない。しかしそれを入れていた器から、飲酒習慣の広まりを間接的に再現することはできる。インカ文化の遺跡でかならず出土するものはアリバロスであり、ケチュア語でウルプと呼ばれる。先に述べたようにアリバロスは酒壺である。それこそがインカ文化の広まりを示す明白な証拠であった。では他に、どのような土器があったのだろうか。

インカ様式の土器の特徴はその器形にある。外反する口縁、口縁よりも上に延びる把手、二段階に屈折する底部など、その一部だけでインカ様式土器と判定できるものが多い（図4-7）。

一方で、土器の表面に描かれる紋様は自由度が高い。首都クスコで出土する土器には紋様の規範があり、シダ状紋様などが多く描かれる。しかしそれが地方にも同様に現れるのかというと、そうではない。例えば、ペルー北海岸におけるチムー文化の土器と融合した特徴を有するチムー＝インカ様式の土器は、器形はインカ様式であっても、彩紋はチムーの伝統にしたがい全体を黒色に塗っ

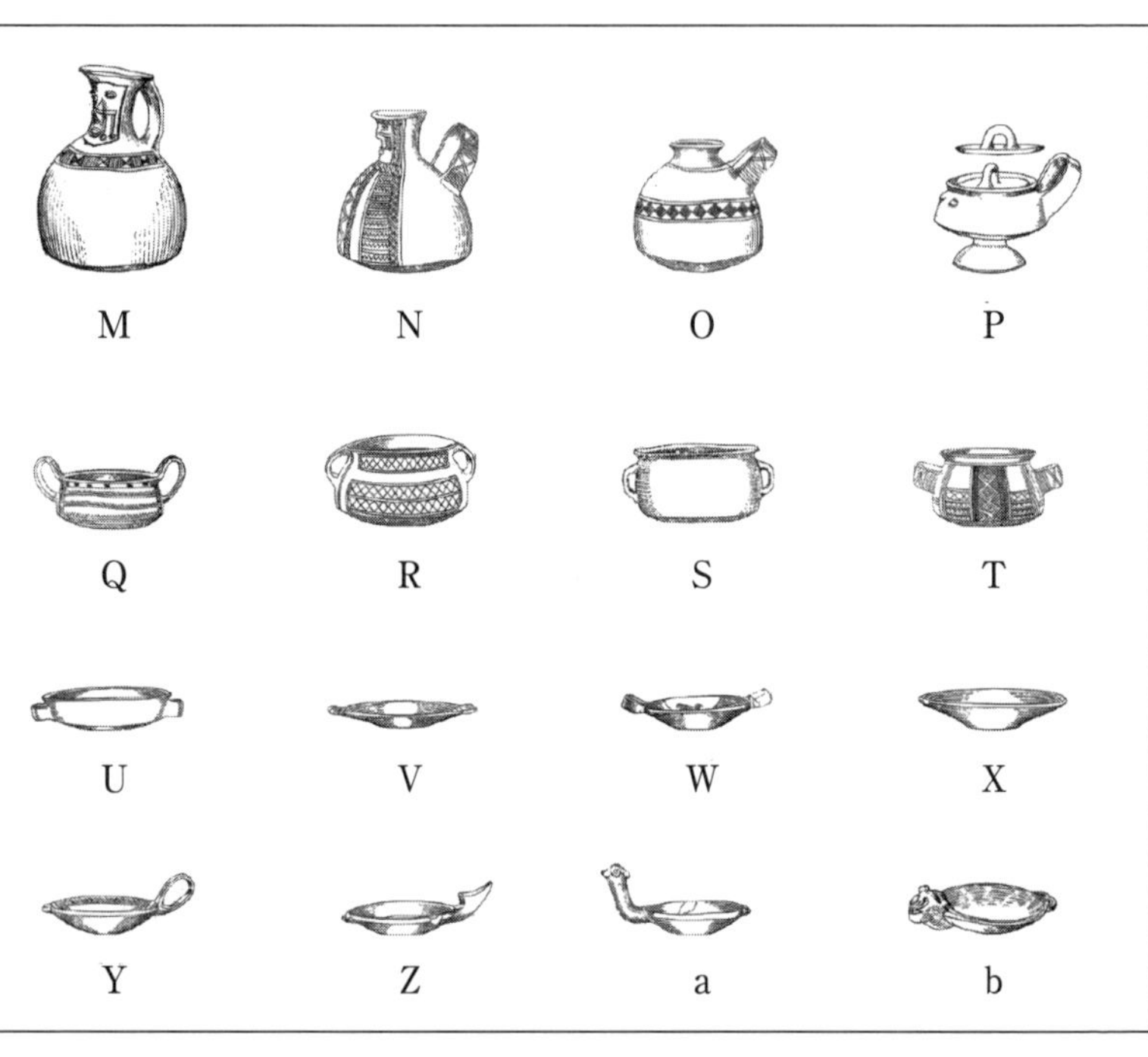

たものが主体である。

　したがってインカにとって重要なのは器形であり、表面の紋様ではなかった。日本の一升瓶に貼られたラベルを取り代えるように、紋様は変更可能である。酒を飲むという基本的用途のために器形は重要であるが、紋様は直接関係しない。

　酒壺以外には、蓋付き高坏、平底深鉢、皿などがある。遺跡からはこうした装飾的な土器が出土する。多くは給仕用だったのであろう。火にかけた痕跡はあまりない。装飾を伴わない粗製土器も一緒に使用され、

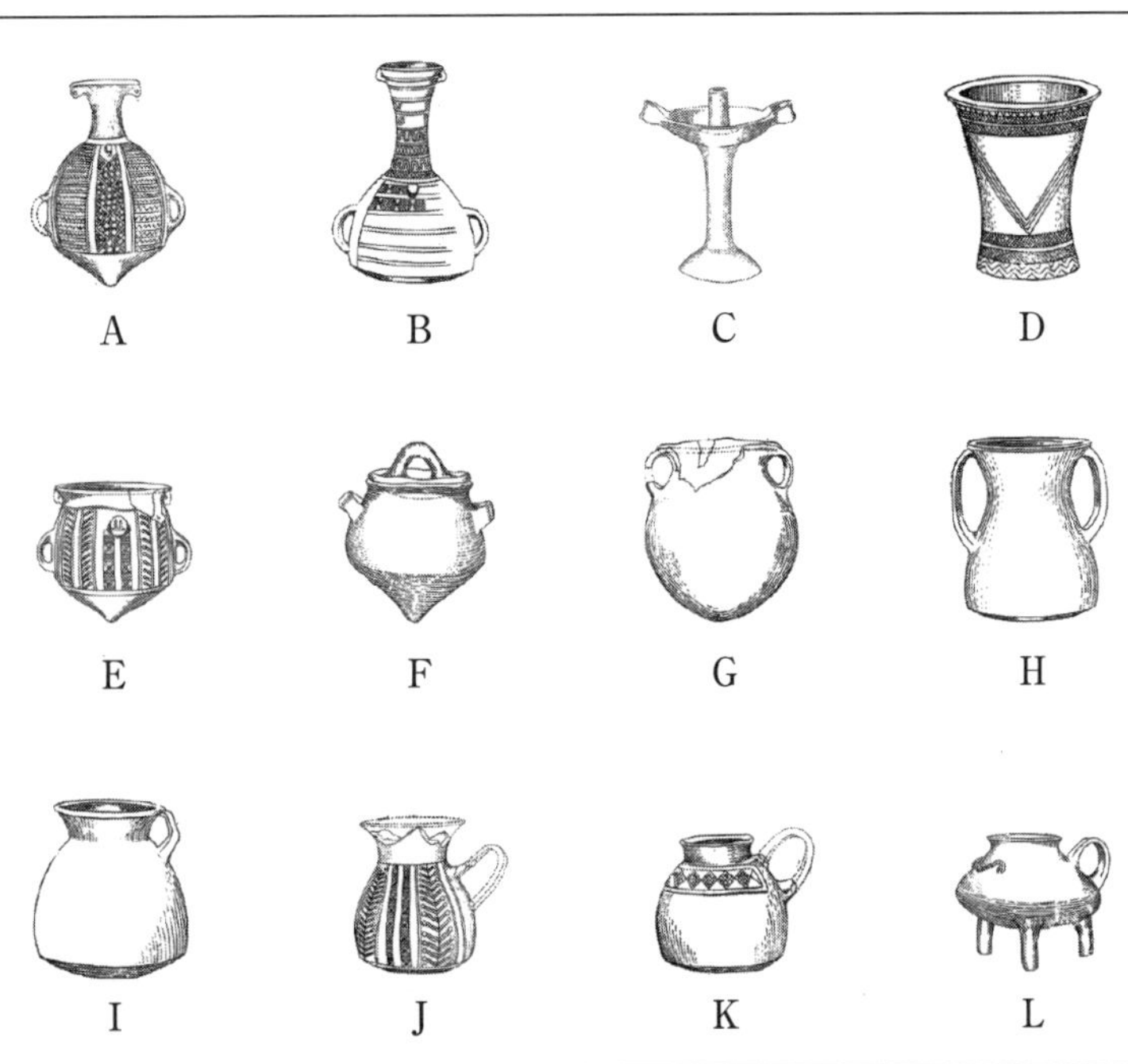

図4－7　インカ様式土器の器形　クスコ周辺で出土したインカ様式土器は種類が多く、そのすべてが地方で確認されるわけではない。Aのアリバロスはどこのインカの遺跡でも出土するため、インカ文化の広がりを示しているともいえる。（渡部 2010: 図3-17）

こちらは煮炊き用であったと思われる。

クスコ周辺で製作されたインカ様式土器の器形のすべてが、地方でもそろって見つかるわけではない。その一部だけである。例えばペルー北高地のタンタリカ遺跡で見つかったのは、アリバロスのほか、皿、高坏などが主である（渡部 2010）。器形ごとに製作者集団が異なっていたわけではなく、どのような基準で器形の取捨選択がおこなわれたのかは分からない。ただし同じアリバロスでも、胎土が異なるものが複数併存する場合がある。それらはそれぞれ別集団が製作したのであろうと判定される。タンタリカ遺跡から出土したアリバロスには、四種類の胎土が確認されている（渡部 2010）。

土器の消滅

先スペイン期アンデスでは、飲食のための土器がそれぞれの文化を示す指標となった。土器はけっして鑑賞するものではない。日本であれば茶器などが一つの文化となり、ときには大切に保管されたのであるが、アンデスでは土器は消費されるものであった。

インカ様式をはじめとする先スペイン期のアンデスの土器は、植民地時代にまたたくまに消滅した。先スペイン期の土器は素焼きで、一二〇〇度以下の温度で焼かれた。釉薬（ゆうやく）がかかる焼物は陶器という。釉薬はガラス成分で一般に一二〇〇度以上で溶けるため、アンデスには陶器はなく土器だけであった。植民地時代に窯（かま）や鞴（ふいご）など高度な技術が導入されたことにより、土器製作や冶金技術は大きな変化をこうむった。

酒を飲む行為は先住民にとってよほど重要なことだったのであろう。インカの物質文化はスペイン人による征服後、またたくまに変容していったにもかかわらず、酒を飲むケロは植民地時代に生き残った（Cummins 2002）。ケロにはインカ帝国時代の幾何学紋様ではなく、多彩色を用いた具象的な情景が描かれることとなった。ケロ自体は木製品であったため、新たな技術に置き換わることがなかったのかもしれない。

古代アンデス文明は終焉（しゅうえん）を迎え、聖なるワカと神殿を中心とする信仰世界はキリスト教世界に転換した。それまでの常識が通用しない「あべこべの世界」となったのである（Ramírez 1996）。しかしそれでもなお、いくつかの要素は存続した。その最たるものが飲酒文化とそれを体現するケロなのである（図4－8）。

4－3　流す

ウスヌ

ここまで酒について述べてきた。以下では液体一般について見てみよう。

インカ帝国において水路はきわめて重要であった。インカの石組み技術を駆使して建設された水

図4－8　植民地時代の先住民　酔っ払いのドン・フアン・カプチャ。ヨーロッパの服装をしているが先住民の首長である。グァマン・ポマはこの人物をこき下ろしている。右にはチチャ酒を入れたアリバロス、左にはワインを入れた壺が描かれている。両手にコップを持っていることから飲み交わす習慣は継続していたのであろう。うしろの壁には酒を入れる革製の袋（スペイン語でボタと呼ばれる）がぶら下がっている。（Guaman Poma ca. 1615: 776 [790]）

図4－9　ウスヌに座るマンコ・インカ　マンコ・インカはワスカル、アタワルパの異母兄弟で、スペイン軍への反乱を開始した。（Guaman Poma ca. 1615: 398 [400]）

路がクスコの東に位置するティポン遺跡など多くの場所で見られる（Wright 2006）（口絵6）。水路の清掃は共同体にとって重要な儀礼であった。ジャネット・シャボンディーが論じたように、灌漑がセケ・システムと結びついて組織化されていた（アールズ 2012: 175; Sherbondy 1986）。

セケには「線」「境界」という意味があり、また「酒を流すこと」という意味もある（González Holguín 1989 [1608]: 81, 395, 652）。ここでは酒を流すという行為を考えるため、インカの建築要素であるウスヌを取り上げたい（Hyslop 1990: 69-101）。

ウスヌは基壇建築となる場合がよく知られているので、「祭壇」と紹介されることがある（図4－9）。辞書では「ウスヌ＝モホンであり、埋め込まれた巨大な石」と説明され、また「裁き」ともある（González Holguín 1989 [1608]: 358, 403, 684）。セケ・リストではアンティスユの五番目のセケの一番目のワカであり、ウリン・ハウカイパタ広場にあったという。本章第5節で紹介する広場「ハウカイパタ」に「ウリン（下）」をつけているので、地下とつながることを示しているのかもしれない。

次にクロニスタがウスヌについてどのように記述しているのかを見てみよう（cf. ピサロ 1571: 第15章; 1984: 109）。カベーリョ・バルボアは次のように記している。

ワイナ・カパックはそうして広場にウスヌ（別名チュキ・ピリャカ）と呼ばれるものを建て、さまざまな時期、機会に太陽にチチャ酒を捧げた。（Cabello Valboa 1586: parte 3, cap. 21; 1951: 365）

またグァマン・ポマは次のように記している。

パチャクティ・インガ［インカ］はワカ、太陽の館［コリカンチャとは別］、コリカンチャ神殿に多くの物資を捧げるよう命じた。また各グァマニー［地方行政単位］にウスヌと呼ばれる王の座る玉座を建てるように指示した。（Guaman Poma ca. 1615: 265［267］）

クリストバル・デ・モリーナは、八月の祭りであるシトゥアの一場面について次のように記している。

そして広場には中央に金のウスヌがあり、水槽のようであった。戦争のさいは四〇〇人のインディオがその水槽の周りに集まり、チチャ酒を飲み、そこに捧げ物として流した。（Molina

1575: folio 10v.; 2010: 52; 2011: 31)

インカはそれら［太陽と雷］と飲んだ。太陽の前には金製の大きな器があり、インカはそこにチチャ酒を注いだ。神官はそこから飲み、ウスヌに流した。前述のように、黄金で覆われた石の水槽のようであり、穴があいていた。そこから排水溝へとつながり、地下を通り太陽、雷、創造主の館まで続いた。(Molina 1575: folio 13r.; 2010: 57-58; 2011: 39)

ウスヌは穴のあいた石の水槽で、黄金に覆われていた。そこにチチャ酒を流し、太陽、雷、創造主の館へとつながったという(cf. Albornoz 1989 [1584?]: 176, 179)。パチャには時間、大地という意味があり、大地の下に過去があると認識される(第2章第1節参照)。チチャ酒を流すことは、過去とつながる行為である(cf. Zuidema 1989 [1980])。ケロで飲むにせよ、ウスヌに流すにせよ、酒は過去、起源と結びつく物質なのである。

液体を流す行為にはこのように儀礼的な意味合いがあるが、当然ながら飲料水のためにも、そして農業の灌漑のためにも水は必要である。水の管理は儀礼的におこなわれていた。例えば毎年の水路の清掃などがあった。水路の建設には大量の労働力が投下され、その後のメンテナンスにも労力がかかった。水路の建設、維持は重要な社会的行為だったのである。

パクチャ

流すという儀礼を典型的に表しているのは、パクチャと呼ばれる道具である。辞書では次のように説明される。

パクチャ＝泉、水の流れ、水路、蛇口（González Holguín 1989 [1608]: 268）

パクチャン＝水が流れる、ちょろちょろ流れる（González Holguín 1989 [1608]: 268）

カナルのように液体を流すミニチュア版の木製品などの装置が作られた（カミンズ 2012）。カナルとはアンデスの建築に組み込まれた液体を流す装置である。水を流すのであれば水路と呼べるが、酒を流した可能性もあるので、ここではカナルと呼ぶ。

図4－10　アリバロス形のパクチャ　部屋の床上の覆土から出土した。（タンタリカ遺跡 1999年出土、筆者撮影）

タンタリカ遺跡でパクチャが出土したことがある（図4－10）。アリバロス形のパクチャであり、珍しいものである。口から液体を注ぐと、下部にある穴から液体が流れ出す。そもそも泉は重要なワカの一つであり、それにあやかって儀礼をおこなったのである。

パクチャとは、いわば持ち運び可能なように作ったミニチュア版のカナルである。逆にカナルは建築に組み込まれたパクチャともいえる。インカ帝国におけるカナルの意味を考えるために、先インカ期にさかのぼってその系譜を確認してお

図4－11　タンタリカ遺跡のカナル　階段の直下を流れる。ペルー北高地の形成期の遺跡チャビン・デ・ワンタルの円形広場の階段でも同様の事例が確認されている。（筆者撮影 1999年）

こう。

こうした液体を流す儀礼は、形成期中期（前一二〇〇―前八〇〇年）からさかんになった。ペルー北高地に位置するクントゥル・ワシ遺跡など、この時期の神殿に組み込まれたカナルは入口と出口がある構造であり、飲料用や灌漑用のものではない。儀礼的に発達したカナルがのちの時代に農業など実用に転換されたのである。

そうした神殿に伴う儀礼用水路は、ペルー北高地で特に顕著に認められる伝統である。チムー期からインカ期の遺跡であるタンタリカでも、入口と出口がある儀礼用水路が見つかっている（図4－11）。タンタリカではインカ期にカナルのある場所を埋めて封鎖する行為が認められている。カナルの封鎖は土器様式の変化のように、新しい文化への変化を意味している。

水路の管理は厳格な社会組織によっておこなわれていた。儀礼組織といってもよいかもしれない。蓋のない明渠（めいきょ）、地下式の暗渠（あんきょ）の両方があった。

農業用水など実用の水路は、川のそばに取水口を設け、水を導く設計である。農業の実験場であったとされるクスコの北西三五キロに位置するモライ遺跡では、水路が設計に組み込まれており、計算しつくされた配置となっている（アールズ 2012）（口絵7）。

4－4 織る

織物

縦糸と横糸を組み合わせ、布に仕立て上げることを織るという。一本の毛糸でセーターなどを編み上げたことのある人は多いだろう。だが実際に布を織った経験のある人は、現在では少ないのではないか。

アンデスでは編物は発達せず、織物が高度に発達した。そして一部に刺繡などを入れる文化もあったが、基本的には糸の地色で紋様を構成した。横糸が表に出て紋様を構成するつづれ織りが主流であった。一方で、縦糸が紋様を構成する織り方も存在した。

図4－12　竪機　機織りを強制しているのはメルセス会の修道士マルティン・デ・ムルーアである。本書でもムルーアのクロニカの絵をしばしば参照している。グァマン・ポマはムルーアを、先住民を虐待していると非難する。(Guaman Poma ca. 1615: 647 [661])

織物というと、日本民話の鶴の恩返しに出てくるような機織（はたお）り機を思い浮かべる人が多いだろう。しかしアンデスでおもに用いられ

図4－13　腰機を使用する女性　現在のアンデス山地で一般的な機織り。立って織る場合も座って織る場合もある。（ペルー北高地のコンゴーナ遺跡に向かう途中で。筆者撮影 2005年）

たのは腰機、あるいは水平機、垂直方向の竪機（図4-12）である。現在でも山の中を歩くと、片方を木などにくくりつけ、腰に機織りの帯を着けた女性が機を織っている姿をよく目にする（図4-13）。

アンデスで織物が特に発達した理由の一つは、世界で最も古くからワタを栽培していた文化だからである。旧世界ではインダス文明（前二六〇〇－前一九〇〇年）でワタが栽培化されたのが古い。日本だと古墳時代には絹製品が中国から入ってきたものの、ワタ製品が一般化するのは江戸時代からで、かなり遅い。それに対してアンデスでは前三〇〇〇年にはワタを栽培していた。アンデスのワタは海島綿という種類で、旧世界のものとは異なる。旧世界のものは木綿と呼ばれることが多いが、アンデスのものは品種が異なるため、ワタと呼んで区別する。

農業というとムギやコメなどの食料生産を思い浮かべるが、形成期早期からアンデスにおける農業はワタの栽培が中心となって進んだ。もう一つ重要なのはヒョウタンである。器として、また漁撈（ぎょろう）用の浮きとして使用された。そしてワタは貴重でありつづけ、インカの時代には高地の人々が織物に必要なワタを入手するため、わざわざ低地の温暖な環境帯に人を送り込んで直接栽培させていた（Murra 1972）。

織物は古代アンデスで特異に発達した物質文化であり、そこに織り込まれた紋様などから、さまざまな情報を読み取ることができる。インカ帝国を知るために重要な情報は、もともとキープに結ばれていた。キープの原料は基本的にワタである。ワタ製品はアンデスを最も如実に語る物質文化なのである。

ただしワタ製品は腐食しやすいため、考古遺物としては数が少ない。キープの耐用年数はせいぜい数年である。粘土板や紙よりも短い期間しか保管できない。そのため同じ情報を新しい素材のキープに結び直す必要があった。したがって代々伝わるキープというものは存在しなかった。放射性炭素年代測定によれば、現存するキープのほとんどが植民地時代の年代を示すのである（Curatola Petrocchi & Puente Luna 2013）。

現在われわれが目にするアンデスの織物は、貴重なものとして遺贈、相続されたものではない。残っている織物の多くはミイラを包んでいた布、服である。ミイラに使用するという意味では、いわば使い捨てのものであった。織物は消耗品であり、ミイラを包むため、地方の首長に下賜するため、そして儀礼において燃やすために消費された。もったいないというのは、われわれ現代人の感覚であろう。インカの人々にとって、織物はつねに新しく作りつづけるものであった。織物の専門家もいた。

祭りで頻繁におこなわれたのは、高級な織物を燃やすことである。例えばグァマン・ポマは、七月の祭りで一〇〇頭のリャマを犠牲として捧げ、チュンピと呼ばれる織物を大量に燃やしたと述べている（Guaman Poma ca. 1615: 249 [251]）。ポロ・デ・オンデガルドも同様の情報を残している。

ワカに捧げたものは、まず一〇歳以下の子供であった。これは［ワカとの］きわめて重要な交渉のためであり、あまり頻繁ではないが窒息させて埋めた。次に良質な衣服。交渉の種類にしたがって、それらを織るためのさまざまな儀式がおこなわれた。衣服はいろいろな儀礼で燃やされた。（Polo 1559: cap. 14; 1916: 37; 2012: 359）

多くの儀礼で、その目的に合わせて織物は消費された。一種の供犠（くぎ）として、しばしば大量に燃やされた（Polo 1571: folio 10, folio 22v.; 1916: 65-66, 94; 2012: 234, 258）。織物は保管、保存するものではなく、更新するために燃やすものであった。つねに新しい織物を作っている状態を保つことが重要であった。織物をめぐって人が動いていた。織物は更新することを前提とした「動的な物質」なのである。朽ち果てるたびに作り替えられるアフリカの仮面などと同様である（川田 1992 [1990]）。

アンデスでは石造建築や土器など「硬い物質文化」がよく知られている。建築も同じ形で保存するのではなく、更新活動が継続した。本章第2節で見たように土器もどんどん消費され、新たに作られた。建築技術と土器製作などはスペイン人の侵入後に途絶えてしまったが、「柔らかい文化」の技術は現在まで受け継がれている。「硬い文化」との大きな違いである（cf. 落合 2007; 加藤 1997）。

獣毛についても説明しておこう。獣毛がキープに用いられることは少なく、緻密な織物の原料となった。なかでも野生のビクーニャの毛は高級である。現在でも稀少価値があり、セーター一枚で原価二〇万円ぐらいするほどである。その毛は非常に繊細であるため、ビクーニャはインカ王の管理下にあった。その毛で織った衣服をクンピという。その専門家がクンピ・カマヨクである。質が劣るリャマの毛などで織った衣服は、アワスカ（アバスカ）と呼ばれる。

衣服、繊維製品

男性が着用したのはウンクと呼ばれる貫頭衣である。上質のものはしばしばインカ王から下賜された。そしてそこに織り込まれた紋様が、塔状墳墓であるチュルパの表の壁面に表現された例もある。腰帯はチュンピと呼ばれ、トカプ紋様が施されることもあった（González Holguín 1989 [1608]: 121, 468, 524）。その内側にはウクンチャナと呼ばれる肌着を身につけ、ワラと呼ばれる腰布を巻いた（González Holguín 1989 [1608]: 182, 349, 444, 614）。外側にはヤコリャと呼ばれる上着を羽織った（González Holguín 1989 [1608]: 362, 582）。

女性はアクスと呼ばれる布を体に巻き付け（González Holguín 1989 [1608]: 17）、腰にチュンピという帯を巻く。そしてリクリャという肩掛けを羽織り（González Holguín 1989 [1608]: 213）、胸の前でトゥプと呼ばれるピンで留めた。多くの場合、ピンの頭部は円形である。そのためトゥプが出土すれば女性であることが分かる。

袋も製作された。コカの葉などを入れるのに用いた、ポシェットのような形状の袋がある。男性用はチュスパ、女性用はイスタリャと呼ばれた（González Holguín 1989 [1608]: 125, 371, 434）。トウモロコシの粒も袋に入れて持ち歩いた（Molina 1575: folio 9v.; 2010: 51; 2011: 28）。

図4－14　投石器を持つパチャクティ王　右手に持つ投石器に「チュキ・ルミン」と書かれている。振り回して遠心力で石を投げる。（Murúa 2004 [ca. 1590]: folio 17v.）

繊維製品を利用した武器もあった。スペイン語でボーラ、ケチュア語でアイリョと呼ばれる投石器は、石を取りつけた紐をぐるぐる回してから放つと、三つの石が遠心力で回転しながら飛んでいき、動物の足に絡まる（図7－1）。

石そのものを投げる投石器はスペイン語でオンダ、ケチュア語でワラカ、チュキ・ルミンと呼ばれ、紐はやはり繊維製品であった（カミンズ 2012）（図4－14）。チュキは槍、ルミは石を意味する。戦争の重要な武器もワタでできていたのである。

帽子や衣服は各民族集団で決まっており、所属を識別することができた。そして移動先でもそれを変更することは許されなかった。インカの王の徴（しるし）も金属製の冠ではなく繊維製品の頭飾り、マスカパイチャであった。一般の人々の頭飾りは単なる房飾りで、プイリュ、リャウトと呼ばれた（González Holguín 1989 [1608]: 212, 435）。女性用は「ビンチャ＝女性が頭につける帯。髪を束ねる」（González Holguín 1989 [1608]: 353）とあり、男性用と女性用では名称が異なっていた。

額（ひたい）の部分に金属製の飾りがつけられる場合もあった。例えば辞書には次のようにある。

カニプ＝額につける銀製の板で、貴族の徴（González Holguín 1989 [1608]: 50）

トゥパコチョル＝マスカパイチャにつける金製の板で、石がはめ込まれている（González Holguín 1989 [1608]: 347）

ママイパクラ＝戦士の正装につける半月形の冠（González Holguín 1989 [1608]: 225）

ヨーロッパの文化では王権の象徴は冠であったり剣であったりするのに対して、インカ帝国では衣服や頭飾りなど柔らかい持ち物こそが立場を示した。インカ王が巡幸するさいには、王権の象徴である旗を王の前に掲げた。クリストバル・デ・モリーナなどの記述によると、それをスントゥル・パウカルといった（Cobo 1653: lib. 13, cap. 25; 1964: 209; 1979: 129; Molina 1575: folio 22v.; 2010: 76; 2011: 61）。

ちなみにゴンサレス・オルギンの辞書では「旗」を表す単語はウナンチャであり、「あらゆる印、旗、徴、紋章の楯」（González Holguín 1989 [1608]: 355）と説明されており、スントゥル・パウカルは「多彩色の家」、スントゥル・ワシは「円い家」となっている（González Holguín 1989 [1608]: 332）。別の辞書にはスントゥル・パウカルは「寝台の天蓋、あるいは日よけ」、スントゥル・ワシは「ピラミッドのような家」とある（Anónimo 2014 [1586]: 164）。

こうしたさまざまな織物のうち、結局われわれが見つけることができるものの多くは、ミイラが着用していたものである。それは故人の所有物ととらえるべきではなく、むしろ消費されるものであり、つねに更新されるものだったのである。

スペイン人は黄金を血眼になって求めた。アンデスの人々は金にそれほど価値を見いださなかったとされるが、正確には何らかのものを自分のために所有するという発想そのものが稀薄だったのである。ものは、つねに関係性を生み出すため、人と人を結びつけ、人を動かすために存在した。

4-5 建てる

石組み

各地に残るインカ帝国の石造建築物は、精巧な石組みで知られる。「ナイフの先を差し入れることさえできない」(ガルシラーソ 1609: 第7の書第27章; 2006: (三) 359) と形容される。インカの人々はティティカカ湖南岸の高地に位置するティアワナコ遺跡を訪れ、神聖性を感じ、それを模倣したという。ティアワナコは五五〇-一一〇〇年ごろに繁栄したティワナク社会の中心であった。サルミエント・デ・ガンボアはビラコチャ・インカ王がティアワナコを訪れた様子を書いており (Sarmiento 1572: cap. 7; 1943: 39-43; 2007: 49-55)、またムルーアのクロニカにはワイナ・カパック王の訪問の場面が描かれている (図4-15)。まさにそこからインカの技術が始まったとされる。

ティアワナコとの連続性を感じさせるインカの建築であるが、両者の間には大きな違いがある (Protzen & Nair 1997, 2000, 2013)。インカ建築の石組みをよく見ると、それぞれの石の中央部が膨らんでおりフラットではない。石と石がぴったりと接合しているのは表面のみであり、石の壁の裏込めには土がある。一方、ティアワナコの建築は壁石の表面は平らであり、石は奥までぴったり組み合わさっている。そしてインカは形にこだわり、台形壁龕などインカに特有の建築物がある。

インカの石組みは非常に精巧であり、マチュピチュなどでは多くの建物が現在まで崩れずに残っている。他の文明では石灰を用いることなどによって建物の強度を増したが、アンデスではガルシラソによれば、赤い粘土で作った糊状のものを漆喰代わりに使用していたという（ガルシラーソ 1609: 第6の書第1章, 第7の書第27章; 2006: (三)16, 364)。

さてインカの石組みを見て、どのようにそれを造り上げたのか、どのように運んだのか、疑問に思う人も多いであろう。道具は石製である。同じ種類の石を用いて、間に砂を入れて丹念に磨いた。石と石を組み合わせる作業も、いくつかの工夫はあったのだろうが、時間と労力をかけて仕上げた。

図4－15　ティアワナコを訪問したワイナ・カパック王　枠の外には「バビロニアの建物とソロモンの神殿のことを知り、ティアワナコでそれらを模倣した」と説明が加えられている。ティアワナコはすでに放棄されて遺跡になっていたと思われるが、一部でインカ期の遺構が確認されている。（Murúa 2004 [1590]: folio 66v.）

アンデスでは水力や風力などの自然の力、家畜などの動物の力をほとんど利用せず、人力に徹底的にこだわった。効率を高める便利な方法を生み出したのではなかった。不器用で、愚直に働いた。彼らの世界観にのっとり、物質に備わっている力にエスコートする役割を果たしたのである。

神殿

次にインカの建築物をいくつかに分類して解説する。まず首都クスコの神殿、宮殿、広場、墓に注目してみたい。

世界の王は宮殿や城に住んでいた。インカの王もさぞかし立派な建物に住んでいたのだろうと思われるかもしれない。しかしクスコの中心部に位置する最も荘厳な建築物は宮殿ではない。神殿である（図4－16）。

図4－16　コリカンチャ跡に建つサント・ドミンゴ教会
教会の下にインカ期の石組みが三段見える。一番上の段は隙間なく組み合わさっている。この上に黄金の板がかぶせられていたという。植民地時代にペルーで主導的に布教をおこなったのはドミニコ会士であった。（筆者撮影 2007年）

ケチュア語でコリカンチャと呼ばれる建物は、字義通りに訳せば「黄金の囲い」である。以前はインティカンチャと呼ばれており、その場合は「太陽の囲い」となる。太陽と黄金が置換されたのである。カンチャという言葉は現在のスペイン語にもなっており「広場」を指す。そしてコリカンチャは「太陽の神殿」とも呼ばれる。

さて神殿というからには、その中心部に何らかの像が立っていたのだろうと想像される。仏像であれ十字架であれ、何らかの物体が中心部に据えられているのがわれわれの考える宗教建造物であ

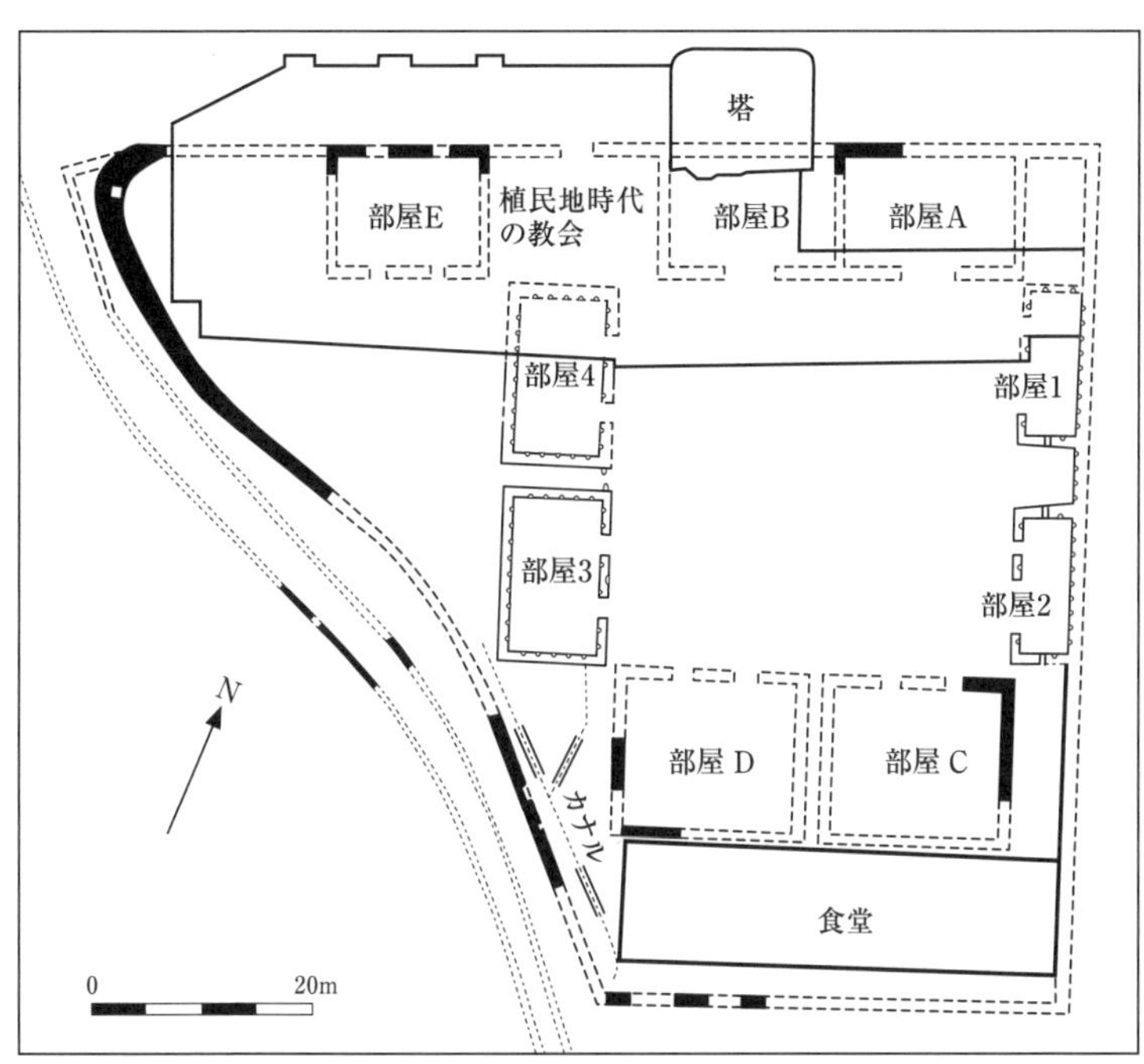

図4－17　コリカンチャの平面図　中心部にあるのは広場であり、その周りを長方形の建物が取り囲んでいる。典型的なカンチャの設計である。建物内部には縦長の台形の壁龕（へきがん）がある。内部の壁にも黄金の板が張られていたというが、スペイン人がすべて剝がしてしまった。（Farrington 2013: Figure 7. 14を改変）

る。ところがコリカンチャは、その字義が示すように中心部は何もない広場である（図4－17）。ただしプンチャオと呼ばれた太陽の像があったという記録があり、人間の形をしていた、あるいは円盤のような形をしていたともいう（Duviols 2016 [1976]）。それは広場の周囲の建物の中にあったのかもしれない。ムルーアのクロニカでも建物の中に太陽が描かれている（図4－18）。いずれにせよコリカンチャの中心部が広場であることは間違いない。これはアンデス形成期の神殿からつづ

く特徴である。

神殿の中心部が広場であれば、その空間の中心となるのはそこに立つ人間、すなわちワカの力を体現した王や首長である。儀礼をおこなうときには空間は一時的に活性化し、儀礼が終わればまた何もない空間に戻る。

儀礼のための広場はタンプと呼ばれた行政センターにおいても認められるが、やはり中心となる物体があったわけではない。「太陽の息子」インカこそが中心であり、そこに太陽の像があるかどうかはあまり重要ではなかった。

図4－18　コリカンチャに描かれた太陽　パチャクティ王がマスカパイチャを脱いでひざまずいている。（Murúa 2004 [1590]: folio 64v.）

宮殿

それでは歴代王の宮殿はどこにあったのだろうか。

パチャクティ、トパ・インカ・ユパンキ、ワイナ・カパックらの歴代王はつねに征服活動をおこなっていたため、クスコにはほとんどいなかった。それでもクスコ内には彼らの建物があった。ポロ・デ・オンデガルドなどが述べるように、前王の建物を相続することは許されず、そのため新しく建設することが必要であった（一〇八ページ参照）。カサナ、コラコラ、アマルーカンチャなど具体的な名称を有したそれらの建物は特定のインカ王に属するものである。どの建物がどの王に対応するかについては、サンティアゴ・アグルト・カルボの地図を参照して同定されている（Agurto Calvo 1980）。

クスコ内も四つのスユに分かれており、王の建物はそのいずれかにあった（図4－19）。セケ・リ

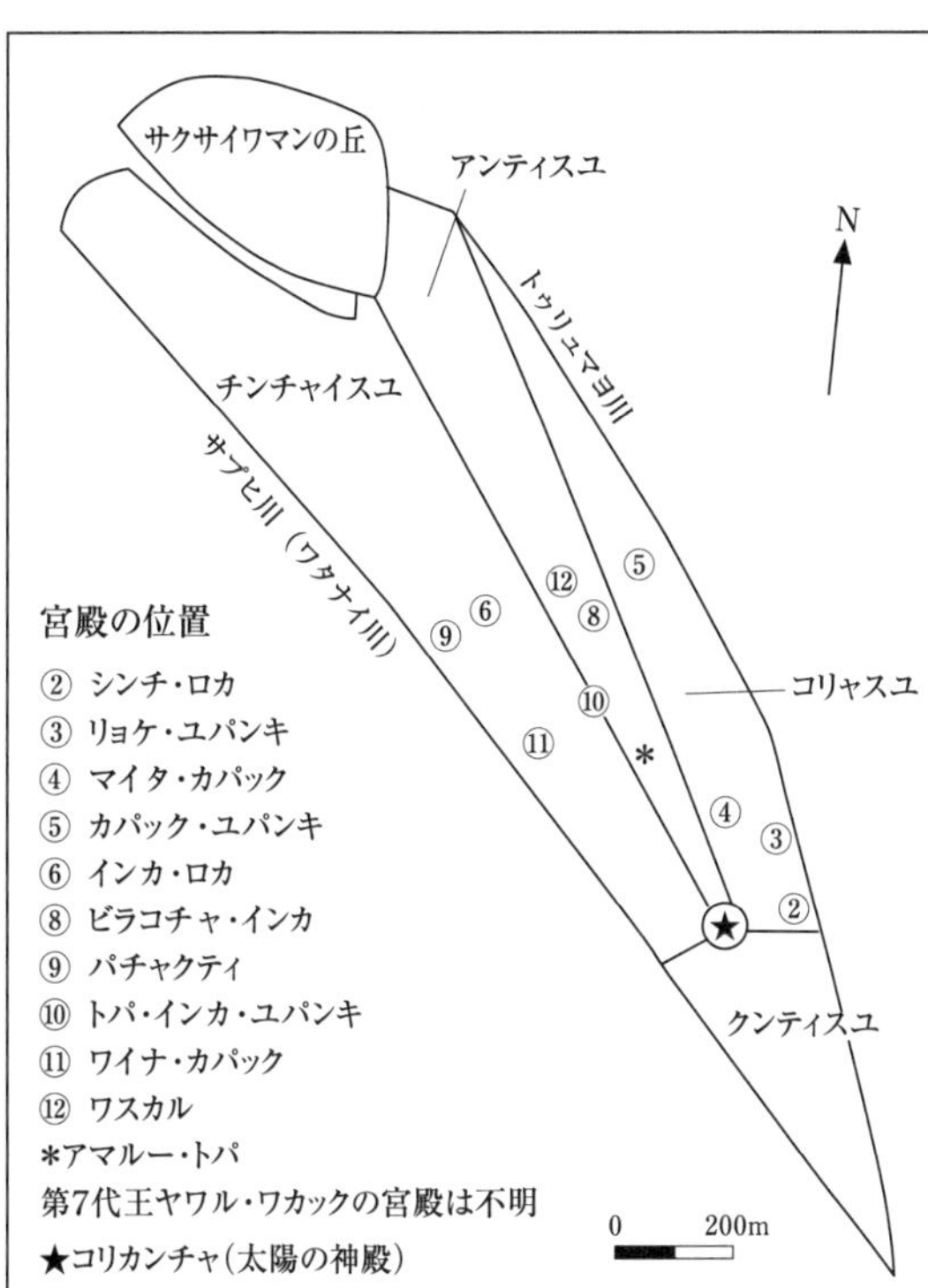

図4－19　クスコ内の四つのスユの区分と宮殿の位置　中心にコリカンチャがあり、それ以外の部分は四つのスユに分かれていた。ワカ、各王の宮殿、アイリュは四つのスユのいずれかに属していた。（渡部 2010: 図7-4）

ストにおいては「家（casa）」という単語が多く用いられているが、「宮殿（palacio）」という単語もある。セケ・リストにはインカ王のアイリュの位置も明記されており、セケに合わせて建物の帰属も決まっていた。

建物の配置はクスコの空間構造にのっとっていた。自由に選定できたわけではなく、あらかじめ定まった大きな枠の中に配置されたのである。四一本のセケは四つのスユ、三つのカテゴリー（コリャナ、パヤン、カヤウ）に分類されており、各建物がどこに属するのかを確認することができる。そしてセケ・リストでは、建物の情報が人物の名称とともに言及されている。

クスコの中心部はサプヒ川とトゥリュマヨ川に挟まれていた。その中心に神殿があり、他の建物は王など特定の人物に属するものが多かった。セケ・リストから誰に属する建物か、どのスユに属する建物かは判定できる。しかし建物自体の特徴からどの王のものかを判定することは難しい。さらにクスコの外側に位置する王領まで含めれば、王に属する建物は膨大になる。

広　場

クスコの広場はハウカイパタ（Haucaypata）と呼ばれる（図4-20）。チンチャイスユの五番目のセケの四番目のワカとされている。現在のアルマス広場のある場所に相当する。

ハウカイパタは「祭り、お祭り騒ぎ、酔っ払いのための場」と説明される。[*3] ガルシラソは「喜びと祭礼の段庭、もしくは広場」（ガルシラーソ 1609: 第7の書第10章; 2006: (三)272）と書いている。一方、サプヒ川を挟んで南西に隣接するもう一つの広場クシパタは「戦争のための点呼、試演をおこ

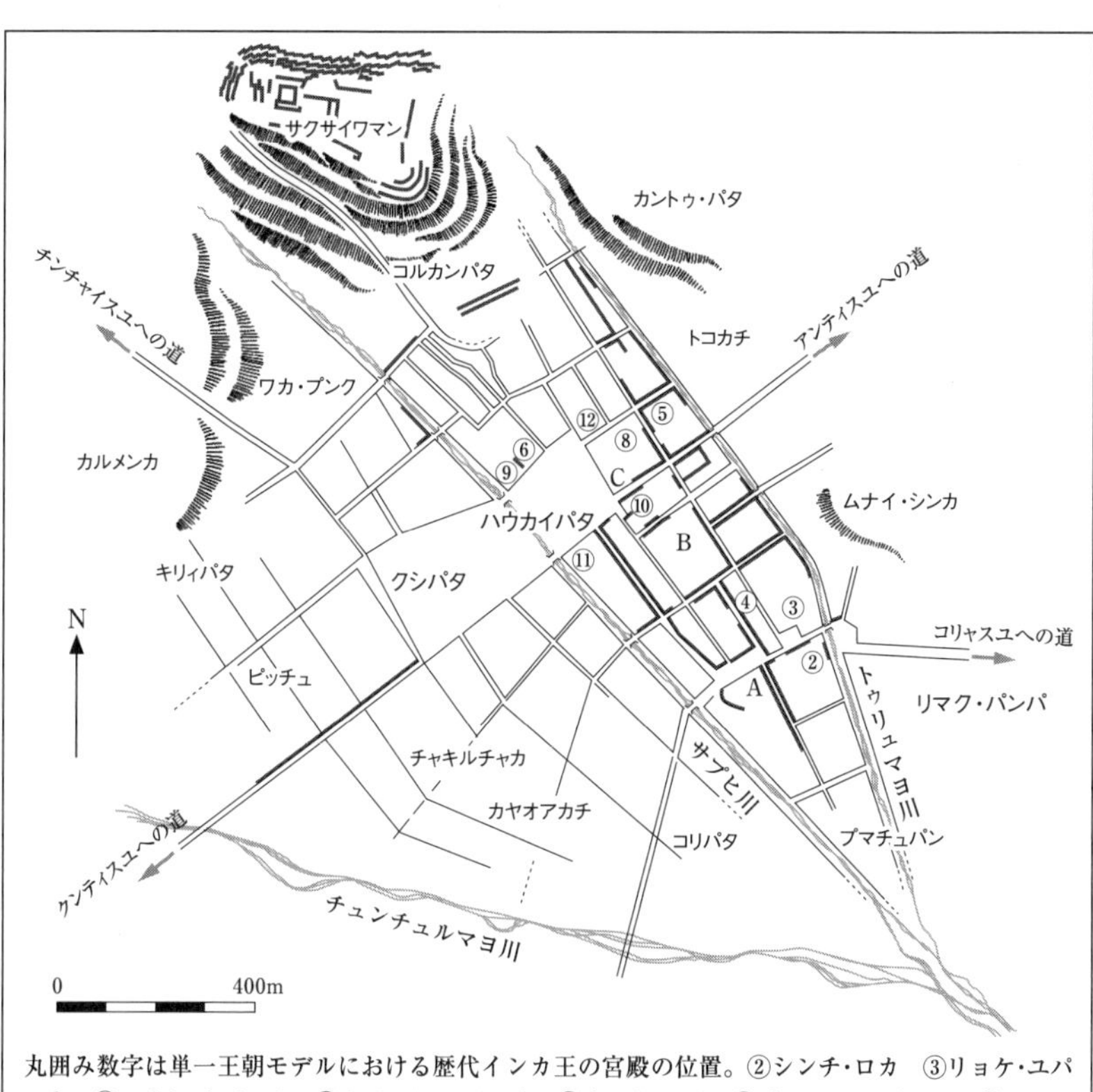

丸囲み数字は単一王朝モデルにおける歴代インカ王の宮殿の位置。②シンチ・ロカ　③リョケ・ユパンキ　④マイタ・カパック　⑤カパック・ユパンキ　⑥インカ・ロカ　⑧ビラコチャ・インカ　⑨パチャクティ　⑩トパ・インカ・ユパンキ　⑪ワイナ・カパック　⑫ワスカル
A はコリカンチャ（太陽の神殿）、B はアマルー・トパの宮殿、C はクユスマンコ

図4－20　クスコ　地区の名称はガルシラソの記述によっている。ガルシラソはコルカンパタにマンコ・カパックの宮殿があったと述べている（ガルシラーソ 1609: 第7の書第8章; 2006（三）254）。ヤワル・ワカックの宮殿は未確認である。アタワルパの宮殿は建設されなかった。（Gasparini & Margolies 1980 [1977] にもとづいて作成）

なう広場」（González Holguín 1989 [1608]: 155）だという。サプヒ川の内側にあるハウカイパタは聖、外側にあるクシパタは俗の属性を備えるといえる。

ハウカイには次のような意味がある。

ハウカイパチャ＝何もしない時間、休息の時間、ミタ［割り当てられた労働］と業務から解放されている（González Holguín 1989 [1608]: 155, 655）

ハウカクニ＝休んでいる、暇である、何もしない、留守である、業務から解放されている（González Holguín 1989 [1608]: 155）

気晴らし、休み＝ハウカクイ（González Holguín 1989 [1608]: 655）

パタは「建物の台、段、基壇、レリーフもしくは奥まった場所」（González Holguín 1989 [1608]: 280）を意味する。建築史家ステラ・ネアーは、階段の一部ではなく、周囲より一段高くなった場所であると説明する（cf. Nair 2015: 67）。一段上がることになるので、小基壇やテラスもパタである。パタ・パタとなると階段を意味する。

このクスコの重要な広場については、クロニスタによって表記が混乱しているので補足説明しておこう。グァマン・ポマ、ガルシラソ、パチャクティ・ヤムキはハウカイパタ（Haucaypata）、ベルナベ・コボ、ポロ・デ・オンデガルド、ムルーアはアウカイパタ（Aucaypata）、モリーナはハウカイパタとアウカイパタの両方、カベーリョ・バルボアはグァナイパタ（Guanaypata）と表記している。ケチュア語に堪能なクロニスタはみなハウカイパタで一致しているため、それが正しいと考えられる。ただし「ワロチリ文書」ではアウカイパタと記されている。またロストウォロフスキは、ハウカイパタの名称はアウカという「戦士」を意味する単語に由来すると解釈する（2003 [1988]: 65）。なお、ワカイパタと表記し、「泣く＝ワカニ、ベケヤニ」（González Holguín 1989 [1608]: 574）、「涙の場＝ワカイ、ベケパチャ」（González Holguín 1989 [1608]: 569）から「涙の広場」と解釈する解説パネルがかつてクスコにあった（現状は未確認）。抵抗をつづけていたトゥパク・アマルーが一五七二年にここで処刑されたことと結びつき、そのような解釈が流布したのであろう。

墓

建造物としてインカ王の墓について考えてみたい。南米最大のインカ帝国の王であるにもかかわらず、大規模な墓は存在しない。旧世界のインダス文明では支配者の墓が見つからないことが知られている。インカも同様であった。

それぞれのインカ王の建物の中に、王のミイラが保管されていたという。ポロ・デ・オンデガルドは、パチャクティ王のミイラ（Polo 1571: folio 23v.; 1916: 97; 2012: 260）、またワイナ・カパック王のミイラ（Polo 1571: folio 42; 1916: 118; 2012: 277）を見つけたと記している。そうしたミイラ自体が重要であり、死者の身体を代替するような建造物としての王墓は造られなかったのである。

インカ王が墓を造らなかったのはなぜか。アンデスでは物質は基本的に信仰と結びついていた。物質が宗教と結びついていたから、聖俗分離が進むと、物質とは別の方法で政治権力を示す必要が

図4－21　クティンボ遺跡のチュルパ
ティティカカ湖の西側に位置する。インカの石組みで造られた大型のチュルパで、下部の窓から内部に入ることができる。円形のチュルパもあるが、どのような違いに対応しているのかは不明である。（筆者撮影 2002年）

あった。それゆえに王のための立派な宮殿や墓は建設されなかった。

インカにとっては、生と死が連続的につながっていた。死を過去のある時点の出来事としてとらえるのではなく、循環する時間の中に解消してしまうのである。初期の文字は、王の歴史を刻むことと、簿記会計という機能が主体であった。歴史を書くためには直線的な暦が必要であり、歴史の時間軸に生誕、即位、結婚、征服、死などの出来事を強調して記録することになった。王の死を可視化して示すために墓という建造物を造った。つまりインカ帝国が無文字社会であり、直線的な時間概念が発達しなかったことが、大規模な王墓の欠如と関係している。権力者の墓を造る多くの旧世界の文化では、生と死を厳密に分けることが、死者を対象化し物質化する要因だったのであろう。

政治権力を物質で示さないということは、立派な宮殿や城を造る、王権のシンボルの剣を作る、巨大な墓を造る、という方法を用いなかったということである。では政治権力をどのように示したのか。用いた方法は、人間そのもの、労働力をコントロールすることであった。

目に見える建造物について記述するのは比較的容易であるが、インカ王の墓のように存在しないものについてその理由を理解するのは、文字記録がないと困難である。

王以外の人々もみな、墓を造らなかったかというとそうではない。墓は存在する。布で包まれたミイラを安置する建物があった。アンデス山地にはチュルパと呼ばれる塔状墳墓が多くの場所に残っている（図4－21）。インカ帝国時代のメジャーな埋葬形態であり、その起源はワリ帝国時代の九世紀までさかのぼる。

チュルパは一つの建物の中に複数のミイラを入れる集合墓である。一基の中に数十体のミイラが収められた。ティティカカ湖近くのシリュスタニ遺跡などが有名である。チュルパの大きさは単独の首長の権力を示すものではなく、入っているミイラの数に比例する。平面形は方形のものが多いが、円形のものもあり、その違いが何に対応しているのかは分かっていない。というのも、ほとんどすべてが荒らされており、未盗掘で発見されたのは一遺跡だけだからである。それがペルー北高地の東斜面のチャチャポヤス地方にあるラグーナ・デ・ロス・コンドレス遺跡である（口絵8）。

こうしたチュルパは基本的に山地に分布し、海岸地帯では地下に埋葬された。例えばプルチューコ遺跡では、深く掘られた竪穴の底にミイラが安置された（Haun & Cock 2010）。そのため地表から見える建物としての墓はないのである。

建物の形態と名称

神殿、宮殿、広場、墓について見てきた。次にどのような形態の建物があったのかを見てみたい。

カリャンカとは、長辺が五〇メートル以上にもなる長方形の細長い建物であると解釈されてきた

(Hyslop 1990: 18)。スペイン人はそれをガルポンと呼んだ。行政センターの多くで確認されているが、その機能は十分に説明されているわけではない。人々を集める機能があったことは確かである。しかしながらネアーによれば、カリャンカとは建築の形態を指す単語ではなく、「切石」を指していたという（Nair 2015: 18-19）。実際、ケチュア語の辞書には次のように説明されている。

カリャンカ・ルミ＝大きな切石。基礎や敷居の切石積み（González Holguín 1989 [1608]: 44）
カリャンカ・ワシ＝カリャンカ・ルミの上に建つ家（González Holguín 1989 [1608]: 44）

カリャンカという単語は、一九七〇年代からインカ研究者の間で用いられ始めた。しかしながら本来は「切石」を指す単語であり、その意味でいえば多くのインカ建築はカリャンカとなる。一方で、広い空間を内包する建物であっても、切石が用いられていなければカリャンカではないことになる。

次にカンチャとは、広場を中心として周囲に長方形の建物が配置された建築群を指す（Hyslop 1990: 18）。建物は中央の広場に向かって開いた出入口を持つ。こうした構造をヨーロッパでは中庭と呼ぶのは、建物を中心にとらえているからである。アンデスでは広場が中心であった。そして先に述べたように、カンチャは「広場」を指すスペイン語にもなっている。コリカンチャもカンチャの一つであるから、神殿といっても特別な建築構造ではなかった（図4-17）。

「家」を意味するのはワシという単語である。多くの種類のワシがあった。辞書には「ハトゥン・

ワシ＝大きな広間の家」、「フチュイリャ・ワシ＝小さい家」、「マルカ・ワシ＝二階建ての家」、「建設の名人＝ワシチャイ・カマヨク」（González Holguín 1989 [1608]: 169, 231, 497）などが列挙されている。

グァマン・ポマのクロニカには、王宮としてカルパ・ワシ、クユス・マンゴ（クユスマンコ）、スントゥル・ワシ、ケンク・ワシ、チュラコナ・ワシの五種類の建物が一枚の絵に描かれている（図4－22）。

辞書にはそれぞれ次のように説明されている。

カルパ・ワシ＝三面に壁があり一面が開き、通りに面した家（González Holguín 1989 [1608]: 50）

図4－22　さまざまな建物　左手前のクユスマンコの入口に座る人物は「プンク・カマヨク（門番）」（González Holguín 1989 [1608]: 295）と説明されている。左右中央のカルパ・ワシのカルパは「テント」という意味で、スペイン語に取り入れられている。右手前がスントゥル・ワシ、右中段がケンク・ワシ、右奥がチュラコナ・ワシ。（Guaman Poma ca. 1615: 329 [331]）

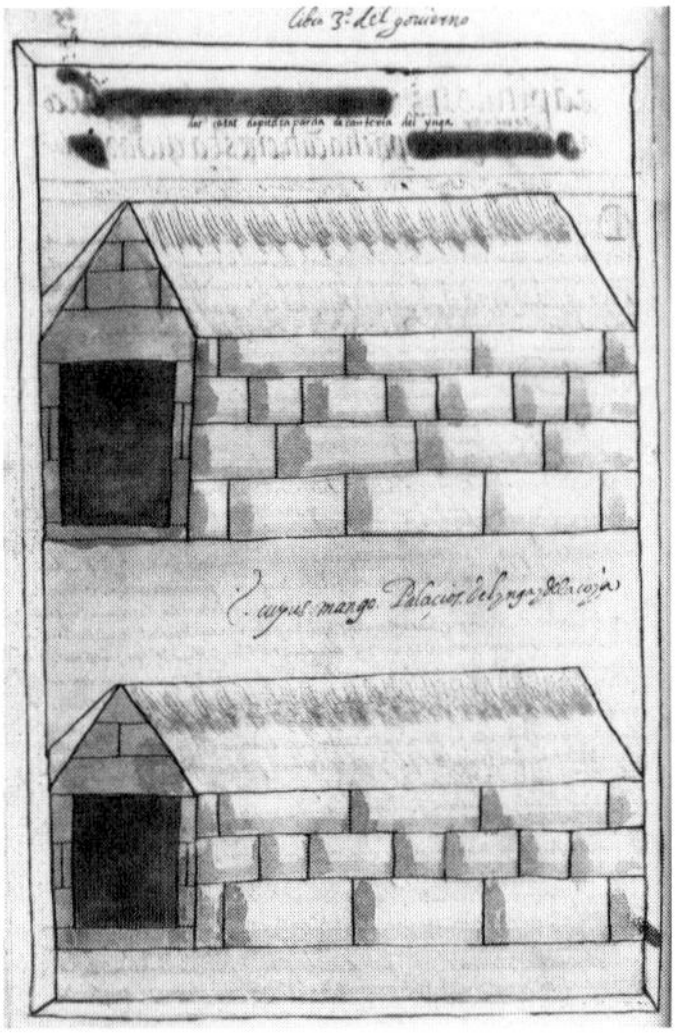

クユスマンコ・ワシ＝会議・裁きの建物。三面に壁があり一面が開いている（González Holguín 1989 [1608]: 58）

スントゥル・ワシ＝丸い家（González Holguín 1989 [1608]: 332）

ケンク＝非常に多く曲がったもの、多く曲がって隠れ場が多いもの。ケンク・ワシ＝そのような家（González Holguín 1989 [1608]: 303）

チュラコナ・ワシ＝食料貯蔵庫、倉庫（González Holguín 1989 [1608]: 122）

グァマン・ポマの絵では右中段のケンク・ワシはU字形に見える。一方、カルパ・ワシは長方形の建物で一面に出入口があるという説明だが、ポマの絵では丸いテント状の屋根のようにも見える。

図４－23　クユスマンコ　絵の上に「インカの石組みによる暗色の石の建物２軒」、建物の中間に「インカ王とコヤ（妃）の宮殿」と書かれている。形状はスペイン人がガルポンと呼んだ長方形の大型の建物である。グァマン・ポマによれば、マンコ・インカが反乱を起こしクユスマンコに火を放ったが燃えなかったという（Guaman Poma ca. 1615: 400 [402]）。（Murúa 2004 [1590]: folio 65v.）

右奥にはチュラコナ・ワシという名の倉庫がある。左手前に描かれているのがクユスマンコである（Nair 2015; Ramírez 2005: 170-172）。辞書の説明ではクユスマンコとカルパ・ワシの建築の特徴は同じである。両者は屋根の違いで識別されるのかもしれない。クユスマンコについてはムルーアも描いている（図4－23）。

クユスマンコの名称は他の史料でも確認できる（cf. Pérez Bocanegra 1631: 704）。ペルー北高地カハマルカ地方には、現在でもクユスマンコがスペイン語化したグスマンゴという地名が残っている（第6章第1節参照）。カハマルカ地方の人々は優れた石造技術を有していたから、その名称が建物にも採用されたのか、あるいは本来建物を示す名称が、それを造るのに長けていた集団にも転用されたのかは不明である（Nair 2005: 119-120）。

図4－24　アクリャワシ　クスコの北のユカイの町を描いた図。形状は広場を建物が囲むカンチャに近い。ただし六角形のように描かれている。ここでアクリャが糸を紡ぎ、酒をつくったという。手前には投石器を持ちリャマを管理する牧民、杖を持った門番がいる。（Murúa 2004 [1590]: folio 94v.）

いずれにせよ、建物の名称が人間集団の名称と共通する場合があることは、アンデスの建築の特徴を表しているといえる。建物の形態ではなく、アクリャワシ（アクリャの家）、アヤワシ（死者の家）などのように、それを使用する集団や機能によって名称が決まっている例もある。

ムルーアの絵では、アクリャワシはカンチャのように描かれている（図4－24）。この建物にアクリャと呼ばれる女性たちが集められて、糸を紡ぐなどの労働をしたことは文書から分かっているが、アクリャワシを識別する建築の形態上の指標は見つかっていないのである。アクリャにどのような建物を使用させるかは、あらかじめ決まっていたわけではないのかもしれない。したがってインカの建築物は、形態的特徴にもとづいてすべて分類できるわけではないことになる。

建物の形態の違いが何に対応するのかはよく分かっていない。コボは、行政センターには王宮、太陽神殿、ママコーナの修道院、倉庫があったと述べている（Cobo 1653: lib. 12, cap. 25; 1964: 114; 1979: 199）。しかしそれぞれの建物がどのような特徴を有していたのかは明らかでない。建物がさまざまな用途に使用されたのであれば、建物の形態の違いは、例えばそれを建てて使用する民族集団の違い、あるいはそこで労働する作業内容の違いに対応するのかもしれない。

大まかな特徴が分かっているのは倉庫である。倉庫はコルカと呼ばれ、多くの遺跡で見つかっている（第3章第4節参照）。四角形と円形があり、円形がトウモロコシ、四角形がイモ類を保管するのに用いられたと考えられている（Morria & Thompson 1985）。

以上のことから、インカの建築は、その形態・配置にしたがって名称がついている場合（カンチャ）のほか、それを使用する集団（アクリャワシ、アヤワシ）、機能（コルカ）、素材（カリャンカ）によって、呼び名が異なっていたことが分かる。あくまで集団の分類、あるいは労働の分類が先にあり、それに合致するように建築を割り当てていたのであろう。類似する建築物が多いが、たとえていえば会議室のようなものであり、それを使用する人間集団によってその機能も異なる。属人的な要素が強い建築物といえる。

一方で、クスコではコラコラ[*4]（パチャクティ王の宮殿）、カサナ[*5]（ワイナ・カパック王の宮殿）など固有名詞がついている建物もある（図4-19、図4-20）。それらの多くはインカ王に関係する。するとクスコの中核部の建物を、特定の人物に関連する建物と、そうではない建物に分けることはできそうである。また一つの王領遺跡が特定の王に関係する施設とすれば、それらの建物全体が個性を示しているとも考えられる。

建物の更新

インカの遺跡を訪れて説明を受けるとき、決まって耳にする言葉がある。「この遺跡は建設の途中で放棄された」というものである。例えば、クスコからマチュピチュに向かう途中にあるオリャンタイタンボ遺跡には、周辺の石切場から運ばれる途中でそのままになった石が多く残っている（Bengtsson 1998）。マチュピチュも建設途中であった。

途中であるというのは、完成形があるという前提で話をしている。しかしアンデスの建築物はつねに建設している途中であった。はじめに設計図があり、それに向けて進んでいき、いずれ完成するのではなく、つねに動いている状態を継続すること自体が目的となっていた。建設は労働力を使用する格好の対象だったのである。

インカ道についても同様である。海岸にはインカ道が二本並んで走っているところがある（図4

－25）。それは新しい王が、自分の治績を誇るために造らせたのだとされる（シエサ・デ・レオン 1553b：第15章：2006：90）。

また、新しいインカ王が即位するごとにその宮殿も増え、建物の多くは建設途中の状態であった。完成した建物を保存するのではなく、対象をつねに更新していくのがアンデスの特徴である。それは循環する時間感覚と同様である。インカの建物にも完成形はなく、つねに現在進行形であった。

図4－25　2本のインカ道　同じ幅の道が前方に向かって延びている。上りと下りの道ではない。海岸には断片的にインカ道が残っている。（筆者撮影 2007年）

4－6　描く

図像

土器、織物、建物を事例としてインカの物質文化の特徴を見てきた。他には石器、金属製品、木製品などがあり、そうした異なる素材についても、もの作りの基本的な考え方は同じである。物体には意思があり、人間はあらかじめ決められた方向にしたがってエスコートした。物質が存在する自然を、人間が支配しコントロールする対象とは考えていなかった。

ここでは図像表現について考えてみたい。図像表現とは、実際の人間、動物、植物などを石や織物などの媒体に写し、表現することを指す。二次元の場合も三次元の場合も図像表現に含まれる。なお、インカでは具象的人物表現が極端に少ない一方で、四角形や円形など多くの幾何学紋様がある。それについては第6章第4節で説明する。

図像は何か関心のある対象を表現したものである。少なくとも表現されたものについてはそういえる。ただし図像がないからといって、それに関心がないわけではなく、逆に図像表現が禁止される場合もある。イスラム教で人物像が描かれないことなどが例として挙げられるだろう。

インカ王の図像を事例として考えてみよう。インカ王の姿は、グァマン・ポマのクロニカに描かれた絵を通して知ることができる（図4-26）。それが完成したのは一六一五年ごろのことで、征服後およそ八〇年がたっていた。

①マンコ・カパック

図4－26　歴代インカ王　17世紀には13人のインカ王の系譜が出来上がっていた。ウンク（貫頭衣）には、マス目状の紋様トカプが織り込まれている。多くはワルカンカと呼ばれる楯（①⑫を除く）、コンガ・クチュナと呼ばれる斧（①②④⑥⑦⑧⑪⑬）、チャンピと呼ばれる棍棒頭（②③④⑤⑨⑩⑪）を持っている。パチャクティのみが投石器（⑨）を手にしている。頭飾りにはマスカパイチャ（①②③⑥⑨）、もしくはウマ・チュコと呼ばれるヘルメット状の被り物（④⑤⑦⑧⑩⑪⑫⑬）がある。マンコ・カパックは右手に袋を持っている。（Guaman Poma ca. 1615）

③リョケ・ユパンキ

②シンチ・ロカ

⑤カパック・ユパンキ

④マイタ・カパック

⑦ヤワル・ワカック

EL SESTO INGA
INGA ROCA·CON
yuhiio
Reyno hasta
ande suyo
ynga

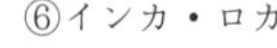
⑥インカ・ロカ

⑨パチャクティ

⑧ビラコチャ・インカ

⑪ワイナ・カパック

⑩トパ・インカ・ユパンキ

⑬アタワルパ

⑫ワスカル

グァマン・ポマの絵は、王の頭飾りや衣服など非常に細かいところまで描かれている。かなり正確な情報を読み取れることは、出土した遺物との対応関係などから判明している（Besom 2009）。しかしそれらは、インカ帝国時代にあったインカ王の図像にもとづいて描かれたものではない。なぜならインカ帝国時代にインカ王を描いたとされる図像は、これまで一点も確認されていないからである。

ガルシラソは王宮に実物大の金銀製の植物や動物の像がしつらえられていたと伝えている（ガルシラーソ 1609: 第6の書第2章; 2006: (三)21）。それらはほとんど溶かされ、今日われわれが目にすることはできない。現在残っているインカの造形芸術の中で、人物を表現したものは金製、銀製などのミニチュアである。しかしインカ王を表現した造形芸術はない。ないことを説明するのは難しいのだが、考えるための手がかりを示しておきたい。

インカ王は移動中も外部に姿をさらすことはなく（シエサ・デ・レオン 1553b: 第13章; 2006: 77）、王が触ったものはお付きの者が拾って燃やした（ピサロ 1571: 第12章; 1984: 92）。しかしいったん広場に姿を現せば、壮大な儀礼を取り仕切った。戦争となれば、先頭に立って軍を率いた。つまり、いざというときには姿を現すが、それ以外は人目に触れることはなかった。

スペイン人はインカ帝国に侵入してからすぐにインカ王の名前を耳にするのであるが、その姿を垣間見ることはできなかった。カハマルカの広場にアタワルパが現れ、ようやくインカ王の姿を目にしたのである。一方インカ王の側でも、スペイン人がどのような姿をしているのかを言葉によって説明させようとした。スペイン人の姿を描いて説明させることはなかった。

インカ王は死後、ミイラにされて存続した。儀礼のさいには広場に担ぎ出され、人々の目にさらされた。つまりインカ王の身体という唯一無二のものが強調されたのである。図像表現はいうなれば、ある対象のコピーを作ることである（cf. 川田 1995）。インカ王はみずからのコピーを作ることを禁じ、視覚的情報をミイラに集中させたといえる。

インカ王のイメージは図像表現で伝えるものではなかった。死後ミイラになってからも、言葉によって語り伝えられたのである。許されたのはインカ王の事績について語ることであり（シエサ・デ・レオン 1553b: 第12章; 2006: 70）、インカ王の姿を描くことではなかった。

視覚的情報はミイラそのものに限定され、コピーを作ることは許されなかった。ミイラ自体が人格を有すると考えられ、ワカの一つとされた。人間がワカに変換されたのである。日本で死体がホトケ（仏）と呼ばれることと表面上類似する。

人間に限らず、生きとし生けるものはワカの中に包摂された。ワカが西洋の自然という概念に大まかに対応すると考えると、人間は自然の一部として位置づけられた。アンデスのワカの世界は超自然的世界ではなく、超人間的な世界であった。図像を作ることが自然やその中の人間を客体化することを意味するのであれば、そのような発想自体がインカでは稀薄であった。ミイラはワカと同一のカテゴリーに入れられ、ワカが図像に表現されることはなかった。

先に述べたように、アンデスにおいて物質は信仰、儀礼と結びついていた。物質性と儀礼性が緊密に結びついていることは、アンデスの造形芸術一般の傾向である。そのため、インカ王は政治権力を、物質を媒介しない方法で示す必要があった。聖俗分離がさほど進んでいなかった段階であれば、物質を媒介とする方法で政治権力を示すこともできたかもしれない。しかし少なくともパチャクティ王以降は、聖俗の分離は明確となった。戦士であるインカ王と、宗教的役割を担う神官は別の人物であった。インカ王は神官からマスカパイチャという物質を授けられることで、王としての正統性を示したのである。

インカ王は自分のイメージを臣民に流布させるために、物質という媒体に載せた図像を用いずに、言葉に託した。先インカ期アンデスの国家社会では、モチェの王、ワリの四つ突起のある帽子をかぶった人物など、支配者の図像がさかんに表現されたが、それは聖俗分離が十分に進んでいなかったからかもしれない。インカの時代にいたって、聖俗は明確に分離したのである。インカ時代には神官の図像表現もない。それはインカ王との対立関係の結果、神官の図像表現も含め、人物像の表現一般が禁じられたからだと想像することもできる。

図像と構造

先インカ期においては、人間の図像表現はあった。ただし歴史上の特定の人物を描いたわけではない。王や神官という役割、民族集団という分類の枠、あるいは儀礼という繰り返される行為を示す図像表現であった。歴史的な場面の描写ではない（cf. Donnan 1975）。

人物の図像表現の欠如したインカと、図像表現のあるモチェやワリ、ティワナクを比較してみると、図像の有無を分ける条件は、ミイラを人前にさらすかどうかであるとも考えられる。モチェ文化では、ミイラ製作をしていたとしてもそれを墓の中に安置し、ミイラそのものを人前にさらすことはなかった。チムー文化などでは、ミイラを輿に乗せていたというが、ミイラを安置する地下式の施設が見つかっているから、頻度は少なかったのであろう。チムー文化では人物表現はモチェに比べて非常に少なくなっている。

特定の人物の姿形の具体的な描写は、言葉によるにせよ図像によるにせよ、文字社会の歴史的思考が発達した文化の特徴である。一方、無文字社会では何をしたかという行為を言葉で伝えることが重要であった。無文字社会の図像は類型化され、儀礼的に繰り返される場面を表現する。歴史上のある出来事の場面、人物を描くのではない(cf. オング 1991 [1982])。儀礼とは形式が定まった発話や行為であり、それはつねに繰り返される。アンデスの図像は構造化された儀礼的図像であり、描き手の裁量に任されている部分はない。王というカテゴリーを表す人物表現があっても、具体的な歴史上の人物像ではない。なぜなら実在の王も構造の中に位置づけられている駒だからである。

儀礼においては、物質に人物が表現されることもあった。ペルー北海岸のトゥクメ遺跡からは、ミニチュア人物像が出土し、衣服をまとっていた(カミンズ 2012: 213)。そこから当時の衣服の詳細を復元することもできる。カパクチャの儀礼では実際に少年少女の生贄(いけにえ)が捧げられたが(Zuidema 1989 [1973])、トゥクメ遺跡の事例はその代替としてのミニチュア像であったといえる。しかしインカ王の政治的身体は、代替不可能なものであり、それゆえインカ王の図像表現はないのである。

インカ時代のケロには刻線でトカプなどの幾何学紋様が刻まれたが、植民地時代のケロには多彩色で具象的な情景が描かれるようになった。ケロに描かれた図像もグァマン・ポマの絵も、その細部は非常に正確であり、持ち物や服装の特徴を忠実に表現している。出土した遺物を解釈するさいに、グァマン・ポマの絵は手助けになる（cf. Besom 2010）。彼の描いた図像はヨーロッパ的な枠組みにのっとった植民地時代のものであるが、口頭で伝えられた情報、あるいは実際に残っていた道具などをもとに描かれたのであろう。

一方、インカ時代の図像は関係性を示すものであった。たとえていえば、競技会の表彰台のようなものである。表彰台はそこに立っている人物の相対的な順位を示す。同様に、二人の人物がそれぞれトカプ紋様を伴うケロを持つことで、両者の関係性が確認される。トカプなどの図像はいわば集団間の関係を示すトーテムのようなものであった。カミンズはトカプの図像を、過去のインカ王との出来事を想起させるものと解釈している（カミンズ 2012）。トカプは過去の出来事の想起を促し、現在と過去という関係性を示すものであった。循環する時間感覚の中では、過去とは今に対する昔に過ぎず、歴史上のどの時点であるかは重要ではない。

したがって、インカ文化の図像を考えるさいは、それぞれ単独で何を意味しているかを考察するのではなく、どのように組み合わさって関係性を示しているのかを明らかにすることが有効である。

＊1　セサル・イティエルは神格ビラコチャ（Viracocha）の別名であるパチャ・ヤチャチク（Pacha Yachachiq）について論じている。ヤチャ（yacha）は「知る」を本来意味していたが、植民地時代に「創造する」に変換されたという。アンデスにおけるカマク（camac）が用いられれば、パチャ・カマクとなる（Itier 1993; cf. González Holguín 1989 [1608]: 361）。

＊2　増田義郎は「酒盛り」「酒宴」と訳している。

＊3　ゴンサレス・オルギンの辞書には「飲食、休息の広場＝マウカイパタ」（González Holguín 1989 [1608]: 632）とあるが、ハウカイパタのミススペルと思われる。

＊4　セケ・リストではチンチャイスユの五番目のセケの五番目のワカ。ガルシラソはインカ・ロカの王宮としている（ガルシラーソ 1609: 第7の書第10章; 2006: (三)269）。

＊5　セケ・リストではチンチャイスユの六番目のセケの五番目のワカ。ガルシラソはパチャクティの王宮としている（ガルシラーソ 1609: 第7の書第10章; 2006: (三)270）。

第5章　治める、継ぐ

インカ王はどのように統治し、そしてどのように王位を継承したのだろうか。

スペイン人が記録したインカ帝国の歴史は、いわばインカ王の歴史であった。どの王が何をしたかという治績が延々と述べ立てられている。それは当時のヨーロッパにおける歴史叙述の方法、すなわちクロニカ（年代記）という、それぞれの王単位で記述するスタイルにしたがっていたからである。

インカ王の歴史はもともとキープに結ばれた情報と歌などの口頭伝承によって伝えられてきた。その歴史は王の結婚や子孫の系譜、どこを征服したか、という情報に限定され、かなり型にはまっている。型とは歌のメロディーのようなものであり、それに乗せて歌詞が付けられる。そこから外れた情報は伝えられない。こうした型のことを「構造」と呼ぶ。

アンデスでは星座を認識するさい、星に囲まれた黒い空間を何かの形に見立てる（Urton 1981）。あるいはまた、棒にしるされた刻線そのものではなく、刻線に挟まれた空間を認識する（Salomon 2001）。枠組みを形作る線ではなく、枠組み内の空間を基点として周囲との関係を把握することが重要であった。アンデスの建築構造で中心となるのは広場であるが、それは建物自体よりも枠としての空間が重要であったことを示している。

南米を対象とした構造人類学研究では、アマゾンの事例をおもに扱ったクロード・レヴィ＝ストロースと、アンデスに軸足を置いたR・トム・ザウデマの名が知られている。両者の違いについて、カースティン・ノバックは次のように述べている。

彼［ザウデマ］は無意識の構造を信じていない。彼にとってモデルあるいは分類は、人々がかつて意識的に展開し、連続的に伝えてきたものである。（Nowack 1998: 240）

ザウデマによれば、構造はある時点で明示的に表象され、神話や時空間の認識などに現れるという。当事者自身が意識していたかどうかを検証するのは難しいが、外部の者から見て繰り返し確認できれば、それを構造と認定できる。

王が王であるための制度、その仕組みを王権と呼ぶ。ザウデマの考えにしたがえば、インカの王権も構造化していたことになる。つまり枠組みが先にあり、その中に王も位置づけられていたのである。有力な王が新たに制度を創り上げたり、あるいはそれを変更したりしたのではなかった。具体的に見ていこう。

5－1　カパック

ミイラとしてのインカ王

インカ王はカパックと呼ばれた。キャサリン・ジュリアンによれば、カパックはヨーロッパにおける王よりも絶対的な身分であったという（Julien 2000）。そして問題はこのカパックが一人ではなく、同時に複数存在したことである。これはいったいどういうことなのであろうか。まずこの意味を説明することから始めよう。

インカ王は死んでもミイラとなって、その地位を保持した。もちろん現存の王と異なり、みずから命令を下すわけではないが、少なくともその権限が及ぶ範囲があり、それは維持されたのである。クスコのコレヒドール（役人）であったポロ・デ・オンデガルドは、「各インカは自身のために新しく財産を作り上げ、先述のようにこれは後継者に相続されず、財産、農場ともにすべてがそのミイラとともに残った」（Polo 1571: folio 25; 1916: 100-101; 2012: 264）と書いている。

新しい王が即位しても前王の財産を引き継ぐことはできなかった。死んだ王はミイラとなって残り、アイリュ集団が王のミイラと財産を管理したのである。インカ王は即位すると自身が祖先となって新しいアイリュを創設した。セケの情報からミイラは各王の建物で管理されたことが読み取れる。そして祭りのときに輿で担ぎ出されて広場に並んだのである（図2－3）。

ポロはインカ王のミイラを三体見つけ出して処分したという[*1]（ガルシラーソ 1609: 第3の書第20章; 2006: (二) 121）。インカ王のミイラが残っていたら、いろいろなことが分かったのだが、じつに悔やまれる。

ミイラのことをケチュア語でマルキと呼ぶ。そしてケチュア語のイリャパはミイラを表すとともに、雷をも意味した。男の双子の片方は雷の息子と考えられた（アリアーガ 1621: 第2章, 第6章; 1984: 410, 439）。ミイラはこのように一連の概念とつながっており、アンデス社会の基幹となっていた。

そのためミイラは略奪の対象ともなった。第一〇代王とされるトパ・インカ・ユパンキのミイラは、アタワルパとワスカルの王位継承争いのさなか、アタワルパ側の部将によって焼却された。ワスカルの母が属するアイリュの創設者はトパ・インカ・ユパンキであった。ワスカルのミイラも結局は燃やされた。

一方で、スペイン人に捕縛されたアタワルパは、キリスト教の洗礼を受けることを条件に火刑を免れ、絞首刑となった。ミイラとして残ることができないため、焼かれてしまうことを何よりも嫌がったのである。その遺体は後日、どこかへ持ち去られた。アタワルパのミイラにまつわる伝説は今日までいろいろな場所に残っている。

インカ王は死んでもミイラとなって存続した。[*2] 王のミイラと財産を管理するアイリュが、スペイン人の侵入時に一〇はあった。こうしたアイリュの存在が、インカ王が一人ではなく同時に複数存在したという理由の一つである。ザウデマは、王のアイリュの数が構造化されており、それにもとづいてインカの王朝史が再構成されたと主張する（Zuidema 1964）。つまり一〇に合わせて歴史が語られたという。[*3]

一系統に並び替えられた一三人の王

しかしインカ王が同時に複数存在したという理由は、死んだ王との関係においてのみではない。生きている王もまた、同時に複数存在したと考えられる。

スペイン人が書き記したインカの王朝史は、代々一人の王が王位を継承するという前提で組み立てられたモデルである。おそらく先住民がスペイン人の先入観に合致するように語ったか、あるいは複数の王が同時に存在したことを理路整然と説明できなかったため、スペイン人はインフォーマントの語った内容を十分に理解できず、インカ王を一系統に並び替えたと考えられる。

その結果、一五五〇年代には、ほぼ次のような形でインカの王朝史が出来上がり、固定化していくことになる（図4－26）。

1　マンコ・カパック
2　シンチ・ロカ（※第一一代王ワイナ・カパックと同時代に同名の人物が存在）
3　リョケ・ユパンキ（※王の名前が現れるのは王朝史の系譜を語る史料に限定されるため、領土が拡張する以前の王か？　第八代王ビラコチャ・インカと同時代か？）
4　マイタ・カパック（※第九代王パチャクティと同時代に同名の人物が存在）
5　カパック・ユパンキ（※第九代王パチャクティと同時代に同名の人物が存在）
6　インカ・ロカ（※第八代王ビラコチャ・インカと同時代に同名の人物が存在）
7　ヤワル・ワカック（※王の名前が現れるのは王朝史の系譜を語る史料に限定されるため、領土が拡張する以前の王か？　第八代王ビラコチャ・インカよりも前か？　宮殿は未確認）
8　ビラコチャ・インカ
9　パチャクティ（インカ・ユパンキ）
10　トパ・インカ・ユパンキ
11　ワイナ・カパック
12　ワスカル

13　アタワルパ

王の名前

これらの名前のすべてがケチュア語であったわけではなく、一部は別の言語であったかもしれない。インカの王族は臣民には分からない秘密の言葉を話していたという。第二代王の名シンチ・ロカ、第六代王の名インカ・ロカの一部であるロカについて、ガルシラソは次のように述べている。

おそらくインカ族の個別語では何か意味があるのであろうが、残念ながら私は知らない。もっとも、ブラス・バレーラ神父は、ロカとは「慎重で明敏な王子」を意味すると言っている。
（ガルシラーソ 1609: 第2の書第16章; 2006: (一) 223-224）

以下、ガルシラソの説明を引用しよう。

ユパンキとは「直接法未来不完了の二人称単数形で、「汝は語るであろう」を意味する」（ガルシラーソ 1609: 第2の書第17章; 2006: (一) 229）。マイタはケチュア語においては「別に何も意味を持たない固有名詞」（ガルシラーソ 1609: 第3の書第1章; 2006: (二) 20）である。

ヤワル・ワカックは「血の涙を流す男」（ガルシラーソ 1609: 第4の書第16章; 2006: (二) 207）、パチャクテック（パチャクティ）は「世界の改革者」（ガルシラーソ 1609: 第6の書第35章; 2006: (三) 198）、トゥパック（トパ）は「光り輝く者」（ガルシラーソ 1609: 第8の書第1章, 第8章; 2006: (四) 16, 65）、ワイナ・カパックは「幼い頃から寛大な態度をさかんに示した者」(ガルシラーソ 1609: 第8の書第7章; 2006: (四)54) を意味する。

ワスカルの本名はインティ・クシ・ワルパといい、クシは「喜び、愉悦、満足、楽しみ」、ワルパは「喜びの太陽」を意味する(ガルシラーソ 1609: 第9の書第1章; 2006: (四)178-179)。

ワスカルは「綱」を意味する(Cobo 1653: lib. 12, cap. 18; 1964: 94; 1979: 163)。一方、鶏が「アタワルパ」と呼ばれるようになった由来も説明されている(ガルシラーソ 1609: 第9の書第23章; 2006: (四)284-288)。ワスカル、アタワルパは王の名というより、互いに軽蔑しあう名称であったようだ(ピサロ 1571: 第10章; 1984: 69-70)。

フアン・デ・ベタンソスはユパンキについて、マンコ・カパックの異名であったという(Betanzos 1557: parte 1, cap. 17; 1996: 76; 2015: 195)。また即位のさいなど、途中で名前を変えることもあった。インカ・ユパンキからパチャクティに、ティトゥ・クシ・ワルパからワイナ・カパックに、インティ・クシ・ワルパからワスカルに、アタワルパからティクシ・カパックに変更した例がある。

インカ王の名前に関連するケチュア語の単語の意味を辞書で調べてみると、次のようになる(cf. Ramírez 2015)。

トゥパ=王族の、君主の(González Holguín 1989 [1608]: 347)

ティトゥ=あるインカの名前(González Holguín 1989 [1608]: 344)

リョケ=左利きの(González Holguín 1989 [1608]: 215)

リョケ＝槍や柄に用いられる頑丈な木の名前（González Holguín 1989 [1608]: 216）

アタワルパ＝雌鶏（González Holguín 1989 [1608]: 36, 174, 451, 636）

ウルコ・アタワルパ＝雄鶏（González Holguín 1989 [1608]: 36, 174）

脂肪＝アタワルパプ・ビラン（González Holguín 1989 [1608]: 511）

老いぼれた雌鶏＝オクリャク・アタワルパ（González Holguín 1989 [1608]: 451）

カパック・ヤワル＝高貴な血統（González Holguín 1989 [1608]: 134）

サパ・カパック・インカ＝王（González Holguín 1989 [1608]: 134）

カパック、サパイ・カパック＝王（González Holguín 1989 [1608]: 135）

カパック・カイ＝王国、帝国（González Holguín 1989 [1608]: 135）

カパック・ワシ＝王の大きな館（González Holguín 1989 [1608]: 135）

ワスカル・スパ＝色のついた羽（González Holguín 1989 [1608]: 185）

ワスカル・ケンティ＝一番小さな鳥（González Holguín 1989 [1608]: 185, 681）

ケンティ＝ハチドリ（González Holguín 1989 [1608]: 309）

フク・インカクナ＝インカ、ペルーの王の一人（González Holguín 1989 [1608]: 204）

パチャ・クティ、パチャ・ティクラ＝世界の終わり、破壊、疫病、崩壊、消失、損害（González Holguín 1989 [1608]: 16, 270）

ティクシ＝起源、始まり、基本、基礎、原因（González Holguín 1989 [1608]: 340）

ヤワル＝血（González Holguín 1989 [1608]: 362）

クシ＝幸運（González Holguín 1989 [1608]: 56, 77）
サパイ・カパック＝唯一の、主要な、王（González Holguín 1989 [1608]: 78）

消された王

初代インカ王がマンコ・カパックであることは諸記録が一致している。第八代王ビラコチャ・インカから第一三代王アタワルパまでの即位の順序も、クロニカ間でほぼ一致している。親子関係もはっきりしており、ビラコチャ・インカの息子がパチャクティ、その息子がトパ・インカ・ユパンキ、その息子がワイナ・カパック、その息子が異母兄弟のワスカルとアタワルパであった。息子といっても、多数の息子のうちの一人と説明したほうが正確であろう。インカ王にはコヤと呼ばれる正妻のほか、多くの妻がおり、そして多くの子供がいた。

インカ王の息子の中から次の王が選ばれたことは明らかである。しかし即位前に誰が選ばれるかは決まっていなかった。地方首長の場合、首長の息子ではなく兄弟などが継承するケースもあった。

インカ王の場合、継承者は最も有能で実力のある者、というのが原則であった。ただしその選出プロセスは、クロニカからははっきりしない。外部への征服戦争を開始したとされるパチャクティ以降は、おそらく戦士としての有能さを示すことが重要だったと思われる。先に述べたように、新王は前王の財産を相続することができず、前王に仕えた集団は王の死後もミイラの世話と財産の管理をしなければならないので、新王に仕えることはできなかった。新王はゼロから人間関係を構築しなければならなかった。クスコにおけるアイリュの数の枠が決まっており、すでに飽和状態に達しつつあったのであれば、外部への征服活動によって新しい王領と人を獲得することが必要だったのである。

インカ王の息子たちは多くの場合、母親が異なっていたので、王位継承をめぐって母親間で、正確には母親が属する集団間で、熾烈な争いがあった。スペイン人侵入時にはワスカルとアタワルパが争っていた。この戦いもやはり、それぞれの母親が属するアイリュ同士の争いという形をとっていた。

王位継承争いは暴力を伴う場合が多かったのであろう。その過程で敗れた者は歴史から消されるか、名は残っても無能な者として表象された（Rostworowski 1996 [1983]: 103）。シエサ・デ・レオンは次のように述べている。

> そして、もし王たちの中に、無気力で臆病であり、悪癖にふけり、帝国の領土をふやそうともしないで、怠けきっていた者がいたとすると、その者に関しては、ほとんど、ないしはまったくと言っていいほどなにも記憶にとどめないように命令された。このことはひじょうに重きをおかれ、かりに多少記憶されることがあっても、それは、その王の名と系譜を忘れないがためであった。だがそれ以外の点に関しては沈黙が守られた。そして、歌に歌われるのは、良き王、勇敢なる王のことばかりであった。（シエサ・デ・レオン 1553b: 第11章; 2006: 66）

ただし「良き王、勇敢なる王」として記憶にとどめおかれたインカ王の系譜と治績は、王の生前から語り継がれていたわけではなかった。ミイラとなってから、語りが始まったのである。しかも王のイメージを伝える具象的な図像表現などもなかった。ふたたびシエサ・デ・レオンを引用しよう。

すなわち、ひとりひとりの王が、その治世において、国の老人たちの中から三、四人を選び、才能・能力があると見きわめてから、じぶんの治めている時代に諸地方で起こった出来ごとを、良いことであれ悪いことであれ暗記させて、それを材料に歌を作り、整えさせた。これは、そのような歌により、むかし起こったことを将来の世に知らしめんがためであった。ただしそれらの歌は、王の面前でなくては歌ってても教えてもいけないことになっていた。／このような物語を覚えるように命ぜられた者たちは、王が生きている間は、王に関することに言及したり口にしたりすることを禁ぜられ、彼が死んではじめて、帝国の後継者につぎのことばをもって語りはじめるのであった。（シエサ・デ・レオン 1553b: 第12章; 2006: 69-70）

パチャクティ以降の人物の中で、記録に残っている哀れな王の代表がインカ・ウルコである（口絵4、図4-1）。無能な人物として描かれるが、インカ王として認知されていたことは確かである。チャンカ族が攻めてきたとき、対処できなかった能力のない王。その一方で、たちどころに状況を打開したパチャクティ。ウルコは失脚して批判の対象となり、いわば引き立て役としてその名前が残されたのである。

名前を残されただけ、まだよかったのかもしれない。歴史から存在を消されたインカ王もいるだろう。それらの人物について具体的に知る手がかりはない。ただしセケ・リストに名称が残されたアイリュが、過去のインカ王の集団であった可能性はある。マリア・ロストウォロフスキはクスコの教区記録をもとにこのことを検討し、忘れ去られたアイリュがあったという[*4]（ロストウォロフスキ 2003 [1988]: 24-26）。

インカ王として認知されながら、一三人のインカ王朝史には含まれていない人物にアマルー・トパがいる。パチャクティ、そしてそのあとのトパ・インカ・ユパンキと同時代の人物であった。さらにこのアマルー・トパと同時代の人物として、ガルシラソがもう一人の人物、インカ・ユパンキを付け加えたと指摘される（ロストウォロフスキ 2003 [1988]: 81, 153）。インカ・ユパンキはパチャクティの別名でもあるが、ガルシラソの記録ではそれとは別の人物として登場する。

このもう一人のインカ・ユパンキと同様に曖昧なのがトパ・ユパンキで、断片的ではあるものの他の史料でも確認できる（アコスタ 1590: 第6巻第21章; 1966: (下) 325-326; Rowe 1985）。一方、ファン・デ・ベタンソスが言及するヤムキ・ユパンキは、他の史料ではほとんど確認できない（cf. Sarmiento 1572: cap. 38; 1943: 106; 2007: 132）。

こうしてみると、実在した王が王朝リストから除外されただけでなく、ガルシラソやベタンソスのクロニカでは、他の史料では王と確認できない人物が加えられたことになる。それはすべて政治的意図に沿って改竄（かいざん）、編成された結果であろう。

しかし、型にはまりながらも個々の要素を変換するという可塑性（かそせい）こそが口頭で情報を伝えることの本質であるから、何が史実であるかを確定しようとする問い自体が不適切なのかもしれない。むしろ、誰がそうした情報を取捨選択したのかが重要である。インフォーマントたちが語った内容を、最終段階ではスペイン人がスペイン語に翻訳して再編成した。その過程で働いた政治的力学を問題にするべきなのであろう。

インカ王は何人か

複数のクロニカの間に明らかな矛盾が存在するものの、できるだけつじつまが合う解釈を採用することで矛盾を解消し、整合性を高めることはできる。それを便宜的に、より史実に近い形として取り扱うことにしよう。

一三人のインカ王の名前を時系列に並べる王朝史は矛盾に満ちている。どこに矛盾が生じるかというと、第二代王と、第四代王から第六代王についてである。例えば第四代王、第五代王が、のちのパチャクティと同時代の人物として現れる。単一王朝説を支持する研究者は、過去の王と同名の人物がのちの時代にもいたことを暗黙の了解とすることでこの問題を処理する。しかし、過去の王と同じ名前を簡単に使用することがあるだろうか。同じ名前の人物は四名のみである。

インカ王の名前は他の人物が使用できないという前提に立つと、同時代に複数のインカ王がいたことになる。少なくとも一三人の関係性はそのようにしか理解できない。

インカ王と認知される人物が同時代に複数いたという解釈は一九六〇年代から検討され始めた。六〇年代に双分王朝説が出され、八〇年代にはインカ王四人説、九〇年代にはインカ王三人説も出た（Pärssinen 1992; 渡部 2010）。複雑な議論ではあるが、同時代に三人いたとすると、最も整合的に解釈できる。三人が並列する王朝史の系譜を埋めるためには一三人では足りず、他の人物も加えることで完成する。いわば一三人のリストから外れてしまった人物を復活させる試みである。

各インカ王の同時代性、親族関係をもとに再構成すると、次のような王朝史になる。このモデルは、セケ・システムにおけるアイリュの各スユへの帰属、宮殿の各スユへの帰属などの情報も取り込んで組み立てたものである。（　）内の数字は単一王朝モデルにおける即位の順番を、傍線は後述するサパ・インカを表している。

コリャナ（チンチャイスユ）	**パヤン（コリャスユ）**	**カヤウ（アンティスユ）**
?	?	ヤワル・ワカック（7）
インカ・ロカ（6）	リョケ・ユパンキ（3）	ビラコチャ・インカ（8）
インカ・ユパンキ（9）	インカ・ウルコ	ビラコチャ・インカ（8）
パチャクティ（9）	マイタ・カパック（4）	ビラコチャ・インカ（8）
パチャクティ（9）	カパック・ユパンキ（5）	ビラコチャ・インカ（8）
パチャクティ（9）	トパ・インカ・ユパンキ（10）	アマルー・トパ
トパ・インカ・ユパンキ（10）	トパ・ユパンキ[*5]	アマルー・トパ
トパ・インカ・ユパンキ（10）	ワイナ・カパック（11）	アマルー・トパ
ワイナ・カパック（11）	シンチ・ロカ（2）	ワスカル（12）

アタワルパ（13）？　パウリュ・インカ　ワスカル（12）
アタワルパ（13）　パウリュ・インカ　？

三人のインカ王はそれぞれ三つのカテゴリー、すなわちコリャナ、パヤン、カヤウのいずれかに属した。次章で述べるように、コリャナ＝チンチャイスユ、パヤン＝コリャスユ、カヤウ＝アンティスユである。スユは四つであるから、枠は四つある。残りの一枠であるクンティスユには現役の王は属さず、王朝の創始者マンコ・カパックが占める。クンティスユはマンコ・カパックのアイリュのみが位置することから分かるように（図2－1）、「過去」に属し、基準点となっている。他の三つのスユには現役の王がいるため「現在」に属する。これがインカ王権の基本構造である。

現役のインカ王は同時期に三人存在する。そのうちの一人が他の二人よりも上位と見なされた。一対二に分かれ、一に対応する王がサパ・インカと呼ばれた。サパはしばしば「唯一の」と訳されるが、本来ペアでありながらその片方が欠けている状態のものを指す（González Holguín 1989 [1608]: 78; Itier 2023: 18, 119）。ケチュア語ではチュリャと呼ばれ（González Holguín 1989 [1608]: 119, 170）、インカ王の場合はサパと呼ばれる。三つのものが一対二に分かれる場合、一に対応するのがチュリャでありサパである。

そしてチンチャイスユかアンティスユのいずれかの王がサパ・インカとなった。チンチャイスユの王は政治的性格が強く、アンティスユの王は宗教的性格が強かった。もともとはアンティスユの王がサパ・インカであったが、パチャクティ以降、ワスカルを例外としてチンチャイスユの王がサパ・インカとなった（渡部 2010）。スペイン人が記録した一三人のリストには、サパ・インカと非サパ・インカの両方が含まれている。

筆者が示したモデルにしたがうと、ヤワル・ワカックが名前の知られている最初のサパ・インカである。ヤワル・ワカックがアヤルマカスによって連れ去られたという事件が記録されている（Sarmiento 1572: cap. 21; 1943: 73-74; 2007: 91-92）。そうであるならば、アヤルマカスはインカによるクスコの建設以前に住んでいた民族集団であるから、ヤワル・ワカックは古い時代に生きていた王となり整合性がある。[*6]

サパ・インカ、非サパ・インカ

インフォーマントはスペイン人にインカ王の歴史を語るさいに困っただろう。三人の王が同時に即位し、同時に退位するわけではない。一人だけ、あるいは二人だけが交代する場合もある。そのため彼らは、重要ではない非サパ・インカを先に語り、そのあとで重要なサパ・インカを語った。第七代のヤワル・ワカック以降はサパ・インカであるが、第二代から第六代までは非サパ・インカであった。

第二代王として語られるシンチ・ロカは、ワイナ・カパックと同時代の人物であった。シンチ・ロカの名前は、じつはインカの起源神話にも登場する。クスコに住み着いた四名の人物は、マンコ・カパック、ママ・ワコ、シンチ・ロカ、マンコ・サパカであった（Sarmiento 1572: cap. 13; 1943: 59; 2007: 71）。

過去のインカ王と同じ名前をつけることはなかったが、ビラコチャ・インカの例が示すように、インカ王が神話上の人物と同じ名前を用いた例はある。しかしシンチ・ロカという名前が選ばれたのはなぜか、シンチ・ロカのアイリュであるラウラ・パナカがセケ・リストに現れないのはなぜか、このアイリュにラウラ・オクリョというワスカルの母の名前が付されているのはなぜか、さまざまな疑問が浮かぶ（ロストウォロフスキ 2003 [1988]: 165）。また、ラウラ・オクリョはクスコの北のユカイにあるワイナ・カパックの王領の一部（チャラワシ、ポマワンカ）を保持し（Villanueva 1971: 36, 52）、ラウラ・パナカの子孫は植民地時代に特権を享受した。[*7]

インカ帝国崩壊後の何が本当か分からない混乱状態の中で、スペイン人が紙に記して正統とされた者の名前が残った。さまざまな矛盾を抱えながら成立した一三人の王朝史が繰り返し語られる過程で、それが正史として受け取られ、規範化していったのである。

しかし総合的な王朝史はクスコを語るさいにしか出てこない。その内容の整合性を確かめるためには、クスコ以外の地方について語るさいに、どの人物がどのタイミングで出てくるかに着目する必要がある。例えばマイタ・カパック、カパック・ユパンキは地方の征服活動をおこなった人物として、パチャクティと同時代に登場する。

インカ帝国崩壊後にはパウリュ・インカという人物が活躍した。記録によればインカ王と認知されていた。シエサ・デ・レオンのクロニカにはこの人物について、「クスコのインディオたちがインガ［インカ］と認める、グァイナカパ［ワイナ・カパック］の子パウロ［パウリュ］」（シエサ・デ・レオン 1553a: 第62章; 2007: 356）とある。

パウリュ・インカはスペイン人に協力したことで知られ、ビルカバンバで抵抗活動をつづけた兄弟たちの説得にもあたった。スペイン人に近い人物であったため、自分に有利な情報を組み込んで正史にすることができた。彼の妻カタリーナ・ウシーカは、インカ・ロカのアイリュ出身である（Pärssinen 1992: 176-177; キープカマーヨ 1995 [1543/1608]: 234）。インカ・ロカはインカ王であったが、サパ・インカではなかったと考えられる。

ハナン・クスコ、ウリン・クスコ

一五五〇年代末には、一三人のインカ王のうち第五代までがウリン・クスコの王、第六代のインカ・ロカ以降がハナン・クスコの王という記録が現れる。ハナンは「上」、ウリンは「下」という意味で、位置関係と同時に立場の上下関係をも示した。第六代以降はすべてハナン・クスコの王とされるが、インカ・ロカのアイリュ出身のカタリーナ・ウシーカは、第六代のインカ・ロカをハナン・クスコの王、第八代のビラコチャ・インカをウリン・クスコの王と語る。つまりインカ・ロカに有利なあり方で語っているのである。

インカ王はもともと三人同時に存在していたが、一系統に並べ替えられた。その後、ウリン・クスコの王が先に即位し、次にハナン・クスコの王が即位したと語られた。しかし両者の違いは時間差ではなく、ウリン・クスコの王、ハナン・クスコの王の二系統があったという説明が、ポロ・デ・オンデガルド、ホセ・デ・アコスタのクロニカには出てくる。

インカ王のアイリュの配置から見ると、四つのスユのいずれかに王は属する（図2－1）。そしてサパ・インカがアンティスユ、チンチャイスユのいずれかから輩出したため、この二つのスユをハナン・クスコとし、初代王のアイリュがクンティスユ、第三代王から第五代王のアイリュがコリャスユに位置することから、この二つのスユをウリン・クスコと判定する研究者が多い（なお第二代王シンチ・ロカのアイリュは、先述のようにセケ・リストには記録されていない）。しかし次章で述べるように、ハナン／ウリンは単純な双分制ではなく、「現在」と「過去」という時間上の二項対立と見ることもできる。単一王朝史では、はじめにウリン・クスコの王が統治し、次にハナン・クスコの王が統治しており、時間の前後関係に対応している。

神官的な王から戦士的な王へ

アンティスユの王がサパ・インカであった時代からチンチャイスユの王がサパ・インカであった時代への移行は、インカの歴史における重大な局面を示している。もともとは神官的な王の時代があり、その後、戦士的な王が主導権を握ることになったのである。

神官的なサパ・インカとはアンティスユの王、すなわちヤワル・ワカックとビラコチャ・インカであり、パチャクティ以降のサパ・インカはアンティスユのワスカルを除き、基本的にチンチャイスユの戦士的な王であった。

ロストウォロフスキは、アマルー・トパという征服活動にあまり熱心ではなかった王がいたことを指摘する。またワスカルのことを指して、征服活動に興味を示さなかったのはなぜか、という問いを立てている（ロストウォロフスキ 2003 [1988]: 123, 143）。しかしどちらもアンティスユの王であるため、征服活動より宗教的儀礼に重心を置いていたのは当然である。

ビラコチャ・インカの時代に神官たちが暴動と反乱を起こし、その後、神官たちは力を失ったという（Anónimo ca. 1594; 1968: 167; 1992: 79-80; 2011: 75）。また、かつては「太陽の神官」ビラ・オマが王よりも上位であったが、トパ・インカ・ユパンキによって貶められたともいう（Anónimo ca. 1594; 1968: 161; 1992: 65-66; 2011: 63; Rostworowski 1996 [1983]: 161-162）。そしてグァマン・ポマは、第九代王パチャクティが新しい神官を任命し、偽の神官を糾弾したという（Guaman Poma ca. 1615: 109 [109]）。

インカ帝国が外部に向けて拡張を開始したのは、パチャクティ王の時代からである。それ以前は、むしろ宗教的性格が強い王が実権を握っていた。パチャクティがいわゆるクーデターを起こしたといえる。

アンティスユとチンチャイスユは、ともにハナン・クスコとされるが、サパ・インカが輩出するのはいずれかであり、互いにライバル関係にあった。これまで研究者の間では、ウリンが宗教的役割、ハナンが政治的役割を果たしたという解釈が有力であった。これはウリン／ハナンにヨーロッパ的な聖／俗の二分法を投影した結果である。しかし聖／俗の二項対立は、ウリン／ハナン＝宗教／政治ではなく、アンティスユ／チンチャイスユ＝宗教／政治と見るべきである。神官が選ばれるのはハナン・クスコとされるアンティスユのタルプンタイ・アイリュであった（Cobo 1653: lib. 13, cap. 33; 1964: 224; 1990: 158）。

スペイン人による征服後、マンコ・インカ以降の王たちが抵抗活動の拠点としたビルカバンバはアンティスユに属する。古い時代のサパ・インカはアンティスユの王であったという意味で、アンティスユはインカの起源にまつわる土地である。

聖俗の分離

「神聖王権」という言葉がある。神聖王権ではその正統性が宗教的側面から権威づけられている。これを裏返せば、王権における聖俗が未分離であるともいえる。聖俗の関係性は一つの国家でも歴史的に変化してきた。

インカ帝国も例外ではない。ビラコチャ・インカまではアンティスユの王がサパ・インカであったから、聖俗が分離していたかどうかは不明瞭であるが、少なくともパチャクティ以降は、一人の人間が神官と戦士としての王とを兼ねることはないという意味で明確に分離した。

一般に「太陽の神官」はビラ・オマと呼ばれたとされる（図5-1）。しかしビラ・オマはワイナ・カパックと同時代の人物の固有名詞である可能性があり、本来の役職名はインティプ・アプンではなかったかと、エドゥムンド・ギリェン・ギリェンは指摘した（Guillén Guillén 1991）。

「太陽の神官」の位置づけは、パチャクティ以降の聖俗分離、すなわち構造内の配置の変化に伴う混乱を把握するための一つの手がかりである。例えばワスカルとアタワルパによる王位継承争いのなかで、ワスカルにマスカパイチャを与えたかどで「太陽の神官」がアタワルパ側に捕まったという（Sarmiento 1572: cap. 65; 1943: 162; 2007: 196）。

パチャクティ、トパ・インカ・ユパンキ、ワイナ・カパックなど、チンチャイスユの王は征服活動に邁進したが、占いや託宣も重要な要素であった。戦争に出るときは動物の生贄を捧げ、敵のワカの力を殺ぐために呪文を唱えて祈った（アコスタ 1590: 第5巻第18章; 1966:（下）186）。またワイナ・カパックは後継者を決めるために、神官にカルパの儀式で占わせている（Sarmiento 1572: cap. 62; 1943: 150; 2007: 185）。カルパとはラクダ科動物の心臓を抜き取り、それを見て占う儀式である。

ワスカルは神官が輩出したアンティスユの王であり、内向的で宗教的性格が強く、神託を求めて多くの儀礼をおこなった。一方、チンチャイスユに属するアタワルパはペルー北高地の神格カテキルに神託を求めたものの、その結果が芳しくなかったから神殿を焼き払ってしまったことが記されている（Sarmiento 1572: cap. 64; 1943: 157; 2007: 192）。

図５－１　ビラ・オマ　左腕に「ビラ・オマ」、左のすねに「インカの大神官」と書かれている。三日月型の頭飾りと顎下の飾りの形はコリャスユの人々と共通である（Guaman Poma ca. 1615: 169 [171], 324 [326], 364 [366]）。しかし神官はアンティスユから選ばれたとされる。（Murúa 2004 [1590]: folio 111v.）

パチャクティ以降のサパ・インカの中で、ワスカルのみがアンティスユに属し、他のサパ・インカはすべてチンチャイスユに属した。その特殊性から、クスコ周辺に大規模な王領を有していたチンチャイスユの歴代王に対するワスカルの態度も理解できる。死してなおミイラとなって財産を保有するインカ王への憤懣を隠さない（ピサロ

1571: 第10章; 1984: 78)。ワスカルが歴代王のミイラの存在に憤慨していたことについて、ベルナベ・コボは次のように述べている。

ワスカル・インカは彼ら［ミイラ］に腹を立て、死者が王国の最良の部分を有するため、死者をすべて埋め、それらが持っている財を取り上げるよう命じるべきである、宮廷には死者ではなく生者がいるべきである、と述べた。(Cobo 1653: lib. 13, cap. 10; 1964: 164; 1990: 41)

ワスカル自身は征服活動を指揮しないため、財産を増やすことは難しかった。クスコにとどまっていたが、その周辺はチンチャイスユの王たちの王領ですでに飽和状態だった。

5-2 クスコ

語源

クスコはインカ帝国の首都であるとされる。しかし「首都」は西洋的な概念であり、それに相当するケチュア語の単語はない。クスコはクスコなのである。

クスコはガルシラソによれば、ケチュア語で「へそ」を意味する(ガルシラーソ 1609: 第1の書第18章; 2006: (一)103)。しかし言語学者セロン＝パロミーノは、ケチュア語ではなくアイマラ語であり、クスコ・グァンガが語源ではなかったかという(Cerrón-Palomino 2005)。グァンガ(ワンカ)とは

「巨石」「石になった人間」のことを指す（一四五ページ参照）。そしてアイマラ語でクスコは「フクロウ」を意味したという。二つが合わさって「フクロウがとまった石」となり、都を選定する指標となったと考えられる。

　またサルミエント・デ・ガンボアが記録した起源神話によれば、パカリクタンボの洞窟から四人の兄弟が出てきた。そのうちの一人がのちのマンコ・カパックである。マンコ・カパックは兄弟のアヤル・アウカを、クスコとなる場所に向かわせ、そこでアヤル・アウカは石になった。つづけてサルミエントは「アヤル・アウカのモホンとしてクスコと呼ばれた」（Sarmiento 1572: cap. 13; 1943: 57; 2007: 69）と述べ、クスコはもともとモホンと認識されていたという。モホンとは「境界標」「道標」などと訳されるスペイン語であるが、本来はワカ、アパチタ、モニュメントなどのような目印となるものであり、中心性を含意する（第2章第3節参照）。このサルミエントの記述を引用して、ロストウォロフスキは「クスコとは、呪術的な方法で一定の地を占領することを意味した」と述べる（ロストウォロフスキ 2003 [1988]: 17）。

　のちにクスコとなる場所は、アカママ（Aca Mama）と呼ばれていた（Guaman Poma ca. 1615: 84 [84]）。アカママとは「チチャの母」を意味し、コンチュ（qonchu）というチチャ酒の沈澱物の別名でもある（González Holguín 1989 [1608]: 67; Randall 1993: 78）。クスコの興りには酒がかかわっていた。そしてクスコの土地にもともと住んでいた民族集団はアヤルマカスであった。このことからもインカが外からやってきたことが示唆される。ちなみにアヤルマカは、アンティスユの八番目のセケの名称である。

インカ帝国の公用語はケチュア語であったが、いたるところにアイマラ語の地名が残っており、クスコ周辺ではおそらく複数の言語が話されていた。バイリンガル、トリリンガル状況であったと思われる。そして第2章第2節で述べたように、インカの王族が話していた言語は断片的な情報から、今では失われたプキナ語であり、アラワク語系であるとされる。アンデス東斜面のアマゾンからカリブ海方面で話されている言葉であり、インカの起源を考えるうえで鍵となる。ビルカバンバへ逃げ込んだことからも分かるように、インカにはアマゾン的な要素が強く感じられる。

「もう一つのクスコ」

首都に対応する概念はケチュア語にはないが、クスコが規範となってインカ帝国のインフラが整備されていった。「もう一つのクスコ」が複数の場所に建設されたのである。インカ王はキト、トメバンバ、ワヌコ、ビルカス、チャルカスに「もう一つのクスコ」を建設するように命じたとされる（Guaman Poma ca. 1615: 185 [187]）。そしてカニェテ川流域にも「新しいクスコ」が建設されたる（シエサ・デ・レオン 1553a: 第73章; 2007: 401; 1553b: 第60章; 2006: 321）。それはインカワシ遺跡と同定されている（図2‐17）。

例えば「もう一つの東京」「もう一つのロンドン」といったら、われわれは東京やロンドンの建築物、都市構造を模倣した新しい都市を想像するだろう。「もう一つのクスコ」を複数の場所に建設するのは、クスコを繰り返し更新するような効果が認められる。クスコの町に手を加えるだけでなく、クスコを規範としてインフラを外部に拡張し、その数を増やしたのである。

「もう一つのクスコ」はアンデスにおける遺跡の特徴をよく表している。場所ごとに機能分化するのではなく、遺跡間の違いはあまり明瞭ではない。同じような機能を持つ場があちこちに建設された。「もう一つのクスコ」における建築物とその配置、出土遺物などの違いは、差異化しようと意識した結果ではない。

「もう一つのクスコ」とは呼ばれなかったけれども、同様の原理による町づくりが他の場所でもおこなわれた証拠がある。例えばクスコ地方のタンボカンチャ遺跡（図2-19）にもクスコを模倣している部分がある（Farrington & Zapata 2004）。ポロ・デ・オンデガルドが述べるように、そうした場にはセケ・システム、あるいはその基本となるワカの配置にもとづく空間分類がなされたのであろう。

「クスコ」と呼ばれた王

「クスコ」という言葉は、ワスカルを指すのにも使用された。そして父のワイナ・カパックは「クスコ・ビエホ（老クスコ）」と呼ばれた（Ramírez 2005）。新旧の二項対立のような呼び名であるが、ワイナピチュとマチュピチュなど、同様の事例は他にもある（二一一ページ参照）。もう一度代が替わったら、ワスカルが「老クスコ」と呼ばれたのかもしれない。

おそらくワスカルが「クスコ」と呼ばれたのは、その異母兄弟アタワルパとの関係においてであろう。おもにクスコにとどまっていたワスカルに対して、アタワルパは現在のエクアドルのキトに「もう一つのクスコ」を建設しようとした。キトを建設する規範としてクスコを参照している点で、やはりインカ帝国の基準はクスコなのである。

ちなみにエクアドルにおける征服活動を開始したのはワイナ・カパックであった。ワイナ・カパックは「老クスコ」であり、「老エクアドル（老トメバンバ）」でもある。ワスカルがクスコを、アタワルパがエクアドルを継承したのである。

クスコの外

クスコ周辺の条件の良い土地は、王領として優先的に確保されていた。そのためワスカルがサパ・インカとして即位した時代には、望ましい土地はあまり残っていなかった。しかも征服活動に邁進したチンチャイスユの王とは異なり、アンティスユの王であるワスカルは外部への拡張を積極的におこなったわけではない。

クスコのセケ・リストにはトパ・インカ・ユパンキまでのアイリュしかなく（図2－1）、クスコにおけるアイリュの数が一〇に決められていたとしたら、ワイナ・カパック以降は外部にアイリュを設置しなければならなかった。クスコは飽和状態になりつつあり、しかもワスカルが陣取っていたのだから、異母弟のアタワルパは新たな征服活動によって王領の確保を進める必要があった。

アタワルパはクスコに見切りをつけ、エクアドルに自分の王領を建設しようとした。父のワイナ・カパックがすでにトメバンバに拠点を構えていたことから、アタワルパはさらに北のキトを選んだのである。

5-3　ワウケ――インカ王の「兄弟」

ワウケを持つインカ王

インカは王の象徴である持ち物を身につけた。そして王そのものの像が生前に作られた。ワウケとは「兄弟」を意味する単語であるが、インカ王の像をも指す。作られるのはただ一つで、いわばアバター（分身）であった。王はそれをつねに携行したという。いったいどのようなものだったのだろうか。

まず、ホセ・デ・アコスタのクロニカを見てみよう。

彼らは死者の遺体の崇拝だけで満足せずに、その塑像をも作った。各王は、存命中に、石で自分の偶像または塑像を作らせた。それはグァオイキ［ワウケ］と呼ばれたが、兄弟の意味だった。その理由は、そのインガ［インカ］の存命中であろうと死後であろうと、その像に実物と同じような尊敬が払われたからで、それは戦争にかつぎだされたり、行列のとき持ち出されたりして、雨や日ざしにさらされた。またそのために盛大な祭りや生贄が行なわれもした。このような偶像は、クスコおよびその近辺にはたくさんあったが、リセンシアード［学士］・ポーロ［ポロ・デ・オンデガルド］の尽力によって発見されて以後、石の偶像を拝む迷信は、今では完全に、またほとんど絶えている。［ポーロの発見した］最初のものは、アナン・クスコ［ハナン・クスコ］の有力な派閥の首長である、インガロカ［インカ・ロカ］のものであった。（アコスタ 1590: 第5巻第6章; 1966:（下）138-139）

ワウケはどのようなものであったかが記録に残っている（渡部 2010: 383-385）。それぞれ名前がつけられており、なかには不明のものもあるが、ビラコチャ・インカのワウケのように実在の人物の名が借用されているものもある。形状は黄金製で大きいものや石製のものなどがあり、一定ではない。ただし、パチャクティからアタワルパまでのチンチャイスユの王のワウケが黄金製であったことは記録から明らかである。

男性デュアリズム

なぜワウケを作ったのだろうか。ここではアンデスにおける男性デュアリズムの習慣から考えてみたい。デュアリズムとは「二重性」を意味する。

アンデスでは男の双子の片方は雷の子で、特別な存在と考えられた。双子はしばしば鏡のメタファーで語られ、アンデスの信仰の特徴を典型的に示している。女性のデュアリズムはない。

アンデスでは神官が社会的に重要な役割を占めており、インカ帝国でも王権の象徴であるマスカパイチャは「太陽の神官」から授けられた。パチャクティの即位以前は神官集団が力を持っていたが、パチャクティはいわばクーデターによってサパ・インカの座を奪い取ったのである。

しかし古くからのアンデスの枠組みである男性デュアリズムの重要性は残った。神官集団とは明確に分離した戦士集団のインカ王も、その枠にのっとって自分の分身を作り出したのである。双子であれば、神官にふさわしく、そして王には分身が伴う。このように枠にしたがって考えるのがアンデス社会の基本的特徴である。

アンデスの政治組織の理念形は、単独の個人が権力を握るのではなく、かならず二人がペアになる。二つの枠があること自体が重要であり、片方の枠内が空白になる場合もある。履物の片方など、本来ペアでありながら、その片方を欠いたものをチュリャと呼ぶ（二一六ページ参照）。

男性デュアリズムを基本とするアンデスの特徴は、植民地時代にも確認できる。地方の政治組織は単なる双分制ではなく、それぞれの首長に随伴者がおり、実質的に四分制となっていた。随伴者はケチュア語でヤナパク、また「第二の人物」とも呼ばれた（ロストウォロフスキ 2003 [1988]: 121, 204-205）。断片的な情報を総合すると、ヤナパクは首長の理念的な分身であり、二重性を示していたと理解できる。その後、植民地時代にそれぞれの首長の随伴者がいなくなり、本来の四分制が変形して双分制に見えるようになった。第一の人物と第二の人物との間に一義的な上下関係があったわけではない。もともとは互いにコピーの関係であった場合も含まれる。

シンチ・ロカ、ビラコチャなどは神話上の人物の名前であり、王の名前でもある。そこに一種の二重性を見て取ることもできる。シンチ・ロカの場合は、ワイナ・カパックと同じ時代にいた王が、神話に出てくるシンチ・ロカと同じ名前を使用することで二重性を示すことを意図していたのかもしれない。

政治的首長だけでなく、神官もまたヤナパク（随伴者）を伴っていた（ロストウォロフスキ 2003

[1988]: 220)。さらにこうした男性デュアリズムは、政治的首長と神官の間にも投影されることがあった。「太陽の神官」は「インカの第二の人物」で、「太陽のしもべ」「太陽の奴隷」と称していたという(Segovia 1968 [1552]: 76)。

ワウケは男兄弟のことであり、女性を指すことはない。女性のデュアリズムがないことについて、ロストウォロフスキは疑問を呈しているが、これはアンデスの特徴である。

男性デュアリズムと関連するのはホモセクシャルな関係の存在である(Horswell 2005)。一方、レズビアンに関する記述はない。アンデスの神官は基本的に男性で、幼いころから修行を積んで神官となった。世襲制ではなく、ダライラマのように選出制であった。そしてシエサ・デ・レオンはケチュア語の辞書を編纂したドミンゴ・デ・サント・トマス神父の報告書を引用して、神殿では男色がおこなわれていたと述べている(シエサ・デ・レオン 1553a: 第64章; 2007: 364-367)。しかしインカ王は男色を毛嫌いしており、厳罰に処したという(ガルシラーソ 1609: 第3の書第13章; 2006: (二) 78-79; シエサ・デ・レオン 1553b: 第25章; 2006: 145-149)。

男女による双分制は世界各地で見られるが、アンデスの場合は男性のみで構成されるのが典型である。

5-4 特権によるインカ

大きな耳飾り

インカ族の男性はスペイン語でオレホンと呼ばれた。「大きな耳」という意味で、耳たぶに大きな耳飾りをつけていたためである。実際に小さいころから耳たぶにピアスをし、そのサイズを大きくすることによって大耳となる。大きな耳飾りを装着している人物は基本的に男性である。

ガルシラソはインカ王と王族のさまざまな呼称や称号を紹介し、王族内でそれらが明確に区別されて用いられていたと述べている（ガルシラーソ 1609: 第1の書第26章; 2006: (一) 135-140)。しかしインカ帝国の急速な拡大と並行して、支配者集団としてのインカはその外延を拡張し、それまでインカではなかった人々をインカと認定するようになった（Rowe 1946; Someda 2005)。これを「特権によるインカ」と呼び、「血縁によるインカ」と区別している。

「特権によるインカ」に選ばれたのは、ユカイ川流域などクスコ周辺に住んでいた人々である（ガルシラーソ 1609: 第1の書第23章; 2006: (一) 122-127)。クスコから遠く離れた地方を征服し、そこの住民をインカとしたのではない。

マルッティ・ペルシネンはパチャクティ・ヤムキのクロニカ（Pachacuti Yamqui 1615: folio 40r.; 1993: 261）にある「カバジェーロ（caballeros)」（騎士）と「カバジェーロ・パルティクラーレス（caballeros particulares)」（特別な騎士）の違いを、「血縁によるインカ」と「特権によるインカ」の違いと読み替えている（Pärssinen 1992: 192)。インカが本来、戦士の称号であったことと整合する（二一ページ参照)。インカと非インカの間の線引きを明確にし、各集団の位置づけを調整することが統治の方法であった。

オレホンはケチュア語ではパクヨクと呼ばれた。ゴンサレス・オルギンの辞書には、関連する単語が次のように説明されている。

パク＝耳飾り。オレホンであるインディオが耳の穴に装着する（González Holguín 1989 [1608]: 271）

コリパコ・リンクリ＝インカの耳飾り（González Holguín 1989 [1608]: 69）

コリパコ・コリリンクリ＝武勲を立ててオレホンになった者（González Holguín 1989 [1608]: 69）

パクヨク＝戦功を挙げたオレホンであるインディオ。パクリンクリ、パクリンクリヨク（González Holguín 1989 [1608]: 271）

耳に穴の空いたオレホンであるインディオ＝リンクリヨク・ルナ（González Holguín 1989 [1608]: 610）

リンリヨク・アウキ＝オレホンである貴族（González Holguín 1989 [1608]: 38）

つまり武勲を立て、戦功を挙げた者がオレホンと認定されたのである。

耳飾りについてはガルシラソが詳しく書いている（ガルシラーソ 1609: 第1の書第22-23章, 第6の書第27章; 2006: (一)118-127, (三)149）。パクヨクはみな男性である。インカ期の耳飾りは男性のものと見てほぼ間違いない。先インカ期には女性が大きな耳飾りをしている場合があったが、それらは神官など本来男性が果たす役割を担った人々なのかもしれない。

征服の過程でインカ以外の人口が膨れ上がり、それに対応するためには「特権によるインカ」を増やす必要があった。ベルナベ・コボのクロニカに、オレホン二〇〇〇人が征服活動に参加したことが書かれているから、数千単位で「特権によるインカ」を増やしたのであろう（Cobo 1653: lib. 12, cap. 16; 1964: 90; 1979: 156）。

首長

特権による身分の授与は他にもあった。例えばクラカの地位である（ロストウォロフスキ 2003 [1988]: 207）。クラカの地位は世襲ではなかった。

ケチュア語のクラカは、インカ族以外の首長を指す。そしてアプはインカ族とインカ族以外の両方に使用される。インカ族に限定されるのはカパックという称号である。また「アウキクナ＝貴族、領主」（González Holguín 1989 [1608]: 38）という称号もインカ族の貴族を示す。ただしグァマン・ポマやガルシラソによると、アウキは「王子」を意味する。

インカ帝国の拡大と並行して「特権によるインカ」などの身分を創出することによって、人間集団の単位数が増え、多様性と複雑性が高まることになった。またインカ族以外にもおよそ八〇の民族集団がいた。それをスペイン人はナシオンと呼んだ。そうした民族集団間の関係については次章で扱う。一方で、インカ王権の構造は四つのスユを基本とするなど、あらかじめ型が決まっていたため、それ自体を変更することはできなかった。

5－5　インカ族内の役割

副　王

クスコのオレホン以外に、各地の行政のためにはどのような人々がいたのだろうか。まずインカ・ランティン、カパクパ・ランディカクと呼ばれる人々である（ロストウォロフスキ 2003 [1988]: 215）。ファン・デ・ベタンソスはアポ・インガ・ランディリマリク（Betanzos 1557: parte 1, cap. 21; 1996: 106; 2015: 228）、パチャクティ・ヤムキはインガランティ（Pachacuti Yamqui 1613: folio 37r.; 1993: 255）と呼ぶ。

ランティンに関連する単語は、辞書で次のように説明されている。

> ランティ＝代理、代行使節（González Holguín 1989 [1608]: 312, 477, 569）
> 代理人＝アププ・ランティン、ランティンチャスカ・アプ（González Holguín 1989 [1608]: 454）
> 他人の立場の代わりをする＝ランティイタム・チュラニ、ランティンチャクニ（González Holguín 1989 [1608]: 676）

「ビレイタ・ワカイチャク・アポ＝副王の護衛隊長」（González Holguín 1989 [1608]: 167）という役職もあるが、「副王」を表すビレイはスペイン語であるため、植民地時代にできた言葉であろう。

グァマン・ポマはインカプ・ランティン（インカ・ランティン）を「副王」と呼び、「インカの第二の人物」と説明している（Guaman Poma ca. 1615: 111 [111], 184 [186], 340 [342]）（図5 - 2）。ここでもまた「第二の人物」が出てきた。アンデスのデュアリズムと関係することが分かる。「副王」とされるのであれば、サパ・インカ以外の二人の王かもしれない[*8]（Watanabe 2013: 217）。その場合、インカ・ランティンはインカ族のはずであり、インカ族ではないグァマン・ポマの祖父がインカ・ランティンであったと主張していることは経歴詐称となる。三人のインカ王とは別に、その下に位置づけられる場合は、グァマン・ポマの祖父のようなインカ族以外の人物がその役職に就いた可能性もあるだろう。

マルティン・デ・ムルーアはアウキ（王子）が「副王」であったとし、トクリコク、スユヨク・

図5－2　インカプ・ランティン　グァマン・チャワという名前で、ヤロビルカ族（ペルー北高地南部ワヌコ地方）のグァマン・ポマの祖父にあたる（図2-7）。トパ・インカ・ユパンキ王の「第二の人物」で「ドゥケ（公爵）」と説明され、「チクチ・ランパ（褐色の輿）」に乗っている。グァマン・ポマは祖父のグァマン・チャワがインカ王に次ぐ人物であったと主張しているが、それを支持する他の史料はないため、捏造と考えられる。（Guaman Poma ca. 1615: 340 [342]）

アプという役職名と同義に用いている（Murúa 2004 [1590]: folio 69v., libro 3, cap. 18）。またフランク・ミデンズはインカプ・ランティン・リマク、インカプ・ランティン・リマリク・アポを、「インカの代わりに話す者」「インカの名において話す者」と説明している（Meddens 2020: 43-44）。

他の行政的役職

グァマン・ポマが挙げる他の行政的役職には次のようなものがある（Guaman Poma ca. 1615: 184 [186]）。

インカプ・カマチナン・ワタイ・カマヨク＝インカの名にて捕まえることを任された者
インカプ・シミン・オヤリク＝インカの命令を聞く者
スルココク、エケコ・インガ＝食料調達の行政官
インカプ・キポ・カマヨクニン＝インカの会計係

それ以外にもグァマン・ポマは行政官のカテゴリーを多く挙げているが、他のクロニスタが記録していないので検証ができない。

インカの行政官について、エルナンド・デ・サンティリャンやグァマン・ポマはトクリコクと呼び、「代官」と説明する（図5-3）。グァマン・ポマは身体に障害のある者がその役を果たしたという。ゴンサレス・オルギンによれば「村、人々を保護する役目の者」（González Holguín

1989 [1608]: 344, 389, 551）とある。またトコイルコクが監督官の正式名称で、トクリコクはむしろ統治官で別である、というロウの指摘もある（Rowe 1946）。

人口一〇〇〇万のインカ帝国では、インカという枠組みが設定され、彼らが他の民族集団を統治していた。インカ以外の各民族集団には名称がつけられ、それが十進法の単位に入れ子状に構成された。そしてクスコのインカ王と地方をつなぐための行政官がいた。地方統治を監督したのは基本的にインカであり、時に他の民族集団の長としてインカの息がかかったヤナ（本章第6節参照）などの人物が派遣されたのである。

神官

図5－3　トクリコク　「フエス・ミチョク」と記されており、フエスはスペイン語、ミチョクはケチュア語で判事の役職を意味する。サンティリャンによれば、各グァマニー（地方行政単位）にトクリコクを配置したという（Santillán 1968 [1563]: 105）。（Guaman Poma ca. 1615: 346 [348]）

首都クスコには「太陽の神官」がいた（図5－1）。「太陽の神官」はアンティスユのタルプンタイ・アイリュから選出されたとされる。「太陽の神官」になるために、どのような条件が必要だったのかは分からない。シエサ・デ・レオンによれば、神官になる者は幼少期より神殿に送られて訓練を受けたという（シエサ・デ・レオン 1553a: 第64章; 2007: 366）。「太陽の神官」はインカ王が任命したという記述があり、一方で神官は王にマスカパイチャを授けた。その意味でインカ王と神官は相互依存的な関係にあった。

サルミエント・デ・ガンボアは宗教的巡察使として、アマルー・トパ・インカ、およびワイナ・ヤムキ・ユパンキの名前を挙げている（Sarmiento 1572: cap. 37; 1943: 105; 2007: 131; Cabello Valboa 1586: cap. 15; 1951: 311）。アマルー・トパ・インカは、アンティスユのインカ王であったと考えられるアマルー・トパのことであり、パチャクティの息子の一人であった。地方社会にも神官は存在したが、それらに関する記述は断片的である（ロストウォロフスキ 2003 [1988]: 217-221）。

アンデスにおける信仰はワカ崇拝である。超人間的な物体がワカであり、それらと人間の間を媒介する役割を神官が担った。パブロ・ホセ・デ・アリアーガはペルーの偶像崇拝について詳述している。

> ワカプビリャクとはワカと話す者の意味だが、これはもっとも偉く、ワカの守護をあずかり、ワカと話して人々にそのことばと称するものを伝える。しかも、悪魔が石を通じてはんとうに語りかけることも間々ある。（アリアーガ 1621: 第3章; 1984: 412）

そうした先住民の信仰をスペイン人は悪魔の仕業と考えたのである。他にもスパイ（悪魔にも天使にもなる両義的存在）などの概念もあった。

より下位のカテゴリーとして、呪術者、託宣者などもいた（ロストウォロフスキ 2003 [1988]: 217-221）。それぞれ随伴者を伴っており、神官の役割も二重性が基本であった。「太陽の神官」が「インカの第二の人物」と称されたように、神官集団も双分制組織の中に位置づけられていた（Segovia 1968 [1552]: 76）。アリアーガによれば、「稲妻の神官」リビアクプビリャク、「太陽の神官」プンチャウプビリャクも随伴者を伴っていたという（アリアーガ 1621: 第3章; 1984: 413）。

重要なのは、神託はワカと人間を媒介する神官の言葉によって伝えられたことである。見る、あるいは感じるという行為を通してではない。このことは、インカにおいて具象的図像表現が発達しなかったことと関係するのかもしれない。

もちろん荘厳な神殿建築による視覚的効果は期待できる。しかしクスコ以外の場所で、インカ期の神殿がどのような形態的特徴を有していたのかは明らかでない。地方において太陽神殿と認定されている建物があるものの、その建築的な基準は明確ではない。クスコのコリカンチャ（太陽の神殿）は曲線をなす壁が特徴的である。そうした壁を伴う建物は例えばマチュピチュにもあるが、神殿建築の基準であったかは分からない。そして神殿に宗教的な図像表現が施されることもない。信仰は神官という生身の人間が言葉を媒介として実践する行為であった。ワカという物体が基本であるものの、ワカは人間が作り出したものではない。ワカに捧げ物をして語るという行為によって、人間が媒介したのである（シエサ・デ・レオン 1553b: 第29章; 2006: 169-173）。

5-6 働く

納税

統治を扱うこの章では、インカ王について詳しく見てきた。インカ王の支配下には約八〇の民族集団があり、インカはそれらを統べる支配者集団であった。では各民族集団にはどのような役割があったのだろうか。じつは民族集団ごとに役割分担があったわけではない。基本的にはみな農民で、農閑期におこなう作業に得手不得手があった。例えば北海岸には金属細工に長けた人々がおり、多くの種類の工芸品が製作された（ロストウォロフスキ 2003 [1988]: 227）。

現代社会では職業ごとに呼称がある。しかしアンデスでは基本的に農民であり、ハトゥン・ルナと呼ばれた。平民の成人男性のことである。ハトゥン・ルナは各共同体における納税人口の単位であった。それが十進法にしたがってパチャカ（納税人口一〇〇人）、ワランガ（同一〇〇〇人）などの単位を構成し、その数がキープに結ばれたのである。

アンデスの人々は、いわば半農半職人である。職業の専門化は進まなかった。特定の役割をこなす人々は「―カマヨク」と呼ばれた（一四三ページ参照）。彼らのさまざまな役割はインカ王に納める税が基準となっていた。すべての成人男性はインカ王のために労働しなければならなかった。ジョン・V・ムラが主張するように、税は物資ではなく労働税で納められた。労働には酒をつくる、織物を織る、橋を建設・修理する、ケロを作る、などがあった。

徴兵の仕組みについても見てみよう。アンデスの人々は征服戦争の途中でも、農耕の時期が来ると武器を置いて畑に戻り、チャキタクリャ（踏み鋤）やランパ（スペイン語で鍬）を手に取った（ロストウォロフスキ 2003 [1988]: 113, 141-142, 176, 253）。しかも指揮官が捕まれば戦いは終わったので、戦争の長期化を避ける仕組みがあった。海岸地方からは、あまり徴兵されなかったらしい（ロストウォロフスキ 2003 [1988]: 134）。海岸地方には優れた兵士がいたため、彼らに武器を持たせないことは反乱を抑えることにつながった（Zárate 1555: lib. 1, cap. 14; 1995: 59）。

ヤナ

次にハトゥン・ルナ以外のカテゴリーの人々を見てみたい。

キープで数えられない人々とは誰か。まず、子供、老人、女性である。納税人口がほぼ世帯数に相当し、全人口はおよそ、その五倍となる。納税人口が一〇〇〇人だとしたら、全人口は五〇〇〇人である。アンデスでは正確な年齢は数えないので、こなすことができる役割に応じた名称があった（Guaman Poma ca. 1615: 196 [198]-233 [235]; Santillán 1968 [1563]: 106-107）。彼らが大多数のアンデスの民であり、その長をクラカと呼んだ。

では、そこに含まれない成人男性とはどのような人々であろうか。第一義的にはインカ王に直属する人々で、彼らはヤナ（複数形はヤナクーナ）と呼ばれた。ヤナはインカ族ではなく、しかも共同体に帰属するハトゥン・ルナでもない。共同体から切り離され、別の場所に移動させられ、インカ王直属となった（網野 2017）。

新しく即位したインカ王はアイリュを創設し、そこに属する人々は他の王の管轄下に入ることはなかった。ヤナにはインカ王直属のままでいる者もいれば、のちに各地の首長として任命された者もいた。一方で、インカの妻に与えられた者もいた。インカ族以外の地方首長がヤナを持っていたこともある。

共同体から切り離されたこれらの人々には、スペインによる征服後、植民地時代においてもその身分にとどまり、出身の共同体に戻らず、スペイン人のヤナになった者もいた。共同体単位で構成されていたアンデス社会が、その原理原則から逸脱する人々の増加によって変容をこうむりつつあったのか。あるいはこれをほころびと見るのではなく、むしろ次の段階への発展の過程としてとらえるべきなのか。いずれにせよ明らかなのは、アンデスでは財産や富は、土地や建物などのものではなく、人間を基準に考えられていたということであり、ヤナもそうした富に関係する人々であったに違いないということである。

他にケミ・キルと呼ばれるカテゴリーの人々もいた。「ケミ・キル＝インカに隷属する人。王のそばを歩く人」（González Holguín 1989 [1608]: 302, 642）と説明されている。

アクリャ

ヤナと同様に共同体から切り離され、インカ王の直接管理下に置かれた女性がいた。ヤナの女性版である彼女らは、アクリャと呼ばれる（図5－4）。女性は納税人口としては数えられず、キープにも登録されないのであるが、共同体の世帯の成員であった。そこから選び出され、インカ王直属とされたのがアクリャであった。

アクリャはインカ王に仕える女性である。複数形はアクリャクーナ。彼女たちが労働する建物をアクリャワシと呼んだ（図4－24）。いったい、どのような役割を担っていたのか。多くのクロニスタが述べるのは、糸を紡ぎ織物を織る労働である。これは果てしのない労働であった。なぜなら織物は祭りで燃やされたからである。山地では酒をつくることも彼女たちの労働の一つであった。

重要ないずれの労働も、儀礼の場で消費されるものであった。そして彼女たち自身も消費された。つまりアクリャとしてずっといたのではなかった。八歳から一〇歳の間にアクリャになり、適齢期を迎えるとインカの下妻（二番目以下の妻）となったり、地方首長に報償として与えられたりしたという。地方首長など他の男性の妻になる場合は、その時点でふたたび共同体に属することになる。女性は美貌によってそのカテゴリーが異なっていたという（ロストウォロフスキ 2003 [1988]: 242）。

図5－4　糸を紡ぐアクリャ　中央は監督役のママクーナ。服のほかチュンピ（帯）、ビンチャ（頭飾り）、チュスパ（袋）、イスタリャ（女性用の袋）などを織った。またチチャ酒をつくり、食事の準備をした。（Guaman Poma ca. 1615: 298 [300]）

アクリャを監督した女性たちのことをママクーナと呼んだ。彼女らが監督の職責のために、結婚せずにとどめ置かれたのかどうかは分からない。

人間の所属を変更することは、アンデスにおける統治法の常套手段であった。土地や資源の帰属を変更するのではなく、人間自身の帰属を変更するのである。新たな枠組みに人間をあてはめ、再編成することで統治組織を整えていったのである。

5-7 かぶる、まとう、持つ

頭飾り

インカ帝国時代にインカ王の図像は描かれなかった。しかし一七世紀のグァマン・ポマのクロニカに含まれる絵は、かなり正確にインカ期の衣服や持ち物を表現している。インカ王自身はどのような出で立ちであったのだろうか。

古代国家においては、その人の身分を示す持ち物や服装がある。インカ王を示すものはマスカパイチャと呼ばれる緋色の頭飾りである。インカ王以外の頭飾りはケチュア語でプイリュ、リャウト、スペイン語ではボルラと呼ばれる。

グァマン・ポマの絵でも頭飾りは強調して描かれており、大きく二種類に分けられる（図4-26）。またアントニオ・デ・エレーラの図を見てみると、インカ王の頭飾りは初代インカ王を除くと大きく三種類に分けられる（図5-5）。そのことからインカ王のカテゴリーは三つに分けられ、それぞれコリャナ、パヤン、カヤウに対応するのではないかとペルシネンは指摘した（Pärssinen 1992）。

図５－５　インカ王のマスカパイチャ　②から④は上方に房の束が伸びる形状、⑥は不明瞭であるが、⑤⑦⑧は先端が二つに分かれる形状の房飾り。ガルシラソによれば、コレケンケと呼ばれる鳥の左右の翼から羽根が１本ずつ抜き取られ、「深紅の房飾りの上にとりつけられた二本の羽根は、先を上に向け、根本のところは重なっていたものの、上に行くに従ってV字型に開いていた」（ガルシラーソ 1609: 第6の書第28章; 2006: (三)154-156）。⑨から⑬は半円形のヘルメット状の頭飾り。①のみ動物の頭のついた頭飾りとなっている。多くは杖を持っているが、④は投石器、②はアンデスにはなかった刀を手にしている。（Herrera 1952 [1615]）

つまりクンティスユのマンコ・カパックを含め、インカ王の頭飾りには四種類あったと考えられる。さらに、ティティカカ湖のパリティ島で出土したティワナク文化（五五〇－一一〇〇年）の土器に表現された人物の頭飾りは、グァマン・ポマが描いたトパ・インカ・ユパンキやワイナ・カパックの頭飾りと類似していることをペルシネンが指摘している（ペルッシネン 2012; Pärssinen 2018）。こうした頭飾りの起源はインカ帝国の時代から五〇〇年以上も前にさかのぼる。

頭飾りが指標となるのはインカ王だけではない。インカ帝国の民族集団はそれぞれ特有の頭飾りを持っており、他の場所に移っても取り替えることはできなかった。つまり土地ごとではなく、人間集団ごとに決まっていた。ホセ・デ・アコスタは次のように述べている。

ひとつ特記すべきは、インディオの衣裳がこのように簡単なくせに、地方地方によってぜんぜん違うことである。特に頭につけるものがそうで、ある地方においては、織り紐を幾重（いくえ）にもよじってつけているし、別な地方では広い紐を一回だけねじってつけている。小臼のような形をしたものや、小さな帽子をつける地方もある。篩（ふるい）の輪のようなものをつける地方もある、といった工合にさまざまである。そして、ひとつの地方の者が、他の地方に移っても衣裳を変えないということは、犯すべからざる掟である。インガ［インカ］は、良き統治のためには、このことがひじょうに重要であると考えたし、むかしほどきびしくはないが、今でもそれが守られているのである。（アコスタ 1590: 第6巻第17章; 1966:（下）309）

各地の民族集団の頭飾りがそれぞれ異なっていたことについては、シエサ・デ・レオンも書いている。海岸の人々はジプシーのような頭飾りをつけ、ティティカカ湖周辺の人々は毛で作った臼のような箱形帽をかぶり、エクアドルのカニャリの人々は篩の輪のような薄い木の冠をかぶり、ワンカの人々は顎の下まで何本かの綱を垂らして頭髪をより合わせ、カンチスの人々は額の上に赤または黒の幅広い鉢巻きをしていた（シエサ・デ・レオン 1553a: 第93章; 2007: 487; 1553b: 第23章; 2006: 137)。カハマルカの人々は頭飾りとして投石器のような帯（Cobo 1653: lib. 12, cap. 24; 1964: 113; 1979: 196)、縄あるいは幅の広くない帯状の紐を頭に結んでいた（シエサ・デ・レオン 1553a: 第77章; 2007: 420)。

また定められた土地から勝手に移動することは禁じられていた。つねに首長の許可が必要であった。ベルナベ・コボは次のように書いている。

> 臣民には自分の意思で、ある地方から他の地へと移動することは認められていなかった。すべての者は自分の村に住まなければならず、首長の許可がなければ、そこから出ることも、あちこち歩くことも、見知らぬ土地に旅することもできなかった。(Cobo 1653: lib. 12, cap. 24; 1964: 113; 1979: 196)

床几

インカ王は床几（しょうぎ）に座った（図5-6）。パチャクティ以降の王はつねに征服活動に従事していたため、じっと座っているというイメージはわかないが、首長が座るティアナと呼ばれる床几があった。残念ながらインカ期のものは残っていないが、植民地時代の例が見つかっている。ベルナベ・コボは次のように述べている。

> 長男が有能で父親の首長職を引きつぐ実力があれば任命し、床几を与えた。それは低い椅子、腰掛けであり、首長はそこに座って役割を引きつぎ、彼らのみがその座を用いた。（Cobo 1653: lib. 12, cap. 25; 1964: 115; 1979: 200）

床几に座ることが権力の証（あかし）だったようである。フランシスコ・ピサロとの邂逅（かいこう）の前日、アタワル

図5－6　床几に座るワイナ・カパック王　王はカンディアに対して「この黄金を食べるのか?」と質問している。なぜそれほど黄金をほしがるのかを理解できなかったからである。ペドロ・デ・カンディアはフランシスコ・ピサロに同行した航海士で、スペイン人ではなくギリシア人であった。二人は実際には会っていない。またミイラも床几に座った（Guaman Poma ca. 1615: 287 [289], 295 [297]）。（Guaman Poma ca. 1615: 369 [371]）

パは低い床几に座っていたとスペイン人の記録は伝えている。アンデスの人々が座る場合は、足を抱えて体育座りのような格好であった。

杖、投石器

インカ王の持ち物を考えるために、一例としてグァマン・ポマの絵を見てみよう（図3-4）。「ピルコ・ランパ（赤い輿）」の上に立つワイナ・カパック王が持っているのは、投石器と楯（たて）である。地面に立っているときには、斧（おの）のような細長い武器を持っている（図4-26-⑪）。インカの起源神話では杖がしばしば登場する。ちなみに先インカ期のワリ文化やティワナク文化でも、両手に長いものを持つ人物がよく現れるが、それは槍と投槍器である。それが杖に置き換わったことになる。「トゥパ・ヤウリ＝王の笏（しゃく）、インカ王の徴（しるし）」（González Holguín 1989 [1608]: 347）という持ち物もある。モリーナはヤウリという笏から、ワラカと呼ばれる投石器がぶら下がっていたという（Molina 1575: folio 21v.; 2010: 73; 2011: 57）。投石器と権力の象徴の関係がここでも確認できる。

ミイラが持つ杖状のものも、実際に遺物が見つかっている（Besom 2010: Figure 13）。グァマン・ポマのクロニカに同じ道具が描かれている（Guaman Poma ca. 1615: 293 [295]）。ミイラが左手に持っている筆のような形のものであり、生きているときに使用する道具ヤウリとは異なるようである。

5-8 祀る、捧げる

託宣

これまでおもに政治的側面の説明をおこなってきた。ここでは宗教的行為について説明したい。人間は考えることが基本である。それにしたがって行動する。体の五感によって得た情報を処理し、頭の中に現実とは異なる別の世界を思い描くことができる。それによって信仰が生まれる。ホモ・サピエンスには信じるという能力がある。

古代アンデスは無文字社会であるため、特定の宗教の経典はない。キープという記録装置には人口や物資の数が結ばれた。ただし十進法にしたがっていないキープが三割ほどあり、それらの多くはインカ王の系譜や治績を箇条書きのような形で結んだと想定される。その他にはクスコにあったワカのリストなどの情報が結ばれていたと考えられる。しかし王の歴史が口頭伝承に近いのと同様に、アンデスの信仰は基本的に無文字社会の特徴を示している。抽象的な思考ではなく具体的なものに即して考える、物質を基準とした信仰であった。

さまざまなワカが信仰の基準となっていた。ワカ自体は物質であるが、それに聖性が付与されることで神格化される。ワカに対する信仰の実践は、祀(まつ)る、奉るという行為となる。時間のサイクルに合わせた儀礼が催される。

では、どのような祭祀が取りおこなわれ、どのような奉納が実施されたのだろうか。扱える史料は植民地時代のものにほぼ限定され、記録は絵ではなく言葉で記されている。アンデスの信仰の実践は「語る」ことであるから、その意味で連続性はある。語る主体としての人間は、世界を構成している物質や現象といった知覚可能な対象をどのように扱っていたのか、語るさいに物質はどのような意味を有したのか。

まず、神格に予言やお告げを求める託宣という行為について見てみよう（Curatola 2008）。託宣はアンデスではしばしばおこなわれていた。戦争のさいに勝利の行方を占う託宣、そして即位のさいにおこなうカルパの儀式がよく知られている（二二三ページ参照）。「カルパ＝魂、身体の力、権力、能力」「カルパ＝労働」（González Holguín 1989 [1608]: 44-45）と説明されている。

いったい神託を告げるのは誰なのだろうか。実際に声を発するのは神官である。神官はワカと人間の間の媒介者ということになる。つまり二者の間を取り持つ役割である。アンデスでは双分制組織があまねく浸透していた。アンデスにおける図像が特定の対象を表すのではなく、関係性を示すものであるのと同様に、神官は二者間の関係性を生み出す、世界を動かす要（かなめ）となる役割を果たした。

幻覚剤

ワカの世界とのつながりは、それを取り持つ神官の言葉のほか、行為によっても促された。幻覚剤の摂取、飲酒によって通常の状態ではなくなった者がワカの世界に近づく（シエサ・デ・レオン 1553b: 第29章; 2006: 169-173）。

そのように考えれば、アンデスの人々がなぜ大量に酒壺を製作し飲酒したのか、そしてなぜ植民地時代までケロの製作がつづいたのかを理解できる。インカの人々は「シンカ＝酔って体が温まる」（González Holguín 1989 [1608]: 82）と「マチャニ＝意識を失うほど酩酊する」（González Holguín 1989 [1608]: 221）を区別していた（Randall 1993: 90）。

幻覚剤にはセビル（ビルカ）と呼ばれるマメ科の植物（Anadenanthera colubrina）を用いた。ベルナベ・コボやポロ・デ・オンデガルドによれば、酒に幻覚剤を混ぜて摂取したという（Cobo 1653: lib. 13, cap. 36: 1964: 230, 1990: 169; Polo 1559: cap. 10; 1916: 30; 2012: 354）。アマゾンでは嗅ぎタバコとして幻覚剤を摂取する習慣があるが、先インカ期でもそのような道具が確認されている。さらにサン・ペドロあるいはアチュマと呼ばれるサボテン（Trichocereus pachanoi）、チョウセンアサガオ（Datura stramonium）の種も幻覚剤として用いられた。それはワカと会話をする手段であった。

幻覚剤などを用いてワカとつながるほか、距離を保ったまま祈るという方法もあった。祈るという行為の基本は繰り返すことであり、一回性の行為ではなく、反復する行為である。

即位の儀礼

儀礼といえば、日本などの農耕社会では、まず豊穣の儀礼が想起される。アンデスの場合、基本は祖先崇拝であり、農業に関する儀礼などはそれほど目立たない。確かに水路の清掃の儀礼などはあるが、直接的に農業に結びつくというよりも、生活一般に重要な水の儀礼といえよう。

新世界では収穫の儀礼がない。さまざまな作物があり、トウモロコシやジャガイモが複数回収穫できるため、農業サイクルが明確でないことが要因であろう。日本における稲作のように、春に播種し秋に収穫するというリズムが固定されていないのである。

そして王などが権力を示すための儀礼、統治権を示す儀礼がある。それはアンデスの場合、広場における振る舞いという形で実施された。酒が大量に供され、祖先の記憶の呼び覚ましと酒による忘却とが対になっているともいえる。

即位の儀礼については、スペイン人が即位させた傀儡王トゥパク・ワルパの事例についてペドロ・サンチョが記録している（サンチョ 2003 [1534]: 148-152）。儀礼では過去のインカ王のミイラが持ち出されて、広場に並べられた。それはミイラとの関係で、新しいインカ王の立ち位置を確認するものであったといえよう。

またペドロ・ピサロはトゥパク・ワルパのあとに即位したマンコ・インカの即位の儀式を目撃し、次のように記している。

この王国の世継ぎの王はカパックと言ったが、王国の原住民たちがその王に宣誓したやり方は、つぎの通りである。まずすべての首長たちが広場に集まる。そしてカパックに選出する予定の者がまん中の床几の上に坐る。首長たちはひとりひとり立ち上がる。最初にオレホンたち、つぎに大きな町々の首長たち、そして彼らに従属するインディオたちが立ち上がる。彼らは、はきものを脱ぎ、小さな羽毛を手に持ってひとりひとり王の前に進み出る。そして手のひらを王の顔に向け、敬礼し、手にした羽毛をその顔の前で振りながら通って、それを王のそばに立っているひとりの首長に渡す。彼が全員からそれを受け取ってそろえると、焼いてしまう。また顔を太陽に向けて太陽に誓い、大地にも誓い、命令に忠実に奉仕することを約束する。（ピサロ 1571: 第33章; 1984: 275）

誕生と死という出来事は互いに比較対照され、時間軸に位置づけられることはなかった。アンデスの行為、儀礼ではそうした個別具体的な点ではなく、枠、あるいは点と点を結ぶ線、いわば関係性こそが重要である。墓やミイラは歴史上の個別の出来事を示すものではなく、空間構造や社会関係の枠の一つに位置づけられた。誕生や死はそれぞれの集団の個別のサイクルの一部を示すものであったといえよう。

カパクチャ

ワカにまつわる儀礼には、太陽、月、雷の儀礼などがある。それらはインティ・ライミ、キリャ・ライミといった形でクスコの月ごとの儀礼に組み込まれていた。雷はトゥヌパ、イリャパという名前で呼ばれる神格で、クスコより南の地方で特に顕著に認められる。もちろん天体以外にも地上の個別のワカの儀礼がある。

ワカに捧げられた子供たちもいた。カパクチャと呼ばれる儀礼のため、容姿のすぐれた少年少女が生きたままワカに連れて行かれ、その場で殺されて捧げられた。いわゆる生贄である。カパクチャに関する記述は多く残されており（シエサ・デ・レオン 1553b: 第29章; 2006: 169-173）、アンデスの山々の高所で、その紛れもない痕跡がいくつも見つかっている（Besom 2009: 26-27; ラインハルト

2007 [2005])。

アンデスにおける最大の富とは労働力であった。膨大な手間暇をかけて作った織物などを儀礼で燃やしてしまうのは、まさに労働力が転化されたものを捧げる行為である。生きている人間、しかもこれから多くの労働力を生み出すであろう、そして人口を増やすであろう子供たちを捧げることは、アンデスにおいては最も価値があるものを捧げていることになる。

また、ミイラを捧げ物とすることも同様に重要であった。なぜなら共同体の基礎となるのは特定の祖先であったからである。

儀礼の特徴である媒介とはそもそも対象を二つ以上に分けることを前提とする。分類とは人間が世界を認識する基本的な方法である。アンデスの人々は、時間を、空間を、そして人間集団をどのように分類していたのだろうか。次章では、数による認識の枠組みの基本を見てみよう。

＊1　ガルシラソはビラコチャ・インカ、トパ・インカ・ユパンキ、ワイナ・カパックと述べているが、ビラコチャ・インカはゴンサーロ・ピサロによって焼却されており、パチャクティの誤りである（ロストウォロフスキ 2003 [1988]: 45）。またトパ・インカ・ユパンキのミイラもすでに焼却されていたので、これも誤りである。ポロ・デ・オンデガルドは、パチャクティとワイナ・カパックのミイラについては発見したことを明確に述べている（一八一ページ参照）。

＊2　歴代インカ王のミイラについては、マンコ・カパック―なし、シンチ・ロカ―発見、リョケ・ユパンキ―不明、マイタ・カパック―発見、カパック・ユパンキ―不明、インカ・ロカ―発見、ヤワル・ワカック―あった可能性あり、ビラコチャ・インカ―ゴンサーロ・ピサロが焼却、パチャクテ

ィー発見、トパ・インカ・ユパンキ－アタワルパ側の部将が焼却、ワイナ・カパック－発見、となっている（Hampe Martínez 1982）。

＊3　サルミエント・デ・ガンボアによれば、カパック・ユパンキの死後、インカ・ロカが「管理（監督）のアイリュ（ayllos custodias）」から選ばれて即位したという（Sarmiento 1572: cap. 19; 1943: 69; 2007: 87）。マリア・ロストウォロフスキは、これをインカ王のアイリュの次のレベルに位置づけられる一〇のアイリュの一つとしているが（ロストウォロフスキ 2003 [1988]: 194, 215）、検討が必要である。他にサルミエントは、リョケ・ユパンキのアイリュについては「軍団のアイリュ（ayllos legionarios）」（Sarmiento 1572: cap. 16; 1943: 64; 2007: 80）、パチャクティのアイリュについては「改革のアイリュ（ayllos reformados）」（Sarmiento 1572: cap. 19; 1943: 70; 2007: 88）という言葉も用いている。

＊4　マリア・ロストウォロフスキはウリン・クスコのアイリュの名前を三つ挙げている。一つめはマスカ・パナカで、クリストバル・デ・モリーナのクロニカではクンティスユに結びつけられている。二つめはサウセライ・パナカで、サルミエント・デ・ガンボアのクロニカに記録されている。三つめはヤウリ・パナカである。ヤウリ（Yauri）は一九四三年版のモリーナのクロニカのスペルであるが、他の版ではラウラ（Raura）となっている（Molina 1575: folio 12r.; 2010: 54; 2011: 34）。ジョン・H・ロウやR・トム・ザウデマはラウラ・パナカと同定し、シンチ・ロカのアイリュとしている。またハナン・クスコに関しては、モリーナがアンティスユに結びつけているクスコ・パナカもハナン・クスコの消されたアイリュであるとしているが、ビラコチャ・インカのアイリュであるスクス・パナカのことである（Molina 1575: folio 12r.; 2010: 53; 2011: 34）。

＊5　トパ・ユパンキのアイリュや宮殿は確認されていないが、ジョン・H・ロウが刊行した史料（Rowe 1985）にも名前が確認できる。ホセ・デ・アコスタによれば、トパ・ユパンキという同名のインカ王が二人即位したことになっているが、一人はトパ・インカ・ユパンキのことであろう。ガルシラソが付け加えたユパンキもトパ・ユパンキのことかもしれない。

＊6　サルミエント・デ・ガンボアによれば、ヤワル・ワカックの別名はティトゥ・クシ・ワルパであるという。この名前は第一一代王ワイナ・カパックの別名であり、明らかな混乱である。さらにシエサ・デ・レオンの記録では、第六代王インカ・ロカのあとの第七代王はヤワル・ワカックではなく、インカ・ユパンキ（パチャクティ）であるという（シエサ・デ・レオン 1553b: 第36章; 2006: 203-205)。

＊7　ラウラは Raura と表記されるが、Ragua というスペルもある。Rahua という名称は、サルミエント・デ・ガンボアの起源神話に出てくる四人の男性と四人の女性のうちの、女性の一人である (Sarmiento 1572: cap. 11; 1943: 50; 2007: 61)。

＊8　マリア・ロストウォロフスキはインカ・ランティンについて「自分たちの配下のスーユ［スユ］を視察する責任を負い、そこを巡察して秩序を維持する監督をした」（ロストウォロフスキ 2003 [1988]: 215）と述べているが、後述のトクリコクと混同しているようである。

第6章　分ける、合わせる

人間は自分の見る世界のさまざまな情報を、各文化のくせにしたがって分類し理解する。例えば動植物の種類、色の種類、気象など、何らかの基準にしたがって分類し、それぞれの関係性をとらえる。

人間集団に対しても同様である。「未開」といわれる人々は、それぞれの集団にトーテムと称される動物や植物の名称をつけることが知られている。そうした仕組みをトーテミズムと呼び、クロード・レヴィ＝ストロースはそれを分類の一つの方法、つまり世界に秩序を与えて理解する方法であると喝破した。そして集団間の関係を、それぞれのトーテムの関係になぞらえて説明したのである（レヴィ＝ストロース 1970 [1962]）。

インカ帝国ではインカと非インカを線引きすることが統治の基本であるとこれまで述べてきた。それでは彼らは支配下の多民族集団をどのように分類していたのだろうか。

6－1　民族集団

支配下の多民族集団

インカ帝国の支配下にはおよそ八〇の民族集団がいた（図6－1）。従来、インカ帝国はこれらの民族集団を一つずつ征服して支配下に置き、それぞれの先行社会の支配構造を温存して間接統治したと説明されてきた。クロニカを読むと、そのように書かれているからである。それらによれば、ティティカカ湖周辺にはコリャ、ルパカという強力な集団がいた。ペルー南海岸のチンチャ川流域にはチンチャという巨大な首長制社会があった。そしてインカの拡張の引き金となったのは、チャンカという民族集団からの攻撃とその撃退であったとされる。これらの社会は地方王国と呼ばれてきた。

こうした名だたる地方王国の実態を、考古学的調査から検証しようとする動きが二〇世紀後半から進んだ。それらの考古学的調査から得られた結果は、ほぼ一貫していた。コリャ、ルパカ、チンチャ、チャンカなどが、インカ期以前に中央集権的な社会を形成していたという考古学的な証拠は乏しい。首都と考えられるような遺跡はなく、文化的統一性の指標となるような土器などの物質文化も明瞭ではない。史料の中に明確な姿が記されるのはインカ期のものであり、それに対応するような行政センターなどの大規模遺跡も確認できる。しかしそれらの起源は先インカ期にはさかのぼらず、その姿がよく見えない。

例えば、コリャにおいて中心となる遺跡ハトゥンコリャは、インカ期に設置されたものである(Julien 1983)。チンチャの代表的遺跡ラ・センティネーラもインカ期に大規模化した。つまり、こうした集団はインカ期に取り立てられて規模を拡大したのである。コリャ、チンチャが四つのスユのうちの二つの名称(コリャスユ、チンチャイスユ)となっていることからも、インカ帝国における非インカ族の中で特別な集団であったことが分かる。チンチャの首長はインカ王の後ろにつづき、輿(こし)に乗って移動することが認められていた。

考古学データを総合すると、支配下にあった約八〇の民族集団は、そのまま取り込まれたのでは

図６－１　インカ帝国の支配下の民族集団　クロニカに名称が確認できる民族集団の大まかな分布を示している。各集団は線で区切られる領域を有していたわけではなく、あくまで中心を特定できるだけである。海岸地方では各河川沿いに複数の集団が存在した。（渡部 2010: 図1-4）

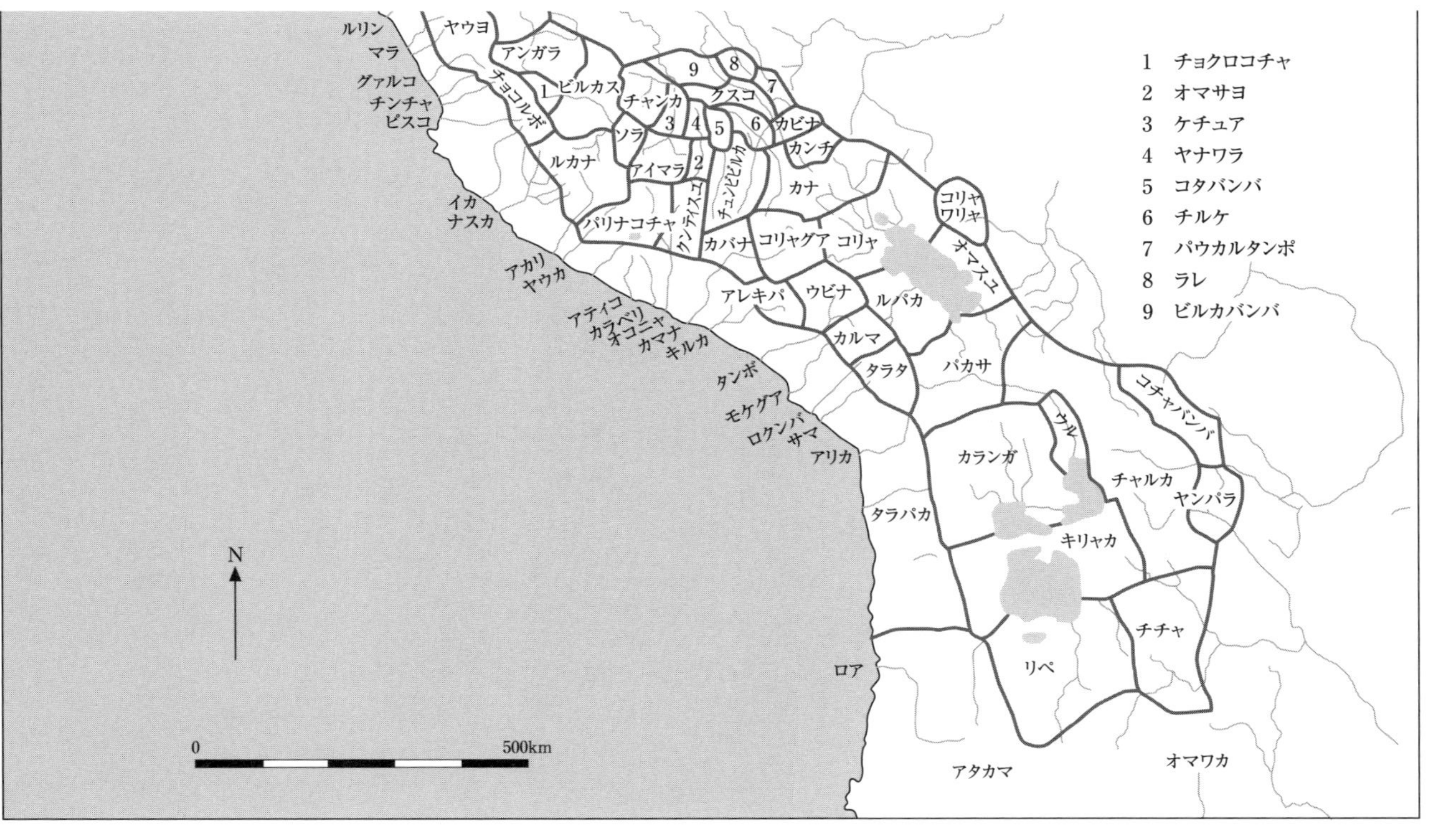
1 チョクロコチャ
2 オマサヨ
3 ケチュア
4 ヤナワラ
5 コタバンバ
6 チルケ
7 パウカルタンポ
8 ラレ
9 ビルカバンバ
ルリン
マラ
グァルコ
チンチャ
ピスコ
イカ
ナスカ
アカリ
ヤウカ
アティコ
カラベリ
オコニャ
カマナ
キルカ
タンポ
モケグア
ロクンバ
サマ
アリカ
ロア
ヤウヨ
アンガラ
チョコルボ
ビルカス
チャンカ
クスコ
カビナ
ソラ
カンチ
ルカナ
アイマラ
チュンビビルカ
カナ
パリナコチャ
クンティスユ
カバナ
コリャグア
コリャ
コリャワリャ
オマスユ
アレキパ
ウビナ
ルパカ
カルマ
タラタ
パカサ
コチャバンバ
ウル
カランガ
チャルカ
ヤンパラ
タラパカ
キリャカ
チチャ
リペ
アタカマ
オマワカ
N
0
500km

なく、インカ帝国による征服後、再編成された結果を示しているのである。もちろん再編成の度合いは地域や民族集団によって異なった。

チムー王国とクイスマンク王国

考古学データから、先インカ期に大規模な中央集権的社会であったことが明確なのは北海岸のチムー王国である。インカとチムーの対決は、インカの拡張過程においてハイライトといえる出来事であった。もしチムーが勝利していたら、チムー帝国が成立していたであろう。チムーはインカによる征服後も反乱を起こした。そのため海岸地方の人々は武器の携行を禁じられたという（Zárate 1555: lib. 1, cap. 14; 1995: 59）。

インカがチムー王国の首都チャンチャンを見て、その荘厳さに驚いたことは疑いない。特に金銀細工に優れ、クスコには南海岸のイカ、チンチャ、中央海岸のパチャカマク、北海岸のチムーの出身者がいたという（ロストウォロフスキ 2003 [1988]: 99, 119, 214）。そしてクスコの広場を建設するため、海岸地方の砂が運ばれて敷き詰められたという（Polo 1571: folio 29; 1916: 109; 2012: 270）。

このチムー王国と手を組んでインカに対抗した勢力がペルー北高地、カハマルカ地方にあったとクロニカでは語られる。クイスマンク王国と呼ばれてきた政体である。しかしこの王国も以下に述べるように、じつはインカ帝国の支配下で再編成されたものであった。

なおガルシラソは他のクロニカとは異なる情報を書いており、ペルー中央海岸の北にクイスマンク（クユスマンコ）、南にチュキマンクという首長がいたという（ガルシラーソ 1609: 第6の書第29-

31章; 2006: (三) 158-179)。しかし、クユスマンコのスペイン語化した名称であるグスマンゴは、クリストバル・デ・アルボルノスによればカハマルカ地方のアイリュの一つの名称であり（Albornoz 1989 [1584?]: 186）、また植民地時代の巡察記録によればカハマルカ地方のワランガ（行政単位の下位区分の一つ）である（Rostworowski & Remy [eds.] 1992 [1571-78]）。カハマルカのワランガの名称が混乱して、中央海岸の首長の名称として用いられたことは当時の混沌とした政治状況に起因するのかもしれない。またクユスマンコは建築の一つのタイプの名称にもなっているのだが、その理由はよく分からない（一八七ページ参照）。

カハマルカはインカ帝国の支配下の地方民族集団の一つであり、行政単位でもあった（渡部 2010; Watanabe 2015）。こうした民族集団のまとまりは植民地時代に引き継がれた。スペイン人ができるだけ効率のよい納税システムを確立しようとしたためである。

巡察記録によればカハマルカ地方はインカ帝国の時代、七つのワランガから構成されていた（図6-2）。ワランガは納税人口一〇〇〇人の単位である。総人口は女性、老人、子供を加えてその約五倍になるので、理論上約三万五〇〇〇人がいたことになる。この総体がクイスマンク王国と呼ばれてきた。七つのワランガの中でグスマンゴ（クイスマンク）が最も序列が高く、チュキマンゴ（チュキマンク）がこれに次いだ。筆頭首長はワランガ・グスマンゴから輩出した。なおチュキマンゴの名前はペルー中央高地のアタビリョ地方のワカの名前ともなっている（Albornoz 1989 [1584?]: 184）。

さて、七つのワランガからなるクイスマンク王国がインカ帝国よりも前から存在し、それがイン

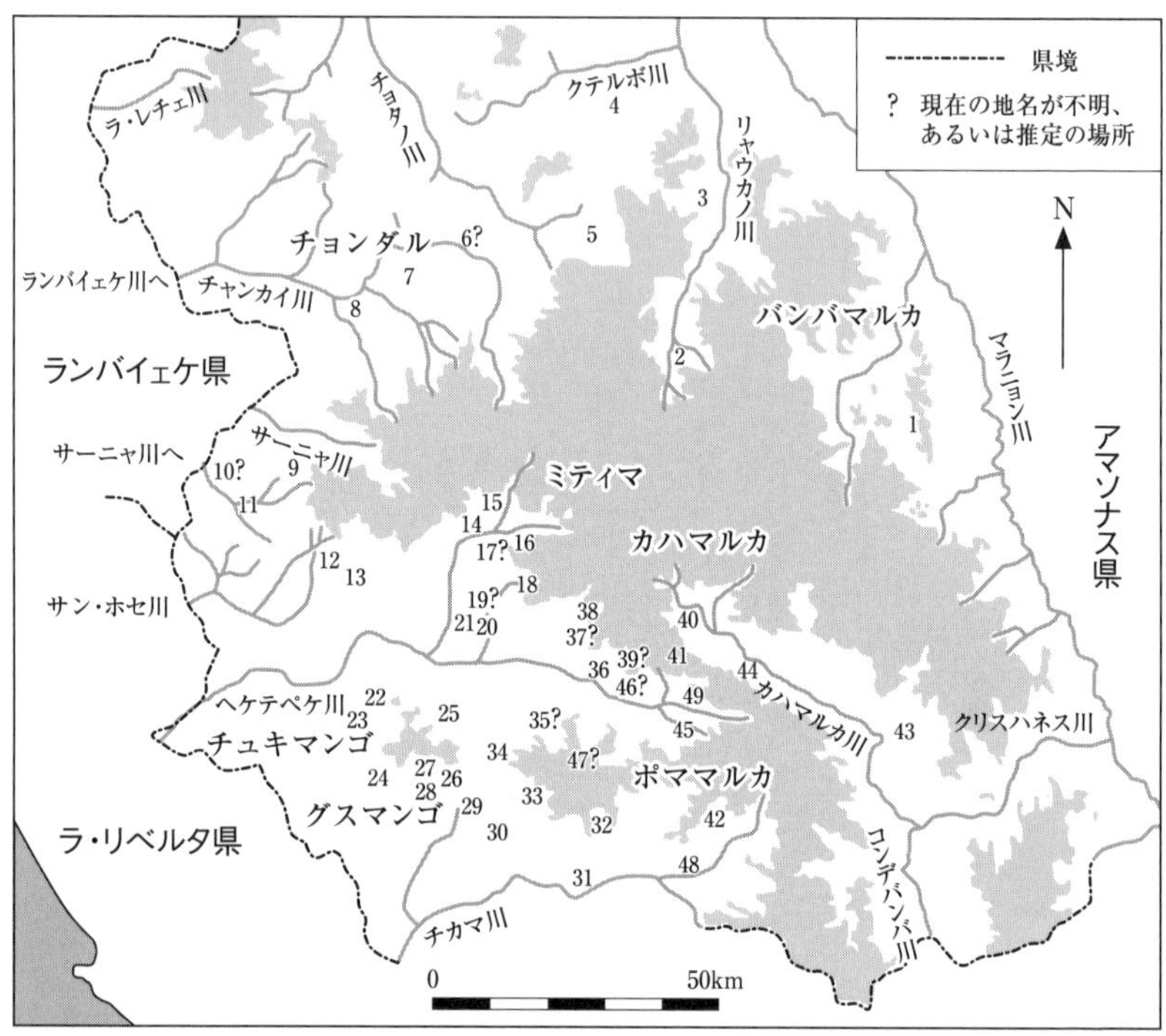

図6－2　カハマルカ地方のワランガの分布　ワランガは植民地時代にも存続した。先住民は集住村に移住させられ、集住村を基準に国勢調査がおこなわれた。49の集住村の位置を数字で示してある。七つめのワランガ・ミティマは他の地方から連れてこられた人々で構成された。（渡部 2010: 図1-5）

カ帝国に征服され支配下に取り込まれたという、これまでの解釈を検証するにはどうしたらよいのだろうか。先スペイン期のアンデスの人々のまとまりを想定するには、物質文化の共通性に着目するしかない。例えば、同じような建物に住み、同じような道具を使うという共通性である。つまり、人々のまとまりと物質文化の共通性とは重なると想定するわけである。同じ様式の土器を使うからといって同じ民族集団とは限らないが、同じ民族集団がさまざまな様式の土器を使うわけではないと想定して、ひとまず議論を進める。そのずれがある場合の再検証は、次の段階の作業である（cf. Hodder 2009 [1982]）。

アンデスの主要な土器は酒壺であり、どのような土器を使うかは彼らの社会の根幹にかかわる問題であった。酒を飲む儀礼に参加することが、社会の紐帯を強める働きを持っていたからである。カハマルカ地方には、カオリンという乳白色で緻密な粘土を用いた土器製作に特徴づけられるカハマルカ文化が発展していた（図6-3）。こうした文化が七つのワランガの分布範囲に広がっていれば、クイスマンク王国の存在を裏づける指標となる。

筆者はカハマルカ地方西部に位置するタンタリカという遺跡を発掘した（渡部 2010; Watanabe 2015）。大規模な建築群が残っていることで知られる（口絵10）。発掘調査の結果、チムー様式の土器が主流であり、カハマルカ文化の土器はほとんどないことが明らかになった。しかし建築にはカナルが組み込まれており、ペルー北高地の伝統を示している（図4-11）。墓については、地下式の墓室が確認された。おそらく複数のミイラが安置されていたのであろう。荒らされていたものの、チムー様式の鐙形土器の破片が見つかっており（図6-4）、先インカ期の墓と考えられる。そしてその直上にチュルパと呼ばれるインカ期の塔状墳墓が建設されたことが分かった。

カハマルカ地方西部ではカオリン土器は少ない。代わりにペルー北海岸を中心に発展したチムー文化の黒色土器が分布する。土器の特徴から判断すると、インカ期のカハマルカの行政単位の範囲は、先インカ期には大きく二つに分かれていたことになる。タンタリカ遺跡の建築や墓の特徴も、カオリン土器のカハマルカ文化とはまったく異なる。カハマルカ文化の建築は小規模建築の集合であり、墓は基本的に二次埋葬である。二次埋葬とはいったん遺体を埋め、肉を腐食させてから骨だ

図6－3　カハマルカ文化のカオリン土器　ワランガ・カハマルカに大まかに対応する地域がカハマルカ文化の中心範囲である。紀元前1世紀からスペイン人が侵入するまで、緻密な白色粘土を用いた土器製作がおこなわれた。他の文化と異なり精製土器は碗が主流で、壺ではない。（サンタ・デリア遺跡2001年出土、筆者撮影）

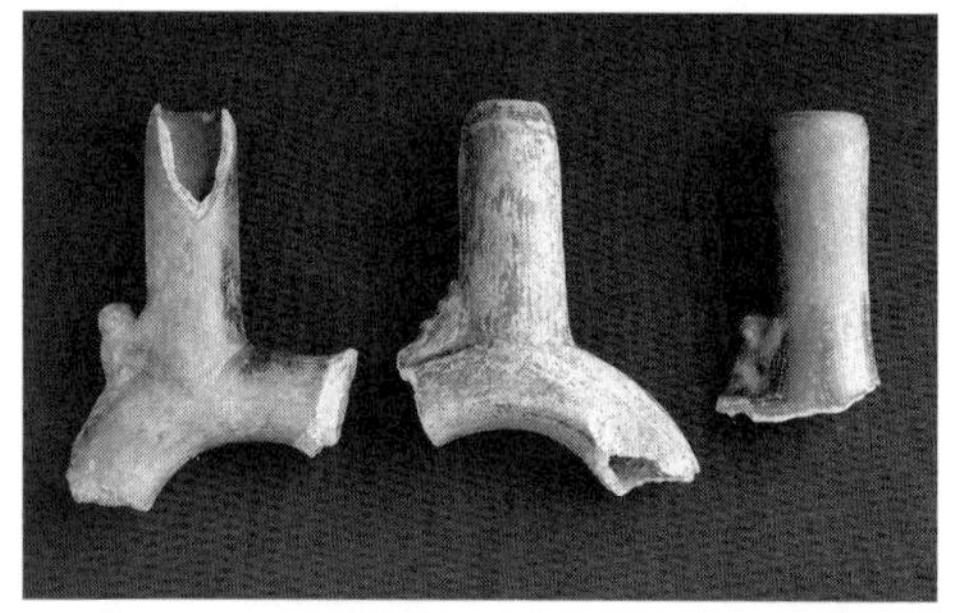

図6－4　チムー様式土器　カハマルカ地方西部では海岸のチムー文化の土器が多く分布する。黒色の鐙形土器が典型的で、それらは酒壺である。鐙の屈曲部分にサルが立体的に表現されていることが多い。胴部には「ピエル・デ・ガンソ（ガチョウの肌）」と呼ばれる鳥肌のような紋様が施される。（タンタリカ遺跡2004年出土、筆者撮影）

けを取り出し、別の場所に安置する埋葬形態である。

この物質文化の異質性、多様性は何を意味するのだろうか。それは先インカ期に存在した別個の社会、政体がインカ帝国の時代に大規模に再編成され、新しい行政単位が創出されたためと考えられる。インカ帝国の支配下で、日本の廃藩置県のような政策がおこなわれたのであろう。

タンタリカ遺跡はチムーが山地に進出するさいの足がかりとなる拠点である。建築の設計は山岳方面、すなわち東からくる敵に対して防御的になっており、西の海岸方面には開いた構造である。ここでインカとの戦いがあったのかもしれない。そして征服され、インカ期に再利用された。インカ帝国の支配下で、地方王国と呼べるようなまとまりが成立した。

タンタリカ遺跡の出土土器の中で海岸系の土器が高い比率を占めることは、海岸から一定数の人間集団の移動があったことを示唆している。タンタリカは先インカ期のチムー王国の支配下で建設され、そこに山地系の人々が取り込まれたと筆者は考えている。インカの場合と同様、チムーの拡大過程においても、新たな行政単位が創出されたのであろう。

民族集団の再編成

カハマルカ地方と同様に、インカの行政単位に合わせるための再編成が各地でおこなわれた。ポイントは、インカ帝国が持ち込んだ設計図の枠組みに近いかどうかであった。すべての地域が大がかりに再編成されたわけではない。結果的にインカ帝国の行政単位の規模は、山地ではおおむね四〇〇〇世帯から二万世帯の間に均(なら)された。海岸地帯では、さらに大きい三万世帯という規模の民族集団もあった。いくつかの小規模な集団はまとめ上げられ、大規模な集団は逆に分割された。
再編成に伴って、民族集団を他の場所に移動させることもおこなわれた。その目的の一つは、民族集団を分断・統合することで、その結束を弱体化することにあった。こうして反乱の芽は摘まれることとなった。

アンデスでは土地の境界による区分が明確ではなく、人間集団の線引きが統治の基本であった。インカ帝国支配下の約八〇もの民族集団の名称は、クロニカの記述で確認されている。つまり支配下を約八〇の単位に整理したことになる。そうした単位をスペイン人はナシオンと呼び、ケチュア語ではグァマニーと呼ばれた。規模でいえば、数千から数万の納税人口の単位である。その首長をハトゥン・クラカと呼んだ。

インカ帝国の行政組織はスペインの植民地統治下で温存され、グァマニーはプロビンシア（スペイン語で「地方」という意味の行政単位）にそのまま移行した。このプロビンシア単位で、巡察がおこなわれた。巡察記録の多くは散逸してしまったが、いくつか見つかっている。プロビンシアはエンコミエンダとして配分される単位ともなった。エンコミエンダとは、キリスト教の布教と先住民の保護を条件に、スペイン国王が一定数の先住民の管理を植民者に委託する制度である。その基準となったのは、やはり土地ではなく人間、正確には納税人口であった。

ちなみにインカ帝国のもとで特権的な立場を有したルパカとチンチャは、植民地時代にも優遇され、スペイン国王の三つの直轄領のうちの二つとなった。チンチャははじめゴンサーロ・ピサロにエンコミエンダとして下賜されたが、その後に直轄領となった。もう一つはプナ島である。エクアドルに近く、スポンディルス貝（ムリュ）が採れる海にあり、これもインカ帝国においては重要な場所であった（Moore & Vílchez 2016）。

連続性と不連続性

インカ帝国の支配下で民族集団が設定され、操作・再編成されて名称を持つことになった。各民族集団がおもに活動した場所を、空間的な線引きをして示すことは難しい。ただし大まかな分布図を作成することはできる（図6-1）。山、川、谷、運河などが境界の指標となった。正確に示すとすれば、線でくくるのではなく、各成員を点で示し、点の集合がその民族集団の地理的分布範囲ということになる。したがって、中心となるそれぞれのワカから最も遠くにいる成員までを直線で結ぶと、直線はいたるところで交差し、隣接する集団と複雑に入り組んでいたことが分かる（図2-16）。

こうした民族集団から事例を取り上げ、その遺跡を考古学的に調査・検証した結果、いずれも不連続性が見いだされている。ワヌコ・パンパ（Morris & Thompson 1985）、ハトゥンコリャ（Julien 1983）などの行政センターの調査では、発掘前は在地の文化とインカの文化が融合した状況が確認できるものと想定されていた。しかし調査の結果、行政センターはインカ期に建設されたことが明らかになり、在地の文化を確認することさえ難しかった。

インカ帝国の南部にあたるチリやアルゼンチンでも同様に、インカ期に生じた変化が明らかになりつつある（Malpass & Alconini [eds.] 2010）。土器様式に関していえば、ディアギータ文化などがインカとの融合様式を生み出しており、連続性を示す数少ない事例となっている。連続性を示さない場合、融合様式土器ではなく、インカ様式土器が製作された。

インカ帝国の支配下の民族集団は、インカ帝国によって再編成された結果である。つまり、先インカ期からインカ期へとスムーズに移行したのではなく、かなり大きな変化が起こったため連続性を認めにくいのである。

先住民はインカの功績を称えるために、対抗勢力の存在を創出し、あえて強調して語った。ルパカ族やチンチャ族など、強力な敵がいたほうがインカの力を際立たせるのに好都合だからである。しかし考古学データからは、むしろインカ帝国の拡張以前には小集団が抗争を繰り返し、大きな勢力に統合されることはなかったという実態が浮かび上がる。そうした無秩序の状態に秩序を与えたのがインカであった。

ただし各地の民族集団の実体がインカ期以前にまったくなかった、ということではない。インカは十進法にもとづく仕組みを導入し、各地の人々をそこに組み込んでいった。インカが導入した枠組みに近かったところでは結果的に先インカ期からインカ期にかけて連続性が認められるし、逆にかなり違った状態にあったところでは不連続性、大規模変容が認められることになる。

カハマルカ地方は不連続性が顕著な事例である。カハマルカはインカ帝国の時代に一つのグァマニーを構成し、七つのワランガから成っていた。そのうち半分近くがもともとは海岸系のチムー文化、そして残りが山地のカハマルカ文化を基盤としている。そのため、一つのグァマニーの中に二つの系統が混在しているのである。このように明確に確認された例は他にあまりない。

チャンカ（Bauer et al. 2010）やコリャ（Arkush 2011; Julien 1983）に王国としての実体がないという主張は、先インカ期に中心となるような遺跡や当該社会の物質文化の広がりが不明瞭であるから、中央集権的なまとまりが見いだせない、という論理構成にもとづいている。そもそもインカ期以前に、ある民族集団に対応する物質文化が認定されている事例は少ないのである。一方で、チンチャなどはラ・センティネーラのような大規模遺跡が確認されているため、ある程度の連続性はある（Morris & Santillana 2007）。しかしインカ帝国の支配下で、さらに繁栄したことは確かである。

民族集団間の関係

次に民族集団間の関係を考えてみよう。約八〇の民族集団の間に上下関係はあったのだろうか。スユの名称ともなっているチンチャやコリャはよく知られている。サルミエント・デ・ガンボアによれば、ハトゥン・ハウハ（ペルー中央高地の行政センター）とティアワナコ（ティティカカ湖南岸高地の遺跡）にはスユヨック・アプと呼ばれる重要な行政官がいたという（Sarmiento 1572: cap. 52; 1943: 136; 2007: 166）。ハウハはチンチャイスユに、ティアワナコはコリャスユに位置する。

このようにクロニカの中で特に目立つ記述がなされている事例はあるものの、これらの民族集団が制度として他の集団より上位に位置づけられていたわけではない。規模の大小はあっても、理念上の立場は対等であった。少なくともインカ以外の民族集団が、他の集団を指揮することはなかった。

より大きい単位として四つのスユがあり、それに対する帰属意識も持っていた。一つの民族集団が同時に複数のスユに属することはなかった（Julien 2004）。そして、いずれかのスユの集団が他のスユの集団より上位に位置づけられることもなかった。インカ帝国は階層制社会ではあるが、その多くは入れ子状の組織なのである。そのため「分節国家」というモデルが説明のために使用されることもある（Gose 1993）。

民族集団の指標

各地の民族集団は名称だけでなく、頭飾りと衣服によって識別されていた。コリャの人々は、マルッティ・ペルシネンが指摘するように、ティワナク時代から同じように半月状の飾りのある頭飾りをつけていた（ペルッシネン 2012）。

グァマン・ポマは地方ごとの民族集団の特徴を絵に描いている。コリャスユの人々を描いた図では、人物の帽子や持ち物が、同じ地区の山で見つかったミイラの装身具と共通することが確認されている（Besom 2009）。スペイン人による征服の約八〇年後に描かれたグァマン・ポマの絵において、驚くほど整合的な情報が認められるが、彼がどのようにして正確な情報を得たのかは不明である。

服装が先インカ期からどのように変化したのかなどは興味深いテーマであるものの、検証に耐えうるデータはない。特に山地では織物は腐食するため残らない。現在のところ、インカ帝国以前の各地の民族集団の服装を考古学データから識別することはきわめて難しい。

男性用の貫頭衣ウンクには、しばしばトカプと呼ばれるマス目紋様の連続体が織り込まれた。辞書には「トカプ＝貴重な細工の衣服。［紋様が］織り込まれた布」（González Holguín 1989 [1608]:

344）とあり、本来トカプは上質の衣服を指したが、特に身分の高い人物のウンクにこの紋様が表現され、この紋様そのものもトカプと呼ばれた。グァマン・ポマの絵の中でも、インカ王のウンクにはかならずトカプが描かれている（図4-26）。「アクノポイ・トカプイ＝インカのものである特に飾ったもの、盛装、晴れ着」（González Holguín 1989 [1608]: 16）という言葉もある。

そしてトカプはチュルパと呼ばれる塔状墳墓や、ケロというコップに表現されることもあった（図4-6）。これがひょっとしたら文字ではないかという仮説を立て、幾人もの研究者がその解読に挑んできたが、いずれも失敗に終わっている（Cummins 2011）。トカプは音声に対応する記号ではないようである。しかし繰り返し描かれていることから、人物や役割を識別する重要なマークであるとは予想できる。実際グァマン・ポマが描いた絵に現れるトカプは、現存するウンクに織り込まれたトカプと対応するため、確固たる情報源にもとづいていると思われる（Eeckhout & Danis 2005）。

頭飾りや衣服を人間集団の識別のための指標とすることはインカ帝国の原則であった。トカプもまた、トーテミズムのような何らかの分類システムの指標なのかもしれない。おそらく単独の紋様としてではなく、その組み合わせや配置の関係性が重要なのであろう。その解読は将来の課題として残されている。

チリやボリビアにある遺跡ではトカプを伴うチュルパが確認されている。それをトム・カミンズは、インカ王との記憶をとどめておく装置であると考えている（カミンズ 2012）。かつてインカ王と結んだ関係をつねに想起するための装置であり、それは過去の出来事を現在化したものである。「物的に現在化された過去」（レヴィ＝ストロース 1976 [1962]: 286）といえよう。

辞書で確認できるウンクの種類には次のものがある。

カサナ・ウンク＝クンピで作られた市松紋様のシャツ（González Holguín 1989 [1608]: 137）

ワンパル・ウンク＝三角形の紋様を描いたシャツ（González Holguín 1989 [1608]: 175）

コリ・ウンク、コルケ・ウンク＝金を縫いつけたシャツ、銀を縫いつけたシャツ（González Holguín 1989 [1608]: 69）

アワキ・ウンク＝肩から胸にかけて市松紋様のあるシャツ（González Holguín 1989 [1608]: 18, 444）

トカプの原型は衣服に織り込まれた紋様であったと思われる。それがケロやチュルパに転写された。アンデスではワタが古くから栽培され、織物が高度に発達した。織物であるからつねに更新する必要がある。アンデスの文化の基本は保存することではなく、更新であることであった。トカプも繰り返し表現される過程で他の媒体に写されたのである。

頭飾りはインカから下賜された標章だった（ガルシラーソ 1609: 第1の書第22章: 2006: (一)120）。ホセ・デ・アコスタが書いているように、ミトマとして他の場所へ移動させられた場合も、頭飾りや衣服を変更することは認められなかった（二四八ページ参照）。

頭飾りや衣服以外に、民族集団を識別するどのような指標があるだろうか。土器については、いくつかの様式の大まかな広がりが分かるだけである。約八〇の民族集団の範囲内に確認できる個別の土器様式は八〇よりもはるかに少ない。さしあたってはクロニカに記述されている各地の民族集団の特徴、とくにその物質文化を整理しておくことが有効であろう。

もう一つの指標は言語である。インカ帝国ではケチュア語が採用された。他にもたくさんの言語があり、ペルー北海岸のモチック語、ペルー北高地ワマチュコ地方のクリェ語、ペルー南部・ボリビアのプキナ語などが挙げられる。

ペルーでキリスト教の布教を初期に担ったのは、ドミニコ会士であった。彼らはその方針として、先住民の言語で布教活動をおこなうことにした。しかしすべての言語に対応するのは難しいので、ケチュア語とアイマラ語が選ばれた。辞書も編纂された。その結果、この二つの言語の話者は現在まで存続したのであるが、それ以外の言語の話者は消滅の道をたどった。スペイン語話者になるか、あるいはケチュア語、アイマラ語の話者となったのである。

言語学者が指摘するように、ある民族集団が複数の言語を同時に話すバイリンガル、トリリンガルが当たり前の状態だった。一つの集団に一つの言語が対応するという想定は適切ではない。同一言語を話すからといって、同一民族とは限らない。しかし、互いに通じない言語を話す人々が同一民族に属することはなかったという意味で、大まかな分類に対応する。

人間集団のモザイク状の分布

インカ帝国の支配下で、民族集団は労働をこなした。「ミ」で始まる労働に関係する三つの単語を紹介しよう。

一つめは「ミタヨク＝輪番で働く者」（González Holguín 1989 [1608]: 243）である。それぞれの役割分担をミタといった。ミタを輪番でこなす者がミタヨクである。インカ王への労働税も輪番制であった。

二つめはミンカである。辞書には「ミンカクニ＝見返りを約束して誰かにお願いすること」(González Holguín 1989 [1608]: 240) とある。

三つめは第3章第2節で紹介したミトマである。「ミトマク＝ある場所に住む異邦人」(González Holguín 1989 [1608]: 244)、「ミトマク・クナクタ・ミチュニ＝ある村の中によその村の住人を入れること」(González Holguín 1989 [1608]: 237) とある。ミトマはある場所に住み着いたよそ者で、みずからの意思ではなく、インカ王の命令によって他の場所に移動させられた人々のことである (第3章第2節参照)。サント・トマスはミトマを「村ですでに在地の者となった外来人」(Santo Tomás 2006 [1560]: 332) と説明する。また「インカプ・ミチュスカン・ルナ＝インカによってもともとの人々とよそ者が混ぜられたさまざまな人々」(González Holguín 1989 [1608]: 237) という言葉もある。

ベルナベ・コボによれば、「これらの王が地方を獲得してはじめにしたことは、そこから六〇〇〇から七〇〇〇世帯――おおよその推定であり、人々のキャパシティーと素質を勘案して――を引き抜き、穏やかで平和な地方の他の場所に移し、村ごとに配分することであった」(Cobo 1653: lib. 12, cap. 23; 1964: 109; 1979: 189)。六〇〇〇から七〇〇〇世帯を別の場所に移すとすれば、例えばルパカ族など二万世帯の民族集団でも約三割にあたる。それだけの規模で人間集団のシャッフルがおこなわれ、移動先では自分たちの頭飾りと服装を維持したのである。

インカ帝国の征服過程で多くの人々が支配下に組み込まれ、その後、ミトマという形で他の場所へ移動させられた。しかし移動先で活動していた民族集団を各地の建築物の形態から推定することは難しい。特定の集団が特定の形態的特徴を持つ建物を利用したわけではないようである。モノではなく、人を中心に考えていたため、頭飾りや衣服など直接身につけるものによって人々は識別され、使用する道具や建物で識別されることはなかったのであろう。

大まかな民族集団の分布図を作成することはできるが、実際はそこから移動させられたため、各地にモザイク状の人間集団の分布が認められた。首都クスコもそうであるし、ティティカカ湖畔のコパカバナもそうであった（ダルトロイ 2012）。

反乱を恐れたインカ王

民族集団の再編成の効果はさまざまな局面に現れたであろう。最も重要なのは反乱を防ぐことであった。同じ出自の集団が同じ場所にいれば、力を合わせて反乱を企てる恐れがある。一方、それぞれのワカを奉じる系統の異なった集団が混在する場所では、そのような動きは起きにくかった。

インカ王は反乱の芽を摘むことに細心の注意を払った。それはインカ王自身が実力主義で即位したからである。長子相続という仕組みにしたがって王位を継承したわけではなかった。インカ王にはコヤと呼ばれる正妻はいたが、それ以外にもたくさんの女性との間に子供がいた。その中の誰が王位に就くかは決まっていなかった。場合によっては、王の兄弟に王位が移行する可能性もあった。結果として、最も能力があることを示した者が実力主義でサパ・インカとなった。

少なくともパチャクティ以降、有能であることを示す方法は抜きんでた武勲を立てることであった。王から任命された者が各地の征服活動において華々しい成果を挙げると、王はその実力を恐れた。パチャクティの弟であるカパック・ユパンキは殺害された。こうした血腥(ちなまぐさ)い争いはパチャクティから始まったようである。パチャクティはクーデターにより父ビラコチャ・インカからサパ・インカの座を奪取し、王位継承に有利な立場にあったと思われるインカ・ウルコを殺害した。クロニカではパチャクティがチャンカ族を撃退して武勲を立てたから王となったと語られる。一方のウルコは無能で臆病なインカとして表象される。しかしそれはあくまで、結果として勝ち残った側の記録である。ウルコのキープカマヨクが語った情報はないため、突き合わせて検証することはできない。

またワイナ・カパックは、ライバル関係にあったワルパヤから命を狙われたが、返り討ちにして殺害した(Murúa 1616: cap. 29; 2008: folio 58; Sarmiento 1572: cap. 57; 1943: 140-141; 2007: 273)。そしてみずから征服活動の先頭に立った。部下の将軍が成果を挙げて、王位を脅かす存在として台頭することを恐れたからである。

武力によって王位を奪取したインカ王は、戦争に勝利して実力を示しつづけるためにも征服活動を継続する必要があった。中央集権的な政体がかつて存在した海岸地帯で反乱が起こったさいには、武器を取り上げている。山地にはもともと大きな勢力のまとまりは存在しなかったものの、民族集団としての枠が設定され、インカ期に大規模になった場合もある。山地の各民族集団の規模は最大で二万世帯(例えばルパカ)、最小で四〇〇〇世帯(例えばワマチュコ)である。海岸地帯だと三万世帯という規模もあった。大規模な集団は親インカ的であり、インカに引き立てられて大規模状態を維持できたと思われる。

逆にインカに反抗的であったペルー中央高地のワンカ族は、ハトゥン・ハウハ（六〇〇〇世帯）、ハナン・ワンカ（九〇〇〇世帯）、ウリン・ワンカ（一万二〇〇〇世帯）の三つのパルシアリダという単位に分かれていた。同様に反抗的であったペルー北高地東部のチャチャポヤスの人々は、二つのフヌに分かれていた。フヌとは世帯数一万の行政単位である。

もしインカが彼らを本当に恐れていたのであれば、民族集団をいくつかに分割して小規模化し、ミトマとして移動させるだけでなく、集団そのものを解体する方法もあったはずである。しかしそれを採用しなかったのは、みずからの武力を示すために、つねに敵対勢力を必要としていたからかもしれない。つまり外部だけでなく、内部にもあえて相手を残しておいたと見ることもできる。

まず人々を民族集団として分類し、それを行政単位の基本であるグァマニーとした。その次に空間を超えてシャッフルした。民族集団の指標は頭飾りなどの視覚的情報であった。公用語は一部の人々にのみ教え、多くの住民はそれまでの言語を話していたため、集団相互が円滑に意思疎通することは難しかった。

ちなみにグァマニーとは、ケチュア語で鳥の一種を意味するグァマン（ワマン）と同じ語源の言葉のようである。クスコの表象であるネコ科動物と対比されていたのかもしれない。またコリャナ／パヤン／カヤウという三分制に照らし合わせれば、鳥はパヤンに対応し女性に関連づけられる。クスコ／地方の関係には、男性／女性という枠組みも重ね合わされている。

以上のように、インカは人間集団を人工的に創り上げ、そこにラベルを貼った。各民族集団の規模は最大でも数万世帯であり、万の単位をフヌといった。それがさらに分かれ、ワランガ（一〇〇〇世帯）、パチャカ（一〇〇世帯）となる。アンデス社会の基本単位であるアイリュは、ほぼパチャカに対応する（アートン 2012）。キープに五桁までしか記録されないのは、最も重要な情報は人口であり、その最大単位に合わせていたという事情による。

鏡のメタファー

アイリュは祖先を共有する社会集団であり、人類学の概念ではクランである（三六ページ参照）。海岸地方ではビルカという（Santo Tomás 2006 [1560]: 653）。アイリュはインカ帝国の枠組みのパチャカにほぼ対応し、各パチャカには首長がいた。一〇のパチャカが集まってワランガを構成し、一〇人の首長のうちの一人がワランガの首長を兼任した。

アイリュの信仰の根幹は祖先崇拝である。自分たちの祖先が出てきたと考える特別なワカがあった。それがパカリナである。ワカは基本的に石、山、泉、川の合流点などの自然の地形である。ワカにしたがって人間集団を分類していたともいえる。インカの支配下でこのアイリュ（パチャカ）を足し算、引き算して適当な数にそろえ、ワランガを、さらにはフヌを形成した。

集団の首長はケチュア語でクラカ、アイマラ語でマルクと呼ばれた。首長が一人であれば、話は簡単である。ところがしばしば複数いた。単独のアイリュではなく、複数が組み合わさった規模の集団もある。アイリュを組み合わせ、あるいは分割することで、社会関係を作り上げたのである。

マリア・ロストウォロフスキは、アンデスでは四分制が基本であり、アイリュが二つに分かれ、それぞれに首長とその随伴者がいたと述べている。随伴者はヤナパクと呼ばれ、理念的には首長の分身と見なされた（二三一ページ参照）。単なる半族組織であれば珍しくないが、それぞれがさらに二つに分かれることになる（ロストウォロフスキ 2003 [1988]: 55-56, 121, 204-205, 218, 220, 243）。

この分身はアンデスにおいて、鏡のメタファーを用いて説明される（Platt 1986）。インカ王のワウケも同様である。男性デュアリズムが基本となって、社会関係を生み出した。それは単純な双分制ではなく、男性に限定され、しばしば儀礼の面で強調された。男の双子の片方は雷の子と見なされ、雷は神格の一つであった。雷とミイラが結びつくことから、アンデスの双分制は過去と現在の二項対立をも示している。

アンデスにおける双子のモチーフは、じつは南北アメリカ大陸全体にまたがる特徴である。旧世界では双子は互いにコピーと見なされる。しかし新世界の双子は完全なコピーではない。それをレヴィ＝ストロースは「双子の不可能性」（2016 [1991]）と表現した（渡辺 2009）。鏡のメタファーで語られるように左右が反転し、あるいはサイズが異なったりして、細部が一致しないのである。また ペアがない場合でも、本来二つの枠のうちの一つを空白にすることができた。これはチュリャという概念で示され、サパ・インカはまさにその例である。不完全ともいえるが、偶数と奇数が対立するともいえる。

クラカが単純に一人ではなく、組み合わされて、より複雑な社会組織を生み出していた。あるいは、クラカの役割を複数の人間の間で分割していたとも説明できる。では次に、そうした社会組織の基本的な原理を見てみたい。

6-2　双分制、三分制、四分制

アンデスでは双分制があまねく見られる、という解説がしばしばなされる。例えばハナン（上）とウリン（下）という双分制がある。またイチョック（左）とアリャウカ（右）の双分制もある。これにチャウピ（真ん中）が合わさり三分制ともなる。地方のクラカは二名おり、片方がクスコに住む必要があった（ロストウォロフスキ 2003 [1988]: 55, 247）。軍隊も双分制や三分制にしたがっていた（ロストウォロフスキ 2003 [1988]: 138）。

しかしながらアンデスではいくつかの双分制が組み合わさり、より複雑な構造を作り出していた。

双分制

それでは、どのような双分制があるのかをゴンサレス・オルギンの辞書にしたがって整理してみよう。まず「ウチ（内）」と「ソト（外）」という双分制である。

「ソト（外）」を表すのは「ハワ（hahua）」という単語である。

ハワ＝－の上、－の後、ソト（González Holguín 1989 [1608]: 144, 145, 393, 485, 502, 596, 671）

一方、「ウチ（内）」を表すのは「ウク（ucu）」という単語である（González Holguín 1989 [1608]:

170, 388, 478)。

ウクピカク、ウクン＝内部のもの（González Holguín 1989 [1608]: 349）
ウクピ＝内部で、奥で（González Holguín 1989 [1608]: 349）
ティクシ・ムユプ・チャウピ・ウクン＝大地の中心、内部（González Holguín 1989 [1608]: 349）
ウク・パチャ＝地獄、奥の場所（González Holguín 1989 [1608]: 350）

ウクとハワが対置されて次のように説明されている。

ウク・ルナンチク＝人の内部、魂（González Holguín 1989 [1608]: 350）
ハワ・ルナンチク＝身体、人の外部（González Holguín 1989 [1608]: 350）

ウクはペルー南部で使用される単語で、北部では「ウチ（内）」を表すのに「ルリ（ruri, luli）」が用いられた。サント・トマスの辞書では「ルリン＝内部」「ルリピ＝場の内部。ウクピ、ウリピ＝内部で」（Santo Tomás 2006 [1560]: 514）と説明があり、ウクとルリが同義語とされている。ハワとウク、ハワとルリはいずれも「ソト（外）」と「ウチ（内）」の双分制であり、「上」と「下」という意味ではない。では「上」と「下」はどのように表すのだろうか。

「上」を表すのは「ハナン（hanan）」である。

ハナク、ハナン＝高いもの、上のもの（González Holguín 1989 [1608]: 148, 417, 671）

ハナン・パタ＝坂の高いところ（González Holguín 1989 [1608]: 148）

ハナク・パチャ、ハナン・パチャ＝空（González Holguín 1989 [1608]: 148, 469）

一方、「下」を意味するのは「ウラ（ura）」である。

ウラ、ウラ・パチャ＝低いもの、下の場（González Holguín 1989 [1608]: 356, 378, 430）

ウラ・パチャ＝天にいる人々から見た世界（González Holguín 1989 [1608]: 396, 596）

ウラピ＝下へ（González Holguín 1989 [1608]: 356）

以上のように、「下」を意味するのはウラであり、「ウリン（urin）」ではない。ウリン、「ウリ（uri）」については次のように説明されている。

ウリン＝地面の下で産物が実ること、あるいは根（González Holguín 1989 [1608]: 350）

ウリ＝産物が実を結び始めるときに地面に生じるもの（González Holguín 1989 [1608]: 350）

ウリ・パパ、マワイ・パパ＝最初に実ったもの［ジャガイモ］（González Holguín 1989 [1608]: 273）

ウリ、マワイ＝最初のジャガイモ、最初に実ったもの（González Holguín 1989 [1608]: 357）

ウリ・ワルマ、ワイナ＝早く大きく育った少年、青年。ビリィナ[*1]（González Holguín 1989 [1608]: 357）

ウリは「大地の内部」を意味するようである。「内部」という意味ではウクと類似する。セロン＝パロミーノは、ペルー北部で用いられた「内部」を意味する単語ルリが、インカ後期に「下」を意味するウラと混同され、ウリという単語が成立したと解釈する[*2]（Cerrón-Palomino 2002）。つまり本来ハナンとウリンは、「上」と「下」ではなく、「上」と「内部」という二分法を示していたという。もともとは「ソト（外）」と「ウチ（内）」、「上」と「下」という二種類の双分制があったのが、一つに混同されるにしたがい、ウリが「内部」ではなく「下」を意味するようになった。その結果、インカ帝国ではハナンとウリンがそれぞれ「上」と「下」を意味することとなり、「下」のウラが使われなくなった。ゴンサレス・オルギンの辞書には「ハナン・スユ＝上のスユ」「ウリン・スユ＝下のスユ」（González Holguín 1989 [1608]: 333）とあり、一七世紀初めにはハナンとウリンという二項対立があまねく受け入れられていたことが分かる。

さらに時間の二項対立もある。

ニャウパ・ニャウパ・パチャ＝過去の古い時代に（González Holguín 1989 [1608]: 259, 617）

ワイマ・パチャ＝古くに、過去の時代に（González Holguín 1989 [1608]: 193）

カイ＝この（González Holguín 1989 [1608]: 52）

この世界＝カイ・パチャ（González Holguín 1989 [1608]: 596）

時間の二項対立は、カイ・パチャとニャウパ・パチャである。ニャウパ・パチャは「祖先の時代」「祖先の世界」である。ちなみに未来に関する単語としては、「来る」という意味に関係する次のものがある。

カナンカク＝未来のこと（González Holguín 1989 [1608]: 530, 640）

ハンプニ＝来る、ここに戻る（González Holguín 1989 [1608]: 147）

ハム・パチャ＝来る時間、未来（González Holguín 1989 [1608]: 147）

ウク・パチャ（地面の内部）、カイ・パチャ（地上）、それにハナン・パチャ（空）を加え、空間の三層構造と説明されることがあるが、それらは二項対立が基本となっており、同時に三つに分かれるわけではない。ウクはハワと対立し、カイはニャウパと対立し、ハナンはウラと対立するため、本来二項対立を示す用語なのである。

アンデスの男性デュアリズムを説明する概念にヤナンティンがある。ンティンは、タワンティンスユの語の一部になっているように（八〇ページ参照）、複数のものを組み合わせるときに使用する。辞書では次のように説明される。

ヤナンティン、ヤナンティリャン＝対になった二つのもの（González Holguín 1989 [1608]: 364）

対、二つの同じもの＝ヤナンティン、パクタ・プラ（Santo Tomás 2006 [1560]: 669）

またヤナは、共同体から切り離されインカ王直属となった男性のことをも意味する（第5章第6節参照）。ヤナンティンとヤナは異なる語源として説明されている（Santo Tomás 2006 [1560]: 668-670）。

また類似する単語にティンクイがある。

ティンクイ＝手袋のように二つの同じものの対（González Holguín 1989 [1608]: 343）

その片方はチュリャと呼ばれる。*3 いずれにせよヤナンティンという二つのもののペアは、男性性が付与されている。インカ王がワウケを作ったのも、この原理にしたがっている。ただしこのペアは、完全に同一であるわけではない。前節で述べたように、レヴィ＝ストロースが「双子の不可能性」として説明した新大陸の双子の特徴である（渡辺 2009）。アンデスの場合、それが具体的には儀礼的側面で認められる。アンティスユの王がクンティスユのマンコ・カパックと同一視されコピーと見なされることで、またチンチャイスユの王がワウケと二重性を示すことで、王位の正統性を示した。

四分制

インカ帝国には四分制も三分制も認められる。両者はどのような関係にあったのだろうか。四分制は社会組織、三分制は儀礼や神話というように使い分けられていたとするR・トム・ザウデマの意見もある（Nowack 1998: 71）。アンデスの構造は双分制が基礎となり、それがいくつか組み合わさることで四分制や三分制が成立する。最初から分かれていたわけではない。

まず四分制について、四つのスユから考えてみよう。インカ帝国を構成する四つのスユを合わせてタワンティンスユと呼ぶ（図2－5）。西から時計回りにチンチャイスユ、アンティスユ、コリャスユ、クンティスユという。チンチャとコリャは民族名ともなっている。アンティとクンティは地域の名称である。その名が示すとおり、四分制はインカ帝国の基本である。

これまで多くの研究者は、四つのスユをハナン（上）とウリン（下）の二つずつに分けようとしてきた。上と下の二項対立と、ウチとソト（聖と俗）の二項対立を一緒くたにして、四つのスユを理解しようとしたために混乱してしまった。例えばロストウォロフスキは、チンチャイスユとアンティスユがハナンであり、コリャスユとクンティスユがウリンであり、ウリンのコリャスユが儀礼的役割を担ったと解釈した。しかしその想定とは異なり、「太陽の神官」はアンティスユに属する。

ハナンとウリンという二項対立が植民地時代に強調されたので、その中に四つのスユを落とし込もうと研究者は試みてきた。例えばペルシネンは四つのスユを二つずつに分けて、さらにそれぞれが二つに分かれるという、ハナンとウリンの二重の双分制によって四分制が成立していたと考えた（Pärssinen 1992）。一方でジョン・H・ロウは、ハナンとウリンという二項対立の組み合わせでは四つのスユの関係を理解できないことに気づいていた（Rowe 1985）。グァマン・ポマは、四つのスユの中のチンチャイスユがハナン・クスコで、コリャスユがウリン・クスコであると書いているが、アンティスユとクンティスユには言及していない（Guaman Poma ca. 1615: 982 [1000]）。

四つのスユの関係は、一種類の二項対立が二重に機能していたと解釈するのではなく、三種類の二項対立が当てはめられていたと想定するとうまく説明できる。

まず四つのスユはソトとウチで二つずつに分かれる。ソトはチンチャイスユとコリャスユ、ウチはアンティスユとクンティスユである。ウチとソトの関係は聖と俗の関係といってもよい。儀礼的な役割を果たすのはアンティスユであり、そこから神官は選ばれた。クンティスユは過去の王であるマンコ・カパックのアイリュが属し、インカの起源神話にかかわるパカリクタンボが位置する。一方、ソトの二つのスユは俗の部分であり、征服活動をつづけたインカ王の属するチンチャイスユ、そしてその補佐をしたインカ王が属するコリャスユである。

ソトの二つのスユは、上のチンチャイスユと下のコリャスユに分かれる。上と下という二項対立に男と女という二項対立が重なるのであれば、ウチの二つのスユには男性性が付与されるのでどちらも上となる。そうすると全体で上（男）三と下（女）一とに分かれる。三対一の関係である。

ウチの二つのスユは時間の二項対立で、アンティスユは現在、クンティスユは過去という形で分かれる。ソトの二つのスユはいずれも現在に属するため、現在と過去で三対一になる。まとめると次のとおりである。

チンチャイスユ　ソト、上、現在
アンティスユ　ウチ、上、現在
コリャスユ　ソト、下、現在
クンティスユ　ウチ、上、過去

理論上、二層構造であれば、二つずつに分かれる二項対立が二種類あれば四つに分類できるのであるが、二対二に分かれる二項対立が一つであり、三対一に分かれる二項対立がもう一つだけだと、そうはならない。ウチ＋上という組み合わせでアンティスユとクンティスユが同じになってしまうか、あるいはソト＋現在という組み合わせでチンチャイスユとコリャスユが同じになってしまう。そのため、四つに分類するには二対二に分かれる二項対立が一つと、三対一に分かれる二項対立が二つ必要になる。ソトとウチ、上と下、現在と過去、という三種類の二項対立の組み合わせで四つのスユの関係を理解する必要がある。

四つのものを二つに分ける場合、二対二だけでなく、三対一もあるのがアンデス形成期から認められる特徴である。そもそも四つのスユを二つずつに分けるのではなく、三対一に分ける方法も想定するべきであった。

上と下の二項対立では、四つのスユのなかでコリャスユのみが下になる。それと並行するように、女性性が付与されるコリャスユからサパ・インカは選ばれない。現在と過去の二項対立では、四つのスユのなかでクンティスユのみが過去に属する。そこには過去の定点であるインカ帝国の創始者マンコ・カパックのアイリュが属し、その後のインカ王は他の三つのスユに属する。時間は直線的な軸としてではなく、二項対立の枠でとらえられ、マンコ・カパックは現在の王であることはなく、つねに過去の王であった。

インカ帝国では二つに分けるという単純な原理が組み合わされて、より複雑な構造に組み立てられている。複雑に見える構造を単純な原理に還元できるのは、アンデス文明の特徴である。新しいものを創出するより、既存のものを繰り返し組み合わせる、いうなればブリコラージュしているのである。

タワンティンスユを構成しているハワとウク（ルリ）、ハナンとウラの二種類の二項対立は混同されて、ハナンとウリンの二項対立に解消された。ハナンとウリンはインカ王朝史の時間関係の説明にも用いられ、ポロ・デ・オンデガルドやホセ・デ・アコスタによると、先にウリン・クスコの王が即位し、のちにハナン・クスコの王が即位したという。この説明では、ハナンとウリンに、現在と過去の二項対立も含まれている。つまり計三種類の二項対立が、ハナンとウリンの二項対立に解消されたことになる。

四分制はアンデス形成期にさかのぼる（渡部 2010）。インカ帝国においても初期から四分制が認められる。将来クスコとなる場所はアカママと呼ばれ（二二五ページ参照）、四つに区分された（Sarmiento 1572: cap. 13; 1943: 59; 2007: 73）。またインカ王はウスヌに登るさいに三人の首長をしたがえ、計四人で登ったという（Segovia 1968 [1552]: 68）。起源神話にも四分制の特徴が認められる。

三分制

四分制と三分制は双分制を基礎としている。ここでは四分制と三分制の関係を考えよう。四分制と三分制はそもそも矛盾するのではないか、と思う人もいるかもしれない。しかしいずれも基本にあるのは二項対立である。

クスコにおける三分制は、コリャナ、パヤン、カヤウという三つのカテゴリーを用いて表される。これらはコリャナ／〈パヤン＋カヤウ〉、もしくは〈コリャナ＋パヤン〉／カヤウという形で二対一に分かれる。つまりパヤンとカヤウがペアになりコリャナと対立するか、コリャナとパヤンがペアになりカヤウと対立する。コリャナかカヤウが一に対応し、それをチュリャと呼ぶ。

ここでは線形三分制と同心状三分制を区別して説明したい（図6－5）。線形三分制はコリャナがチュリャであり序列を示すのに用いられ、コリャナ、パヤン、カヤウの順で序列が高い。同心状三分制はカヤウがチュリャであり儀礼的場面で用いられ、中心のカヤウが右のコリャナと左のパヤンを生み出す構造になっている（Pärssinen 1992; 渡部 2010）。

チュリャがペアを欠いていることを表すためには、もう一つ空白の枠が必要となる。空白の枠はチュリャと同じカテゴリーとなる。喩（たと）えれば、履物の片方がチュリャの場合、空白の枠に入るのはもう片方の履物である。したがって〈コリャナ＋パヤン〉／カヤウの場合、四つめの枠はカヤウとなり、コリャナ／〈パヤン＋カヤウ〉の場合、四つめの枠はコリャナとなる。つまりカヤウ＋カヤウ、もしくはコリャナ＋コリャナというように、同じものが二つになる。理念上、二つのものの属性は一致する。これはアンデスの男性デュアリズムの特徴であり、鏡のメタファーで説明される。

パヤン＋パヤンという形はない。つまりパヤンがチュリャとなることはない。パヤンには女性性が付与されており、女性は鏡のイメージでコピーを作り出すことができない。ロストウォロフスキは、アンデスにはホモセクシャルの表象はあるがレズビアンの表象はないと指摘している（二三二ページ参照）。

さて四つのスユと三分制はどのように対応するかというと、チンチャイスユ＝コリャナ、コリャスユ＝パヤン、アンティスユ＝カヤウである。残るクンティスユは基本的に空白である。[*4] クンティスユに属性を付与する場合は、チュリャと同じ属性、すなわちカヤウもしくはコリャナとなる。これが四つのスユの基本形態である（図6－6）。クンティスユはある意味でインカ王権の構造の基準でありながら、変化可能ということになる。

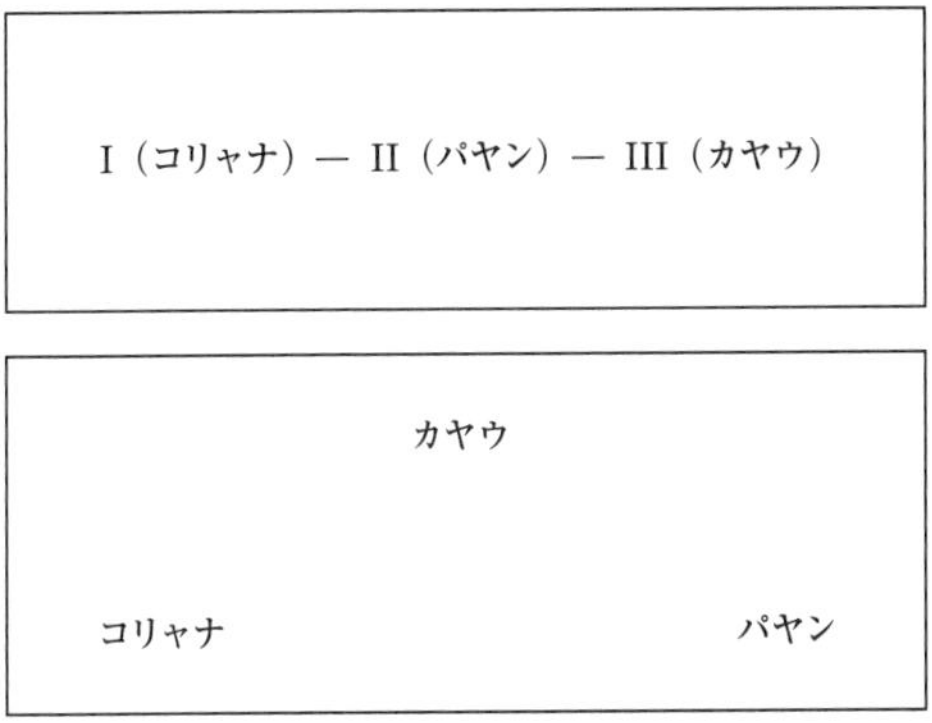

I（コリャナ）— II（パヤン）— III（カヤウ）

カヤウ

コリャナ　　パヤン

図6－5　線形三分制（上）と同心状三分制（下）
コリャナ、パヤン、カヤウと序列を示す線形三分制は政治的場面で現れる。中心にカヤウ、（向かってではなく）中心から見て右側にコリャナ、左側にパヤンが位置する同心円状三分制は神話や儀礼の場面で現れる。いずれの場合もパヤンに女性性が付与される。（渡部2010: 図7-7, 図7-15）

カヤウ（アンティスユ）のビラコチャ・インカがサパ・インカであった時代までは、〈コリャナ＋パヤン〉／カヤウであり、クンティスユはアンティスユと同じカテゴリーのカヤウとなる。[*5] しかしパチャクティの即位以降、四つの枠の中の配置に変更が加えられた。コリャナ（チンチャイスユ）の王がサパ・インカとなったた

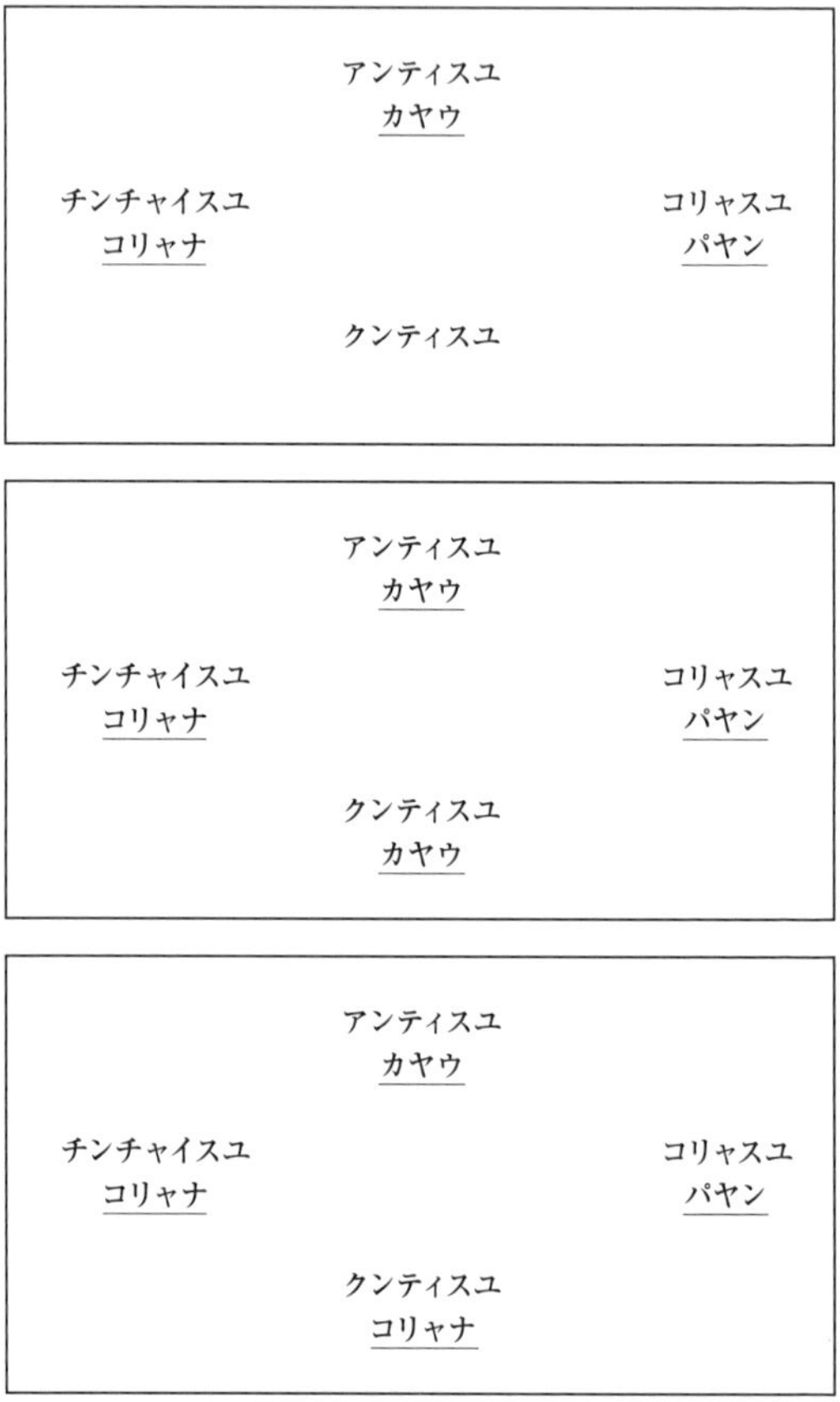

め、クンティスユはチンチャイスユと同じカテゴリーのコリャナとなる。四つのスユと四つの枠を一対一で対応させると、チンチャイスユとクンティスユが鏡像関係になり、チンチャイスユの王は自身のワウケによって二重性を示すことになる。つまりクンティスユを鏡に喩えると、そこに映し出されるのはワウケであり、マンコ・カパックを構造から見かけ上隠したと説明できる。クンティスユから兵士が供出されたのは、クンティスユがコリャナとなった時代である。

	アンティスユ カヤウ	
チンチャイスユ コリャナ		コリャスユ パヤン
	クンティスユ	

	アンティスユ カヤウ	
チンチャイスユ コリャナ		コリャスユ パヤン
	クンティスユ カヤウ	

	アンティスユ カヤウ	
チンチャイスユ コリャナ		コリャスユ パヤン
	クンティスユ コリャナ	

図6－6　四つのスユと三分制の対応関係　チンチャイスユ＝コリャナ、コリャスユ＝パヤン、アンティスユ＝カヤウという関係は固定である。クンティスユは場合によってカヤウ、もしくはコリャナとなる。（渡部 2010: 図7-17）

三分制と天体

三分制は天体、動物、金属によっても表象された。まず天体を用いた表象から見ていこう。

インカ王はしばしば「太陽の息子」と語られ、太陽信仰、「太陽の神殿」はインカ帝国の象徴とされる。三分制を天体で表せば、コリャナ＝太陽、パヤン＝月、カヤウ＝金星となる。四つのスユとの関係では、太陽はチンチャイスユに、月はコリャスユに、金星はアンティスユに対応する。

パチャクティ、トパ・インカ・ユパンキ、ワイナ・カパック、アタワルパは、チンチャイスユの王であるため、「太陽の息子」を名乗ることに問題はない。しかしワスカルはアンティスユの王であるから金星に対応し、「太陽の息子」ではない。実際、ワスカルは「太陽の息子」であるチンチャイスユの王たちに対する憤りを隠さない（二二四ページ参照）。

三分制と四分制の関係をグァマン・ポマの絵を手がかりに考えてみたい（渡部 2010: 414-415）。「第一の紋章」「第二の紋章」と呼ばれる図像であり、いずれも楯を四分割し、それぞれの枠に個別の要素が描かれている。

「第一の紋章」（図6－7）には、太陽（チンチャイスユ、コリャナ）、月（コリャスユ、パヤン）、金星（アンティスユ、カヤウ）、そしてパカリクタンボ（クンティスユ、カヤウ）が描かれている。〈コリャナ＋パヤン〉／カヤウと合致する。パカリクタンボが位置するクンティスユは過去に属し、同じカヤウのアンティスユとの間で、現在と過去という時間の二項対立を示す。

本文では「父である太陽、母である月、兄弟である金星、偶像であるワナカウリ」（Guaman Poma

図６－７　第一の紋章　四分割された紋章はスペインから導入された習慣である。四つの枠にアンデスの要素を組み込むことでインカの紋章としている。(Guaman Poma ca. 1615: 79 [79])

ca. 1615: 80 [80]）となっており、左下の枠に描かれているのは金星であることが明らかにされている。

太陽の絵には「インティ・ライミ（太陽の祭り）」、月の絵には「コヤ・ライミ（妃の祭り）」と説明が加えられている。右下の絵には「イドロ・デ・ワナカウリ（ワナカウリの偶像）」と説明がある。ワナカウリはクスコの南東約一〇キロの丘にあるワカであり、セケ・リストではクンティスユの一番目のセケの七番目のワカとともに説明されている。その下には三つの洞窟が描かれ、「パカリタンボ（パカリクタンボ）」「タンボトコ」とある。インカの起源神話では、パカリクタンボの三つの洞窟の一つ、タンボトコから祖先が出てきたと語られる。パカリクタンボは過去の表象であるが、この枠を空に見える物体で示すとすれば、何になるのだろうか。

アンデスの三分制を説明するためには、枠が四つ必要になる。三つのカテゴリーの関係がコリャナ／〈パヤン＋カヤウ〉、もしくは〈コリャナ＋パヤン〉／カヤウに分かれるとすれば、コリャナもしくはカヤウがコピーを作り二つになる。

カヤウが二つになる場合、金星は「明けの明星」「宵の明星」という形でその二重性がよく理解できる。金星はケチュア語でチャスカと呼ばれ、「チャスカ・コイリュル＝昼の明星」（González Holguín 1989 [1608]: 98, 570）、「宵の明星＝チシチャスカ」（González Holguín 1989 [1608]: 570）が区別される。カヤウには「始まり」という意味があり、キリストが誕生する場面を描いたグァマン・ポマの絵で金星と同じ形の星が上昇するように描かれていることは示唆的である（Guaman Poma ca. 1615: 30 [30], 90 [90]）。

ではコリャナがチュリャとなる、コリャナ／〈パヤン＋カヤウ〉の場合はどうであろうか。左下の星が描かれている枠の説明「チュキ・イリャ・ウィルカ」の意味から考えてみたい。ケチュア語の辞書では次のようになっている。

チョケ・イリャ＝稲妻（González Holguín 1989 [1608]: 117）
チュキ＝槍（González Holguín 1989 [1608]: 122）
イリャ＝長い間保管されていた古いものすべて（González Holguín 1989 [1608]: 367）
イリャ＝雷（Santo Tomás 2006 [1560]: 155）
偶像＝ワカ、ビルカ（González Holguín 1989 [1608]: 693）
ビルカ＝肉桂のような果実が下剤である木（González Holguín 1989 [1608]: 352）
ハワイ、ビルカ＝孫（González Holguín 1989 [1608]: 144）
女孫、男孫＝ハワイ、ビルカイ（González Holguín 1989 [1608]: 600）

チョケ・イリャ（チュキ・イリャ）は「雷」「槍」と結びついている。ビルカ（ウィルカ）はワカと同義となっており、ビルカは「男の孫」をも指す。サント・トマスの辞書では、ビルカの意味として「浣腸」「アイリュ」「偶像」という三つが挙げられている（Santo Tomás 2006 [1560]: 652-653）。つまり「チュキ・イリャ・ウィルカ」は金星ではなく、直接的には雷の説明となっている。そのため絵の金星と文章の雷が同一視されていると考えられる。

「太陽の神殿」の神格には、太陽と雷がくっついた「インティ・イリャパ（太陽＋雷）」という名称がある。さらにパチャクティのワウケもインティ・イリャパと呼ばれる。ポロ・デ・オンデガルドは次のように述べている。

> ビラコチャ、太陽に次いで崇拝されている三つめのワカは雷である。チュキ・イリャ、カトゥ・イリャ、インティ・イリャパという三つの名前で呼ばれる。（Polo 1559: cap. 1; 1916: 6; 2012: 344）

ホセ・デ・アコスタも同様の情報を記している（アコスタ 1590: 第5巻第4章; 1966:（下）124）。コリャナがチュリャになる場合、太陽と雷で二重性が示された。そのため四つめの枠にパカリクタンボではなく空に見える物体を位置づけるとすれば、雷であろう。イリャパが雷とミイラを同時に意味することから（シエサ・デ・レオン 1553b: 第30章; 2006: 178; Guaman Poma ca. 1615: 288 [290]）、雷は過去の表象でもある。二重性の基本はコピーを作り出すことであるが、同一の神格が三つの名前を持つのは、コピーを作り出す作用が連続的に認められることを示しているのかもしれない。チュキ・イリャ、カトゥ・イリャについても補足しておこう。チュキは「槍」、イリャは「雷」という意味である。槍が雷の表象であると指摘する研究者もいる（Kolata 2013: 169; Onuki 2010: 209）。またコリ（黄金）とチュキが置換可能であるという指摘もある（Herring 2015: 142; cf. Andrade Ciudad 2019）。一方、カトゥが何を意味するかは明らかではないが、サント・トマスの辞書では「［髪などを］引っ張る、抜く」と説明されている（Santo Tomás 2006 [1560]: 217）。

三分制と動物

アンデスの三分制の表象には動物も用いられる。グァマン・ポマの「第二の紋章」（図6－8）はネコ科動物（チンチャイスユ、コリャナ）、鳥（コリャスユ、パヤン）、二匹の蛇（アンティスユ、カヤウ）、マスカパイチャ（クンティスユ、コリャナ）である。これはチンチャイスユの王がサパ・インカである、コリャナ／〈パヤン＋カヤウ〉の場合と合致する。クンティスユの枠にサ

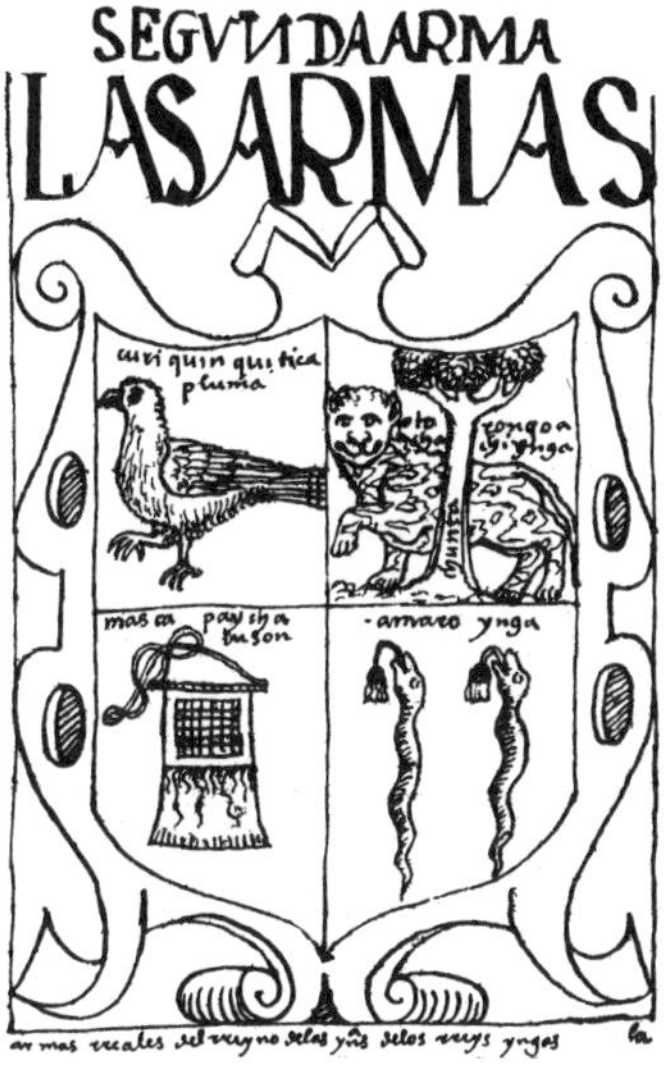

図6－8　第二の紋章　２匹のヘビの口からは房飾りが出ている。オトロンゴはチュンタと呼ばれる木の裏にいる。外枠は下部が二つの房状、上部が二つの三角形となっており、第一の紋章と逆になっている。（Guaman Poma ca. 1615: 83 [83]）

パ・インカの指標である頭飾りマスカパイチャが描かれている。マスカパイチャはサパ・インカのコピーであるワウケと同じ位置づけである。

ネコ科動物はオトロンゴ（ジャガー）である。鳥はクリキンキ[*6]（コリケンケ）という白と褐色の猛禽類である（González Holguín 1989 [1608]: 69）。エクアドルによく見られるという（大平 2014）。ガルシラソもコレケンケという鳥について、マスカパイチャにその羽をつけると述べている（ガルシラーソ 1609: 第6の書第28章; 2006: (三) 154）。

この紋章を説明する本文では、クリキンキは「キキハナ（quiquixana）」となっている（Guaman Poma ca. 1615: 84 [84]）。キキハナは、他の箇所では鳥の名前でなく地名として確認できる（Guaman Poma ca. 1615: 89 [89], 148 [148]）。いずれも第二代王とされるシンチ・ロカと関係している箇所である。

キキハナという地名はサルミエント・デ・ガンボア（Sarmiento 1572: cap. 25; 1943: 81; 2007: 103）、ポロ・デ・オンデガルド、マルティン・デ・ムルーアのクロニカにも出てくる。またセケ・リストでは、コリャスユの六番目のセケの九番目に位置するワカの名称となっており、「三つの石がある小さい丘であり、貝と小さい服のみを捧げた」（Cobo 1653: lib. 13, cap. 15; 1964: 181; 1990: 75）とある。さらにはクンティスユの一四番目（最後）のセケの説明のあとに、さまざまなセケに属する四つのワカが挙げられている。そこには「四番目の最後のワカがキキサナ［キキハナ］と呼ばれる。上述の丘［三番目のチンチャクアイという名の丘］の後ろにある別の丘である」（Cobo 1653: lib. 13, cap. 15; 1964: 185-186; 1990: 83）と説明されている。クリキンキの重要性を示す状況証拠である。

図6－9　ムルーアのクロニカの紋章1　上部には「インカ王族の紋章」と書かれている。外枠の形はグァマン・ポマの「第一の紋章」と類似している。（Murúa 2008 [1616]: folio 13r.）

図6－10　ムルーアのクロニカの紋章2　この絵の下部の解説に見えるアポ・グァマン・チャワ・ヤロビルカはグァマン・ポマの祖父で、ポマのクロニカにのみ現れる人物名であるため、ポマがこの絵の作者であろう。この人物は「インカの第二の人物」（副王）として登場する（図5-2）。（Murúa 2008 [1616]: folio 307r.）

ムルーアのクロニカに、グァマン・ポマの「第二の紋章」とほぼ同じ構図の図がある（図6-9）。左上がマスカパイチャ、左下が鳥になっている。この紋章はハナン・クスコの最初の王にして第六代王と語られるインカ・ロカの妃であるクシ・チンポ、別名ママミカイの紋章と同じ構図である（Murúa 1616: cap. 14; 2008: folio 34r.）。鳥は「クリキンキ」と明記されている。

ムルーアのもう一枚の絵（図6-10）では、インカの要素とヨーロッパの要素が混在している。上部には

図6－11　ガルシラソの紋章　メスティーソであるガルシラソの出自を示すかのように、インカとスペインの要素から構成される。左側下部には「アヴェ・マリア」「グラティア・プレナ」とある。紋章の左には「剣と」、右には「ペンと」と書かれている。(Garcilaso 2009 [1609])

「ペルーの紋章」とある。左上の枠には「チンチャイスユ」と書かれており、ライオンのような動物とトサカの大きな鳥が描かれている。右上の枠には「アンティスユ」とあり、ジャガーとヘビが描かれている。左下の枠には「コリャスユ」とあり、羽の大きな鳥が描かれている。右下の枠には「クンティスユ」とあり、剣と槍が交差しており、マスカパイチャが四つある。剣の上には台と杯のような物体が描かれている(cf. Guaman Poma ca. 1615: 165 [167]-171 [173])。

またガルシラソのクロニカにも紋章が描かれている(図6－11)。向かって右半分がインカ、左半分がスペインに関係している。右半分には太陽、月、二匹の蛇、マスカパイチャがあり、グァマン・ポマの「第一の紋章」と「第二の紋章」の融合形式である。

ネコ科動物、鳥、蛇(あるいは魚)の三種類の動物の組み合わせはアンデスでは古くからあり、その起源は少なくとも形成期中期にさかのぼる[*7](渡部 2012)。しかしインカの時代になると、ネコ科動物のジャガーはピューマに置換される。パチャクティがクスコを「ピューマの体」と呼び、それに見立てて設計したとファン・デ・ベタンソスは書いており（Betanzos 1557: parte 1, cap. 17; 1996: 74; 2015: 193）、「太陽の神殿」より下の部分は「ピューマの尻尾」と呼ばれた（Betanzos 1557: parte 1, cap. 16; 1996: 71; 2015: 190）。

実際、クスコがどのようにピューマに見立てられたかを、さまざまな研究者が指摘してきた（Farrington 2013: 336; Gasparini & Margolies 1980 [1977]; Zuidema 1989 [1983]）。しかし、パチャクティの息子のトパ・インカ・ユパンキがサクサイワマン（口絵3）を建設し、その名称が「ワシ」を意味することに注意したい。[*8] 辞書にはサクサイワマンの意味として「王の大ワシ」（González Holguín 1989 [1608]: 75）とある。つまりクスコは「ピューマの体」と「ワシの頭」が合体した形である。

さらにクスコの地下には水路が走っており、それについてガルシラソは「銀の蛇」という比喩を用いている（ガルシラーソ 1609: 第7の書第8章; 2006: (三)258）。ヘビはカヤウに対応し、ヘビには儀礼的な特徴が目立つ。蛇はケチュア語でアマルーと呼ばれる。アンティスユの王であるアマルー・トパ、ビルカバンバの最後の王トゥパク・アマルーにアマルーが用いられている。アンティスユを流れる大河は「アマルマヨ（アマルーマユ）」と呼ばれた（ガルシラーソ 1609: 第7の書第13章; 2006: (三)291）。またシンチ・ロカのワウケの名前はグァナ・チリ・アマロ（アマルー）となっており、やはりアマルーが含まれている。クスコにはアマルーカンチャと呼ばれる建物もあった。

コンドル、ピューマ、蛇という三種の動物を、スティーヴン・R・グルベルグは天空、地上、地下という三つの世界に結びつけている（Gullberg 2020: 77）。しかし垂直的な三層構造の枠組みよりも、三つの枠を当てはめていると説明したほうがより適切である。

三分制と金属

次に三分制の金属による表象を考えてみよう。クスコの中心の建物は「黄金の囲い」を意味するコリカンチャと呼ばれた。それ以前は「太陽の囲い」を意味するインティカンチャと呼ばれていたから、金属の表象はインカ帝国時代後期に採用されたのかもしれない。コリャナ＝太陽＝金である。そしてパヤンは銀、カヤウは銅に結びつけられた。ピーター・ゴースがベルナベ・コボを引用して指摘するように、銅はミイラと結びついており、過去を表象する（Gose 1993: 505-508）。さらにスポンディルス貝（ムリュ）とも置換可能であることから、貝（ムリュ）は金属と同じカテゴリーに分類され、カヤウ（過去）に位置づけられるのかもしれない。あるいは金、銀、銅の三つは四つの枠のうち一つを空白で残し、線形三分制の特徴である序列を示すために採用されたものであろう。

変　換

インカ帝国はタワンティンスユと呼ばれたように、四つの枠が基本であり、それを用いて四分制も三分制も示す。その基礎になっているのは双分制である。双分制は四つの枠を二対二に分けるのにも、一対三に分けるのにも用いられる。三分制を示すためには四つの枠の一つを空白として残すか、同じカテゴリーを二つにする。このようにインカという複雑な社会の基本は四つの枠で説明できる。

そして筆者は、インカの立体的な四分制を四面体モデルを用いて示した（渡部 2010）。四面体は角度によって四角形にも三角形にも見えるため、このモデルを用いれば四分制も三分制も同じ構造の別の表れと説明できる。こうした平面では表しきれない構造が立体的に組み合わさることでより複雑になる。

ところが複雑な構造であったインカの社会は、単純なハナン／ウリンという双分性に還元されてしまった。それはおそらくインカ後期から進んだのであるが、二項対立的志向の強いヨーロッパ文化の思考方法の中に解消され、より単純化されたといえる。

インカ帝国における分類の作業は、「分ける」「足す」という単純なものである。「足す」の対立項は「引く」である。その意味でも複数の二項対立が用いられているのである。「引く」は、例えば四つの枠の一つを空白にすることの説明になる。足し算、引き算、割り算は、インカの間でも用いられていた計算方法であり、ユパナと呼ばれる計算盤を用いておこなわれた（図2－1）。政治組織も「足す」「分ける」を繰り返して複雑な状況になった。

6－3　スユ——部分と全体

分ける

タワンティンスユはそれぞれ分布範囲の異なる四つのスユから構成される（González Holguín 1989 [1608]: 333, 616）。そのためスユはしばしば「地方」「州」などと訳されるが、基本的な意味は「分ける」である。

スユ＝派閥（González Holguín 1989 [1608]: 333, 688）
スユ＝各スユ、個人のできる仕事の割り当て（González Holguín 1989 [1608]: 333）
スユニ＝畑の土地を分ける、仕事の部分（González Holguín 1989 [1608]: 333）
スユ＝地方（González Holguín 1989 [1608]: 333, 645）
ハトゥン・アイリュ＝王国全体の人々。スユ・ルナ＝臣民（González Holguín 1989 [1608]: 155）
縞模様になった＝スユ・スユ・パチャ（González Holguín 1989 [1608]: 688）

そして同じ辞書には「スユリャムカナ＝アイリュ全体の仕事」（González Holguín 1989 [1608]: 333）のすぐ下に、「サプシ＝共同体すべての者の共同労働」（González Holguín 1989 [1608]: 333）とあり、スユとサプシが関連づけて説明されている。サプシについては第3章第4節で説明した（一三九ページ参照）。スユに分けるという意味があることから、スユの仕事は割り当て分である。サプシは共同体の全仕事という意味で、一つの共同体か、あるいはもっと大きな単位を基準にしている。スユとサプシは分割したものか、全体かという基準の違いである。さらに「カマイ、スユイ＝仕事の割り当て」（González Holguín 1989 [1608]: 46）ともあり、スユとカマイが関連づけられている。

タワンティンスユ

そもそも「インカ帝国」とはスペイン人による呼称で、先住民は統一された名称を使用していたわけではなかった。四つのスユの個別の名称は征服直後から確認できる（サンチョ 2003 [1534]: 218)。ところがタワンティンスユという言葉が確認できるのは、それから三〇年以上ものちの一五七〇年である（ティトゥ・クシ・ユパンギ 1987 [1570]: 53)。そのためスペイン人侵入以前にタワンティンスユという名称が使用されていたかどうかは不明である（ロストウォロフスキ 2003 [1988]: 304)。

タワンティンスユという言葉自体も、四つに分けられていることを前提としている。であるから、インカ帝国全体への帰属意識はなかったことになる。あるのは特定のインカ王との支配関係であった。インカ族は内部で分かれ、歴代インカ王のアイリュは四つのスユのいずれかに属した。インカ以外の民族集団もインカ王との関係を結び、それぞれの民族集団への帰属意識以外に、四つのスユのいずれかとのつながりはあった（Julien 2004)。しかし複数のスユへ帰属することはなかった。

インカ帝国は全体が一つにまとまった政体ではなく、インカ族が他の多くの民族集団を支配し、インカ族内では争いがつねにおこなわれていた。抵抗する巨大な政体が他に存在すれば、彼らからインカ帝国を呼ぶ名称があっただろう。インカという役割を呼ぶ名称はあったが、国全体を示す言葉はなかったのである。

同様に、ペルー北高地のリーダーはグスマンゴ・カパック、北海岸の支配者はチムー・カパックと呼ばれた。組織ではなく、人が中心であった。そして人間の単位がどんどん入れ子状に積み重なるのであるが、最終段階においても一つにはならなかった。逆に、対象をどんどん分ける仕組みであった。

チンチャイスユとコリャスユ

タワンティンスユの領域の拡張はどのように進んだのだろうか。タワンティンスユの拡張は、基本的にチンチャイスユとコリャスユの拡張であった。四分制や三分制にもとづく構造は変化せず、ゴムのようにチンチャイスユとコリャスユが拡大した。

征服活動の先頭に立ったのはチンチャイスユのインカ王であった。パチャクティ、トパ・インカ・ユパンキ、ワイナ・カパック、アタワルパである。そしてコリャスユのインカ王であるマイタ・カパック、カパック・ユパンキ、シンチ・ロカも拡張を推進した。第二代王とされるシンチ・ロカは、じつはワイナ・カパックと同時代の人物である。ガルシラソはシンチ・ロカが偉大なる征服をしたと語るが、それはワイナ・カパックの時代の出来事である。

ワイナ・カパックは彼の母の死後、ユカイ谷にあるキスピグァンカで宮殿の建設を始めた。異母兄弟のシンチ・ロカがキスピグァンカ、またクスコのカサナの建物の建設を担った（Sarmiento 1572: cap. 58; 1943: 141; 2007: 174-175）。ワイナ・カパックのミイラはユカイに運ばれ、二〇年以上もスペイン人の目から隠された（Betanzos 1557: parte 2, cap. 1; 1996: 190; 2015: 321）。そのためキスピグァンカは王領の一つであると考えられている（Niles 1999）。

コリャスユの王としては、他にパウリュ・インカという人物が知られている。ただし一三人のインカ王リストには含まれていない。スペイン軍のチリ方面の征服に協力しており、軍事的な性格を有している。リョケ・ユパンキは宗教的な属性が強いが、彼はアンティスユの王がサパ・インカであった時代の王である。逆にチンチャイスユの王がサパ・インカの時代になると、マイタ・カパック、カパック・ユパンキなどのコリャスユの王は軍事的性格を帯びている。

クンティスユとアンティスユ

地図を見れば分かるとおり(図2-5)、クンティスユは海に面して固定されており、それ以上広がることはない。クスコの南三〇キロほどのところにはパカリクタンボが、そしてクスコ内にはマンコ・カパックのアイリュが位置する。クンティスユはもともとカヤウであり、理念的には過去に属する部分である。ところがパチャクティ以降、コリャナとなり、鏡のイメージでチンチャイスユと重ね合わせられることによって、軍事的性格を帯びるようになったようである。つまりクンティスユは両義的な性格を有する。

ロストウォロフスキは、コリャスユとクンティスユから兵が調達されたことをしばしば指摘している[*9](ロストウォロフスキ 2003 [1988]: 127, 131, 136)。北方のエクアドルの征服のために兵士がかり出されたという(Cobo 1653: lib. 12, cap. 16; 1964: 90; 1979: 156)。

またチャンカ族は軍を三つに分かち、その一つをクンティスユに差し向けたという(Betanzos 1557: parte 1, cap. 6: 1996: 20; 2015: 136)。それはインカ族の起源の地のワカを征服することを意図していたためであろうか。

シエサ・デ・レオンは、クンティスユの武将たちは増大する軍事活動に危険を感じ、第七代王インカ・ユパンキ[*10]を殺害したと記している(シエサ・デ・レオン 1553b: 第37章; 2006: 206-209)。

一方、アンティスユはアマゾン方面に広がっており、熱帯雨林の環境帯である。インカ王族の末裔はクスコ北西のウルバンバ川沿いにアマゾン地域へ下り、ビルカバンバ（エスピリトゥ・パンパ）を拠点に一五七二年まで抵抗活動をつづけた。さらにマチュピチュなどの遺跡群も位置する。エスピリトゥ・パンパ（図2－19）にはワリ帝国期の痕跡も見つかっていることから、インカ族の起源にかかわる場所であろう。そしてインカ帝国の支配域はブラジル方面まで延びており、その先端付近にはボロロ族が住む場所が含まれる。

6－4　象る

チャカナ

先インカ期と比較して、インカ期には具象的図像表現は少ない。特に人物表現が少なく、インカ王の図像などはなかった。一般に幾何学紋様が多いと説明されるが、基本は四角形である。正方形、長方形、変形四角形である菱形のほか、四角形を対角線で分割したものとして三角形がある。これらによって、ウンクに織り込まれた市松紋様、マス目紋様の連続体のトカプなどを構成した。また台形の壁龕もインカの建築には多用されている。

ここではまず先住民のクロニスタ、パチャクティ・ヤムキのクロニカの中に現れる図像に着目したい（図6－12）。四角形が三つ入れ子状になった図が描かれている。中央がカパック・トコ、左下がマラス・トコ、右下がスティック・トコという三つの洞窟である。トコは壁龕もしくは窓を意味する（González Holguín 1989 [1608]: 344）。

入れ子状になった四角形について、トム・カミンズは「外へ拡張しているようにも、中心に向かって収束しているようにも見える」（カミンズ 2012: 216）と述べている。しかしインカの他の図像表現を参考にすれば、平面ではなく、奥行きがある図とも解釈できる。これを中心がより奥まった空間と見立てると、外側から内側に向かって段階的に奥まる三段の穴となる。つまり側面から見ると三段の階段状になる。

これに類似した特徴的な表現がインカの建築にもある。ダブル・ジャムと呼ばれる様式である（口絵9）。ジャム（Jamb）は脇柱を意味する。二重の門の奥まったほうの空間が一段狭くなっており、この門の空間を平面図に表せば、凸という漢字に似た形になる。三重のものもあり、トリプル・ジャムと呼ばれる。壁龕にも同様の特徴を有するものがある。

さて、アンデスではチャカナと呼ばれる紋様がある（図6－13）。基本は十字紋の中央に四角形を重ねた形である。でこぼこの十字紋ともいえる。でこぼこが二段階のものもある。オリャンタイタンボ遺跡には巨石に完形のチャカナが彫り込まれた例（図6－14）や水が通る場所に半分のチ

図6－12　パチャクティ・ヤムキの図　三つの洞窟のうち、中央のカパック・トコからインカの祖先が出てきたとされる。左下のマラス・トコには女性の属性、右下のスティック・トコには男性の属性が付与されている。（向かってではなく）通常中心から見て右手に男性、左手に女性が位置するのであるが、過去の表象の場合は逆になる。（Pachacuti Yamqui 1613: folio. 8v. を改変）

ャカナが彫り込まれた石がある（カミンズ 2012）。

先ほどの入れ子状になった三つの四角形を奥行きのある立体と見立てると、その側面から見た図形はチャカナを半分にしたものになる。チャカナを四分の一にした紋様も、特に先インカ期の土器の口縁部などによく見られる。半分にした紋様や四分の一にした紋様は階段形紋様と表現されるが、ケチュア語でチャカナはまさに階段を意味する（González Holguín 1989 [1608]: 89, 512）。階段を意味する他の単語にはパタ・パタがある。

チャカナを半分に割り、あるいは四分の一にし、それらを組み合わせて紋様が構成された。パカ

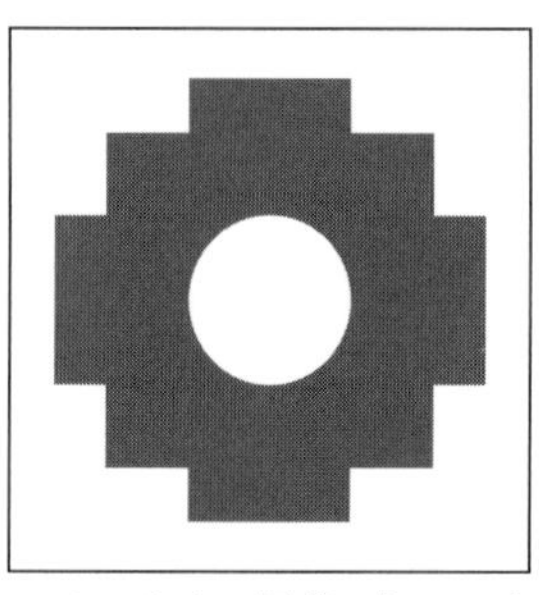

図6－13　チャカナの図像「アンデスの十字架」と呼ばれるように十字紋が基本で、そこに少し小さい正方形を重ね合わせた形である。中心部は正方形や円であり、通常空白となっている。輪郭が重要であり、その起源は形成期の神殿建築や図像表現にさかのぼる。

図6－14　オリャンタイタンボ遺跡の壁に刻まれたチャカナ　遺跡中腹にある巨石建造物。多くの観光客が訪れるが現在では紋様は判別できなくなっている。（Squir 1877: 500）

リクタンボとは別のインカの起源神話に出てくるティティカカ湖の「月の島」では、チャカナ全体が建物に表現されている。チャカナの下半分を門の上に表現した例、あるいはチャカナの上半分を門に表現した例もある（図6-15、図6-16）。そして重要なのは、いずれも奥行きを持って表現さ

図6－15 「月の島」の建築物　外壁の一部をへこませて装飾としている。中央部に奥行きを持たせるのはダブル・ジャムと同様であるが、内部に通じる出入り口ではない。上部は複雑なチャカナの上半分を表現している。（筆者撮影 2012年）

図6－16 「月の島」の建築物のチャカナ　中心の正方形から外側に向かって十字状に広がる。上半分、下半分を表現する場合、さらにその左半分、右半分の四分の一を表現する場合もある。（筆者撮影 2012年）

図6－17　タンタリカ遺跡の階段　単なる階段であれば正面向きに作ればいいのであるが、左右両側から上る構造になっている。チャカナの上半分を表現したもので、ダブル・ジャムと共通する。（筆者撮影 2004年）

れていることである。平面的に見えるが、じつは立体的な紋様である。あるウンクには市松紋様とチャカナが組み合わさって表現されている。つまり市松紋様にも見えるし、チャカナが連続しているようにも見える。

ダブル・ジャムの平面図はチャカナ紋様の一部を表象しており、ダブル・ジャムを通過することはすなわちチャカナを通ることであり、階段を上る行為を意味していた。ペルー北高地のタンタリカ遺跡にはまさにチャカナ紋様の半分を表現した階段がある（図6－17）。

四角形の枠の中に斜線、あるいはX紋様を描くことで三角形が形成される。つまり三角形の基は四角形なのである。そして三角形を組み合わせると菱形になる。また逆に菱形を半分にすると三角形になる。もう一度パチャクティ・ヤムキの絵を見てみると、三つの洞窟の位置関係は三角形で、横一線には並んでいない（図6－12）。

チャカナには階段以外にもう一つの意味がある。辞書には「三つのマリアと呼ばれる三つの星」（González Holguín 1989 [1608]: 90）とある。三つのマリアとはオリオン座の三つ星のことであり、スペイン人による星座の見立てをアンデスの言葉を用いて説明している。オリオン座は三つ星とその外側の四つの星からなる。四角形の中に三つ星があるということは、四と三という数字が共存していることと同義であり、四分制と三分制が同時に機能するインカ帝国の仕組みと類似している。四角形の枠の中に円形が描かれることもある（図6－12）。カミンズは「トカプの中心には一個の円があり、四隅には別の四個の円が配置されており、全体が四つに分けられていると見ることができる」、「中央のダイヤ形と、まわりにある同心状の三重の長方形枠が、これらの要素を結びつけている」と述べている（カミンズ 2012: 225）。注目したいのはさらにダイヤ形の紋様の中に四角形が描かれていることで、理念的にはこのパターンが入れ子状に果てしなくつづくことになる。この図を四五度まわせば、菱形の中に四角形が入っていることになる。

関係性を示す図像

このように、何か固有のものを表現するのではなく、一つの図像を分けたり合わせたりして、繰り返し使用するのがインカの図像表現の基本である。三角形、菱形、単純な十字紋様、そして階段形紋様など、すべてが一つの基本形を応用して出来上がった紋様なのである。文字による記述では物語などが生まれるが、無文字社会における口頭伝承では、伝えられるのは型にはまった内容の情報だけである。同様に図像表現も型にはまっており、型から外れた表現を増やすことは難しい。増やせるのはその組み合わせ方である。歴史的な場面を描く文字社会の図像表現とは異なり、その種類自体は増えていかない。

インカの図像はそれ自体が何かを表すというより、それによって関係性を示すという特徴があった。先にヤナンティンの概念について説明した。それにしたがってもの作りがおこなわれた。特にアンデス社会の根幹にかかわる酒を飲むためのコップは、つねに二つ一組で製作され使用された。コップそのものに意味があるのではなく、それを使用して関係を結ぶことに意味があった。チャカナを半分にした図像も、それともう一つの紋様がペアになることを意味していた。ダブル・ジャムは平面形で奥行きのあるチャカナを示している。そこを通ることで、関係性が構築される。

インカの図像には、既存の場面を示す、あるいは所与の人物を描いたものはない。それ自体が何かを意味するのではなく、二つ以上のものを結びつける媒介となるのがインカの図像表現であった。いうなれば、インカの図像は数字そのものではなく、+、−、×、÷、=、といった関係性を示す記号なのである。そうするとインカ王のウンクに描かれたトカプなども、インカ王自体のシンボルというより、トカプの紋様を描くことでインカ王との関係性を示していると想定すれば、解読の手がかりが見つかるかもしれない。

インカ帝国の図像は社会の構造と同様に、双分性が基本となり、四分制、三分制が生み出された。インカの図像表現は線と点から構成される空間構造とも類似していた。

＊1 「ビリィナ＝柔らかでまだ形が整っていない播かれたもの。土をかぶっていない」（González Holguín 1989 [1608]: 352）。

＊2 ヤン・シェミンスキも「ルリ（ruri）」と「ウリン（urin）」を関連づけている（Santo Tomás 2006 [1560]: 514）。

＊3 「パトマ、チェクタ＝あるものの一部分、半分」（González Holguín 1989 [1608]: 281）という語

もある。

＊4　R・トム・ザウデマは、四つのスユと三分制のカテゴリーの対応について三つの表象モデルを提示している。第一の表象ではコリャナ＝チンチャイスユ、パヤン＝コリャスユ、カヤウ＝アンティスユとクンティスユとなっている。第二の表象はコリャナ＝チンチャイスユ、パヤン＝アンティスユ、カヤウ＝コリャスユであり、クンティスユのカテゴリーは明記されず空白となっている。第三の表象は第一の表象と第二の表象を組み合わせて議論しているが、スユと三つのカテゴリーの対応関係を明記していない（Zuidema 1964）。

＊5　これは＊4で示したR・トム・ザウデマの第一の表象と同じである。

＊6　アルカマリコリケンケには「白黒の鳥」という意味がある（González Holguín 1989 [1608]: 19）。

＊7　インカよりも前の時代のティワナク文化では、ピューマ、コンドル、魚の三種類の動物が使用されている。この場合は、動物で四分制を表すこともでき、四番目の動物が蛇である（佐藤 2012; Pärssinen 2018）。

＊8　頭がワシであるのは、トパ・インカ・ユパンキがサパ・インカとして即位する前にパヤンの王であったことと関係するのかもしれない。また本来ワシを表すのはアンカであり、ワマンはハヤブサ、タカを意味する。

＊9　「インカが彼らに信用をおいた理由は、早い時期にタワンティンスユに編入されたから、またはただ単に、それらの地方の人口が多く多数の人員の不在に耐えることができたからだと想像される」（ロストウォロフスキ 2003 [1988]: 136）とあるが、パチャクティ以降に性格が変化したことに着目すべきであろう。

＊10　他の多くのクロニスタは、第七代王をヤワル・ワカックとしている。

第7章　戦う

地球に誕生した人類は、当初は小規模な集団で生活していたが、次第に大規模な社会を形成するようになった。大規模になればなるほど、中央集権的になっていった。その一つの形態が国家であり、アンデスでは紀元後三世紀ごろから国家の形が整えられていった。そして複数の国家が興亡を繰り返し、最後にインカ帝国が登場した。

アンデスを含む世界各地で国家が成立した要因には戦争があった。個体間の争いはどの生物にもあるが、集団で戦争をおこなうのは人類だけである。その結果として国家が成立した。国家を維持するためにも戦争は必要であり、多くの国家が戦争によって滅亡した。戦争によって国家が成立し、戦争によって国家は滅びた。

この章では、インカ帝国が戦争によってどのように成立し、戦争によってどのように滅亡したのか、そしてアンデスにおける戦争とはどのような特徴を持っていたのかを見ていく（渡部 2021）。

7-1 チャンカとの戦争——拡大の引き金

戦争の物語

多くの文化は起源神話を伝えている。インカにも二つの起源神話があり、それらは排他的ではないため、一連の動きの異なる段階を語り伝えた神話ではないかということを説明した（七九ページ参照）。

その後のインカ帝国の拡大に関しては、多くのクロニスタが一致した出来事を述べている。チャンカと呼ばれる民族集団との戦争が、インカ帝国拡大の引き金になったという。チャンカを撃退したのはインカ・ユパンキ、のちのパチャクティ王である。パチャクティのアイリュと不仲だったトパ・インカ・ユパンキのアイリュ寄りのガルシラソだけは、ビラコチャ・インカがチャンカを破ったのだとしている。

そのとき危機に対処できなかったインカ・ウルコは王位を剝奪され、アイリュも残らず、その建物もなく、インカの歴史から抹殺されそうになった。他にも無能であったため記録に残らなかった人物がいただろう。しかしウルコの場合は、パチャクティの偉業を称えるための引き立て役としてか結果的に名前が残った。

重要なのは、戦争に勝利したことがパチャクティの王位継承の正当な理由とされていることである。インカ王は最も有能であると認められた者が即位するのが原則であった。その判断基準は、少なくともパチャクティ以降は戦争における勝利と征服活動の推進であった。戦争が王位の正統性を保証するものであるからこそ、征服活動をやめることはなかった。戦争によってインカ王の実力を示すこと自体が目的化していたともいえる（渡部 2021）。

一方で他の有能な者が武勲を立てれば、その人物が王位を脅かす存在ともなった。だからこそパチャクティは、ペルー北部の征服において活躍した弟カパック・ユパンキを、口実を作って殺害してしまった。

パチャクティにつづくトパ・インカ・ユパンキ、ワイナ・カパックも戦士であった。しかしそのあとのワスカルは戦士ではなかった（ロストウォロフスキ 2003 [1988]: 176）。チンチャイスユの王は戦士であったが、アンティスユの王ワスカルは戦争向きではなかったのである。コリャスユやクンティスユは時に好戦的な性格を帯びるが、アンティスユのみは異なる。またチンチャイスユの王であるアタワルパは、部下の将軍に戦争を任せたとされる（ロストウォロフスキ 2003 [1988]: 123, 143）。それは軍事指導者と行政の長の分離が始まっていたことを示しているのかもしれない。

チャンカ族とは？

さてインカの拡張の引き金となったと語られるチャンカとはどのような存在だったのだろうか。考古学ではワリ帝国期（七〇〇－一〇〇〇年）よりあとで、インカ帝国期よりも前の時代のアヤクチョ地方の文化をチャンカと総称している。白黒の簡素な土器に特徴づけられる。チャンカはクロニカの記述では巨大な敵として表象される。一方で考古学の立場から、その実態を解明しようという動きが進んできた。考古学調査の結果、中央集権的と考えられる証拠となる大規模な遺跡、文化的統合性は認められず、むしろ小規模な集団の集まりであったのではないかという結論になった（Bauer et al. 2010）。インカの武勲を称えるために、チャンカは実態以上に強大な部族と語られたのであろう。しかし実際には「略奪者の群れ」ではなかったかという（ロストウォロフスキ 2003 [1988]: 33）。

じつはアンデスの戦争においては、小規模な集団の群れこそ制圧するのにやっかいな相手である。大規模な中央集権的社会であれば、その王や首長を捕捉した時点で戦闘は終わりとなる。高度に統合されていない好戦的な人々の群れのほうが一気に制圧することが難しいという意味で、強敵なのである。倒しても倒しても襲いかかってくるようなイメージである。そのためチャンカが強敵であったというのは、ある意味で正しい。

一〇〇〇年ごろからクスコ周辺の農業生産力が徐々に上昇したという主張がある（Bauer & Covey 2002）。では一五世紀にインカ帝国がクスコから台頭したのは必然だったのだろうか。別の場所ではあり得なかったのだろうか。それともパチャクティという特定の王がいたからこそ、あるいはチャンカの襲撃という出来事があったからこその結果なのだろうか。インカ帝国の台頭については、必要条件と十分条件の両方から考える必要があるだろう。

敵対的な集団

インカ帝国では、ペルー北高地東部のチャチャポヤス、エクアドル高地のカニャリといった集団がインカに敵対した民族として知られている。しかしその土地に大規模遺跡はいくつかあるものの、彼らが中央集権的な社会を形成していたという証拠はない。一方でインカ期のインカ様式の建造物は多くの遺跡で確認されている。反抗的であるからこそ、インカが統治と監督に力を入れたという証拠である。

ペルー中央高地のワンカの人々も反抗的で、侵入してきたスペイン人に協力した。これらの人々は丘の上に小規模建築をかまえており（D'Altroy & Hastorf [eds.] 2001）、やはり高度に統合されていたわけではなかった。そしてインカ帝国に征服されたのち、川沿いの低い場所にハトゥン・ハウハという行政センターが設置された。

チャンカが活動していた地域にも大規模な行政センターが設置された。クランバ、ソンドル、アンダワイラスなどである。ビルカスワマンという大規模センターもある（Bauer et al. 2010: 26）。ガルシラソの記述によると、チャンカ連合には他にハンコワリュス、ウランマルカス、ビルカス、ウトゥンスリャなどが含まれる（ガルシラーソ 1609: 第4の書第15章; 2006:（二）201）。

クロニカの記述からもう一つ例を挙げよう。ペルー中央海岸南端のカニェテ川流域にグァルコと呼ばれる人々がいた（図6－1）。インカはこれを制圧するのに手を焼き、制圧のための拠点としてインカワシという「新しいクスコ」を建設した（図2－17）。そして目的完遂ののち、インカワシは放棄されてしまった。考古学データからはグァルコの中心的な遺跡セロ・アスル、ウンガラの存在が確認されている（Marcus 1987, 2008）。

7－2　戦争と儀礼

ワカの捕虜

ではアンデスの戦争とは、どのような性格のものだったのだろうか。旧世界の文明では、土地、資源などを奪い合うケースが多かった。ある場所を占拠し、住民を駆逐するイメージである。一方、これまで述べてきたように、アンデスにおける富の基準は人間であった。戦争の最大の目的はより多くの人々をしたがえることにあったため、無駄に人間を殺したり、その土地から追い出すようなことは望ましくなかった。

アンデスでは指揮官が捕らえられた時点で戦争は終わった（ロストウォロフスキ 2003 [1988]: 176）。共同体の首長はワカの力を体現していると考えられ、共同体間の戦争はワカとワカの代理戦争でもあった。敗北はワカの神通力が劣っていたためと認識された。ワカこそが戦争の基軸をなしていたのである。ただし負けた集団は勝った集団に吸収されるかというと、そうではなく、そのままの単位で残存した。そして反旗を翻さないようにワカが捕虜とされた。「ワカの捕虜」についてはポロ・デ・オンデガルドが次のように述べている。

> インカが新しくある地方や村を征服したさいに最初におこなったことは、その地方や村の主要なワカを取り、クスコに持って行くことであり、そうしてすべての人々をしたがえ、反乱を起こさせないようにした。ワカへの奉納や保護などのために、ものや人を供出させたのである。
> (Polo 1559: cap. 15; 1916: 42; 2012: 362)

ベルナベ・コボも次のように述べている。

> 敗者からその地域の主要なワカを取り上げクスコに持って行った。こうすることで彼らの土地を維持するためにワカが助けてくれるとインカは信じていた。人々は不断の努力によりインカの命を遂行し、インカの命にしたがわなかった者は罰せられた。（Cobo 1653: lib. 12, cap. 22;

1964: 108; 1979: 187-188）

インカ帝国では、戦争の勝敗はワカの力関係として理解された。あくまでワカという単位にのっとっており、あるワカが他のワカを吸収して大きくなったり、敵のワカを消滅させたりすることはなかった。

インカ王は「太陽の息子」を名乗り、太陽を理念的にワカとした。征服した民族にインカが太陽信仰を広めたと説明されるが、征服された諸民族がみな、自分たちのワカを太陽に代えたわけではなかった。地方の人々は自分たちのワカを保持しながら、太陽の優位性を認めたという意味である。そのため、スペイン人によるインカ帝国の征服後、太陽信仰は各地に残らなかった。パブロ・ホセ・デ・アリアーガのクロニカには、植民地時代初期に人々は自然の地形をワカとして崇めていたことが記されている（アリアーガ 1621: 第2章; 1984: 399-411）。それはインカ以前の姿に戻ったともいえる。

ワカは基本的には自然の地形の中にあるものが崇拝された。その発展形としてインカの場合は天体も選ばれた。それらのワカを理念的に表す、持ち運び可能な像もワカと呼ばれた。だからこそ地方のワカをクスコに運ぶことができたのである。そして戦争のさいにはワカを携えていたという。インカの場合はワナカウリのワカ、マンコ・カパックのワカなどが戦地に運ばれた（ロストウォロフスキ 2003 [1988]: 35, 57, 128, 135, 139）。一方で、敵のワカの神通力が弱まるように祈った（アコスタ 1590: 第5巻第18章; 1966:（下）186）。

戦争の儀礼性

アンデスの戦争は儀礼的に意味づけられていた。インカの戦士はどのように位置づけられていたのだろうか。チャンカとの戦いで勝利に貢献した戦士たちは、のちにプルラウカという石に変容したと考えられた（一四五ページ参照）。石を戦士に見立てるということは、まさにワカの代理戦争のような世界観である。

アンデスの戦争の儀礼性を如実に示すエピソードがある。インカ帝国がスペイン人に征服されたのち、傀儡（かいらい）のインカ王が即位した。しかしスペイン人の横暴な振る舞いに我慢がならず、反乱を起こした。首都クスコを包囲したマンコ・インカ率いるインカ軍は、籠城するスペイン人を兵糧（ひょうろう）攻めにするなどの作戦を継続すれば、勝利することができたであろう。ところが何ということか、インカ軍は包囲を解いてしまったのである。その理由は農作業が始まるからであった。

アンデスの戦争は基本的に農閑期におこなわれた。月単位で節目節目に儀礼がおこなわれ、そうした一年のサイクルに合致させるように戦争も組み込まれていたのである。酒を振る舞われながら農作業をする人々を描いたグァマン・ポマの絵が、それを典型的に示している（図3-8）。

特にインカの場合は、海岸の人々に兵士の供出を義務づけなかったため、インカ軍は山地の文化に濃く色づけられていた。海岸の人々はより専業的に作業をおこなっていたため、戦争も職業的に遂行されたであろう。しかし反乱の芽を摘むために海岸の人々からは武器を取り上げ、戦士も出させなかったのである。

将軍に相当する人物が指揮を執っていたことは分かっているが、通常の軍隊にあるような将官、佐官、尉官といった階級制は認められない。マリア・ロストウォロフスキやオーケ・ウェディン（Wedin 1965）らが指摘するように、軍隊の組織も三分制や十進法などにしたがっていた。それは入れ子状の組織であり、共同体組織の延長としてとらえることができる。つまり戦争は非日常的な行動というよりも、アンデス世界におけるルーティンのような活動であったのである。

また戦争にラボナスが同伴したことも、戦争の儀礼性を示している（ロストウォロフスキ 2003 [1988]: 142）。ラボナスとは従軍する女性たちのことである。といっても戦士ではなく、食事を作り、手当てをする人たちである。戦争の基本は兵站（へいたん）であり、アンデスの戦争には共同作業のような意味合いがあった。

戦争にかかわる儀礼性について、もう一つ付け加えよう。アンデスの発掘調査で、しばしば外傷を負った頭蓋骨が出てくる。おそらく戦争によって負傷したのであろう。頭蓋骨の一部が切除されたのち、骨が成長している痕跡が認められるため、手術後もしばらく生きていたことが分かる。しばしばインカの外科技術の高さを示す事例として取り上げられてきた。この人はその後、どのような生活を送ったのだろうか。おそらく通常の生活を営むことは難しかったであろう。この事実は、アンデスでは人に価値があることから、できるだけ人を生かすことを優先しただけでなく、そのような健常者ではない特別な人々を大切にしたことを物語っている。

農作物に関しても、アンデスではさまざまな種類を栽培する。それはしばしばリスク回避のための知恵として紹介されるが、もう一つ重要なことは、形の悪いものをあえて価値あるものとして重宝したという事実である（山本 2009）。収穫量の多いもの、効率のよいものに収斂（しゅうれん）するのではなく、つねに多くの種類を残すのである。それはまさにワカとして扱われるようなものであった。民族集団を多く残すことにも同様の意味がある。また多くの種類の農作物がある場合、それに伴う作業も増大する（Szemiński 2021: 10）。そのため労働を作り出す仕組みでもあった。

ここまで戦争の儀礼性を強調してきたが、では戦いは実際にどのようにおこなわれたのだろうか。

7-3 攻める、守る

戦いの実態

一五三二年一一月一六日、カハマルカの広場におけるスペイン人との戦いにおいて、「サンティアゴ」のかけ声とともに銃声が鳴り響いた。それに恐れおののいたインカ軍は、慌てふためき退散したという。先住民とスペイン人は実際に戦闘行為を繰り広げたわけではなく、敵前逃亡のような形になって終わってしまった。

ロストウォロフスキが述べているように「スペイン人とアンデス人との、戦争による対決はなかった。また、現地人が異邦人を攻撃する機会は、だれも攻撃を仕掛けなかったので、なかった。いかなる瞬間においても、アタワルパは、スペイン人たちを撃滅する戦いを仕掛けるよう命令したことはなかった」（ロストウォロフスキ 2003 [1988]: 189）。実際に戦いが始まったのはマンコ・インカの脱走以降なのである。

スペイン人侵入以前にも戦いは実際におこなわれた。特にインカ内部では、王位継承をめぐって血みどろの凄惨な争いが繰り広げられた。アタワルパとワスカルの争いでは、何人もの人々が殺された。無能な王位継承候補者は殺され、歴史から名前を消され、そして自分のライバルとなり得る有能な相手も、その母親も含めて抹殺された。例えばトパ・インカ・ユパンキのミイラが燃やされ、そのアイリュ関係者は殺害されてしまった。

そのため、現在まで残るインカの歴史はパチャクティ寄りのものが多い。しかしトパ・インカ・ユパンキ寄りという意味で珍しい記述であったガルシラソのクロニカがヨーロッパで一番読まれた、という逆説的な結果となったことはすでに説明した通りである（四六ページ参照）。一方、他民族の征服活動は、労働力確保が最大の目的であったから、むしろ人を殺す仕組みは優先されなかった。

武器と防具

インカ軍はどのような武器を用いていたのだろうか。銃はなく、簡素な武器であった。投石器、槍、棍棒が主な武器であった（Guaman Poma ca. 1615: 157 [159]）。そしてジョン・ムラが指摘したように、キープに記録されていた物品リストに武器は含まれていなかった（Murra 2002 [1973]）。ケチュア語の辞書には武器、防具に関する単語として次のようなものがある。

楯＝プルカンカ、ワルカンカ。すべての防具（González Holguín 1989 [1608]: 514）

楯＝ワルカンカ、プルカンカ、ケラル。革製で色のついた羽で覆われている（González Holguín

1989 [1608]: 388）

ワルカンカ＝楯、円楯（González Holguín 1989 [1608]: 173, 514）

マルカケラル＝大楯（González Holguín 1989 [1608]: 173）

ワルパリクイクナ＝戦争のためのあらゆる武器と飾り、盛装、衣服の飾り（González Holguín 1989 [1608]: 174）

ワマン・チャンピ＝矛のような棍棒頭（こんぼうとう）つきの槍（González Holguín 1989 [1608]: 93, 175）

ワラカ＝投石器（González Holguín 1989 [1608]: 182）

リャカ・チュキ＝羽のついた戦争用の槍（González Holguín 1989 [1608]: 206）

チュキ＝羽のない槍（González Holguín 1989 [1608]: 206）

クンカクチュナ・チャンピ＝武器の矛、斧（González Holguín 1989 [1608]: 55）

チャンピ＝戦い用棍棒（González Holguín 1989 [1608]: 93）

チャスカ・チュキ＝カニャリ族の房飾りつきの槍（González Holguín 1989 [1608]: 98）

チウイチニ＝戦争の道具、鉤（かぎ）で縄に捕まえる（González Holguín 1989 [1608]: 115）

ワチ＝矢、突き棒、投槍（González Holguín 1989 [1608]: 168）

アイリョ、リウイ＝戦争で足に絡めさせる小石のついた紐。動物、鳥を狩るため脚や羽に絡める（González Holguín 1989 [1608]: 40）

投槍＝フチュイ・チュキ、ワチナ・チュキ（González Holguín 1989 [1608]: 427）

投槍＝ワチナ（González Holguín 1989 [1608]: 433）

槍の柄＝チュキプ・カスピン、トゥリュン（González Holguín 1989 [1608]: 421）
武器＝アウカナクナ・ワニュチナクナ（González Holguín 1989 [1608]: 416）
防具＝ワルカンカクナ・プルカンカクナ（González Holguín 1989 [1608]: 416）
弓＝ピクタ（González Holguín 1989 [1608]: 416）

アンデスでは自分の力で投げる武器が重んじられた。投石器や投槍器は自分の力で投げる武器である。弓矢のような弦の反動力を利用するものは好まれなかった。自分の力を利用する等身大の文化であった。武器自体の性能に頼って戦闘をおこなうことはなかった。刀などもなかった。

武器は基本的に石製で、金属製の武器はほとんど発達しなかった。そして石そのものを投げた。棍棒の先端に石製の棍棒頭がつけられることもあった。それは円形であったり星形であったりした。金属製の棍棒頭が用いられることもあったが、数はきわめて少ない。

投石器はスペイン語でオンダ、ケチュア語でワラカ、チュキ・ルミンと呼ばれる（図4－14）。また、先端に石のついた三つ叉（みまた）の紐状の道具はおもに狩猟に用いられ、スペイン語でボーラ、ケチュア語でアイリョと呼ばれる。それを投げて動物の足に絡ませて倒した（図7－1）。

注意したいのは、アンデス山地の民は弓矢を使用しなかったことである（Bennett 1948）。弓矢を用いたのは、アンデス山脈の東斜面のアマゾン地帯にいるチュンチュなどの人々であった。旧世界では弓矢は改良され、クロスボウなど殺傷能力の高い武器が生み出されたのであるが、アンデスにはなかった。むしろ殺傷能力の低い武器を好んで使用したのである。

戦いの先頭に立ったインカ王の姿を見てみよう（図3－4）。輿の上に立ち、手にしているのは投石器である。ゴリアテに立ち向かうダビデよろしく、アンデスでは投石器は非常に意味のある武器であった。ベルナベ・コボのクロニカに採録された神に関する情報では、ビラコチャと太陽の次に崇められたのは雷であるという。雷の神が両手に持っていたものは、左手に棍棒、右手に投石器である。そして重要なのは投石器を使用すると、雷が落ちるということである。

> 星の輝く空にいる人物で、左手に棍棒、右手に投石器を持ち、煌めく服を着ていると想像された。石を投げるために投石器を回転させると稲妻が出て、その破裂音が雷鳴をとどろかせた。雨を降らせたいときに、投石器を投げた。（Cobo 1653: lib. 13, cap. 7; 1964: 160; 1990: 32）

図7－1　アイリョ　おもり付きの投げ縄。紐の先端に小石が入っている。狩猟や戦闘に用いられた。（Guaman Poma ca. 1615: 206 [208]）

ここでまた雷が出てきた（cf. Polo 1559: cap. 1; 1916: 6; 2012: 344）。同じ行為を繰り返し（更新し）、同じものが繰り返し現れるのがアンデスの文化の特徴である。一見多様であっても、もとをたどれば同じということがよくある。雷はイリャパと呼ばれ、イリャパはミイラや先祖をも意味する。インカ王が持っている投石器は単なる武器ではなく、投石器＝雷＝ミイラという形で先祖に結びつけられる意味合いを有する道具なのである。

戦争と技術

ヨーロッパの考古学では石器時代、青銅器時代、鉄器時代という大まかな時代区分が用いられる。青銅は銅と錫の合金であるが、融点は低い。鉄になると融点がきわめて高く、製鉄には特別な技術が必要であった。このような時代変遷は人間による熱のコントロールの技術の発展を示している。重要なのは、青銅器から鉄器への変化に伴い硬度が上昇したことである。それによって農工具の作業効率がアップしただけでなく、鉄製の武器を持つ集団は戦争で優位に立つことになった。鉄の歴史は戦争の歴史でもあった。

ひるがえってアンデスはどうだったのであろう。鞴や窯といった高い温度を出すための技術は実用化されなかった。人間が自分の肺活量で空気を送り込み、温度を上げる場合の限度は一二〇〇度である。これでは鉄を加工するのには足りない。そのためアンデスの冶金技術は、金、銀、銅など融点の低いものが中心であった。そしてガラス製品も生み出されなかった。

金、銀、銅はおもに儀礼用具を作るのに用いられた。一方で青銅も作られた。アンデスの青銅には大きく二つの系統があり、銅と錫の合金と、銅と砒素の合金の砒素銅があった。後者はワリ文化とシカン文化で実用化された。前者の銅と錫の合金はおもに中央アンデス南部（ボリビアからチリ北部）に広まったティワナク文化（五五〇―一一〇〇年）に認められる。ただしティワナク文化の前半には銅と砒素とニッケルの合金が用いられ、後半になると銅と錫の合金が増え、インカ帝国期まで続いた（Lechtman 2003）。このようにインカ帝国内には系統の異なる二つの冶金技術の伝統があった。

しかし青銅製の武器が数多く使用されたわけではない。石の武器よりも強いが、強い武器を持つことをアンデスの民は求めなかったのであろう。つまりそのような必要がなかったのである。簡素な武器であったから、当然それに合わせて防具も発達しなかった。ヨーロッパやアジアの文化は戦争の歴史でもあった。そのため博物館を訪れれば、兜（かぶと）、鎧（よろい）などが展示されている。一方、アンデスの博物館では、展示物の中にそういったものはない。発掘調査で見つからないのである。もともと簡素なもので、しかも金属製ではなく木製や布製であったから、実際に遺物として残っているものは少ない。

グァマン・ポマの絵を見ると、垂れ飾りのある長方形の楯が描かれている。そんなものでは強い攻撃をとても防げない。頭には兜ではなく、飾りのついた頭飾りをかぶっていたため、棍棒で殴られたら痛いに決まっている。要するに本気で戦いをすることが想定されていないような武器と防具である。簡素な武器でも決着がつくような戦いの仕組みであったのだろう。

守る

防御の基本は立てこもることであった（Arkush 2011, 2022）。防御壁のある遺跡の多くは丘の上の高い場所に立地し、下から登ってくる敵に対して備えている。こうした遺跡は先インカ期に数多く認められる。しかしインカ帝国の支配下では共同体間の戦闘は減少し、またインカは抵抗を予防するために丘の上の砦(とりで)を放棄せさて、人々をより低い場所に移動させたとされる。低い場所は農業に適しており、農業生産力が強化されたことを物語っている。

砦のことをプカラと呼ぶ。プカラという名前を冠した遺跡はアンデスに数多くある。それらが実際に戦闘のおこなわれた場であったかどうかは、はっきりしない。アンデスの戦争はかなり儀礼的に意味づけられていたからである。例えばクスコのサクサイワマン遺跡は、インカ軍とスペイン軍の戦いの舞台となった砦である(口絵3)。しかし同時に、儀礼の場であったことも強調される。遺跡を上から見ると、巨石の壁がジグザグに造られている。そうしたジグザグの壁は雷を模したものであると解釈される。非常に儀礼的意味合いが強い設計である。

7-4　地方支配

征　服

次にインカがどのように他の民族集団を支配下に置いていったのかを見ていこう。

インカ帝国の支配域の最大範囲は、北はコロンビアのパストから、南はチリの首都サンティアゴまでの南北四〇〇〇キロに及んだ(図7-2)。パチャクティによって拡大政策が開始され、トパ・インカ・ユパンキ、ワイナ・カパックがつづいた。征服活動に明け暮れていたため、三人の王はほとんど首都にいなかった。そのためヨーロッパの「移動する王宮(itinerary court)」というモデル

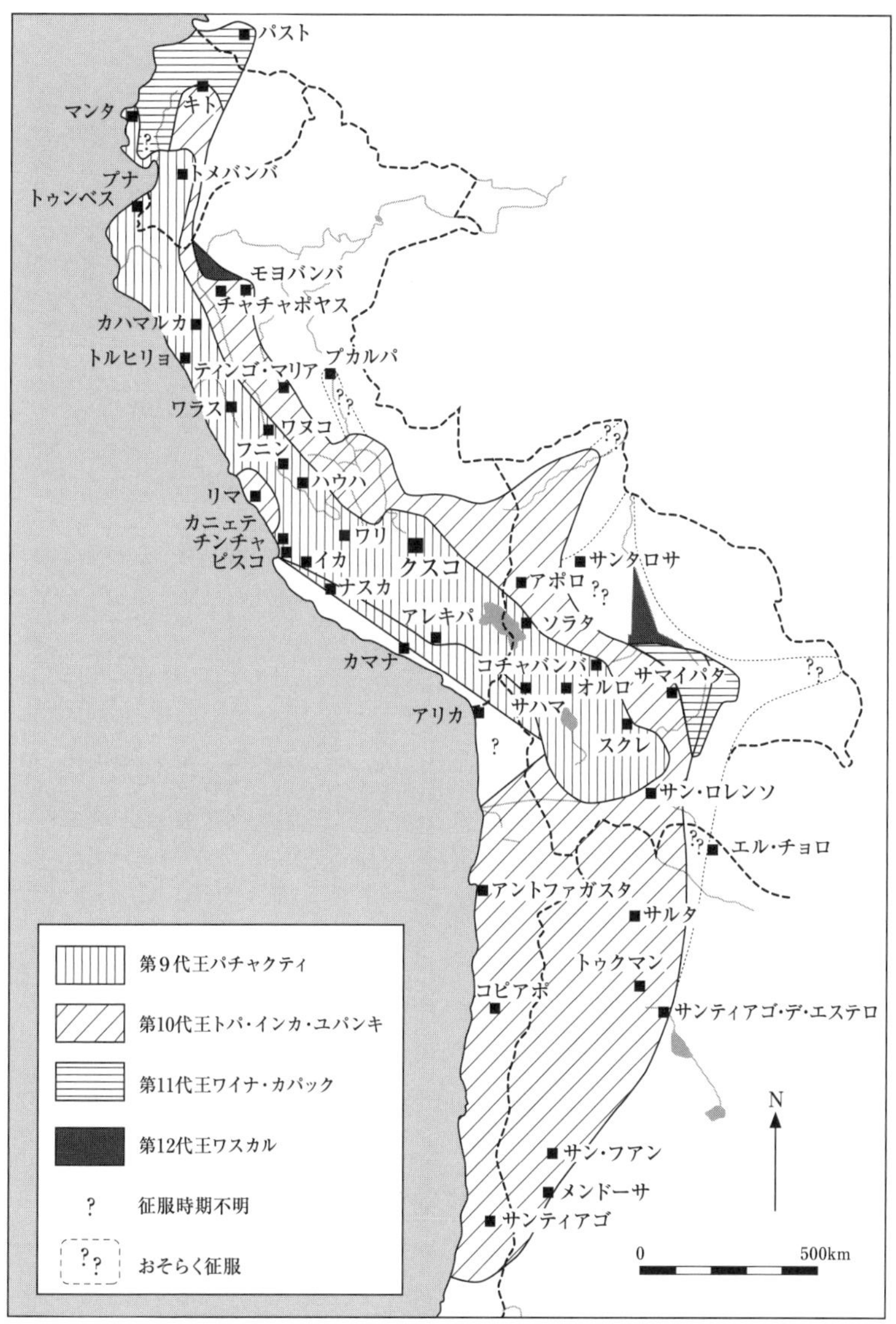

図7－2　インカ帝国の拡張過程　パチャクティが現在のペルーの大部分を支配下に収めた。トパ・インカ・ユパンキは南方と東方に、ワイナ・カパックは北のエクアドル方面に拡張した。ワスカルは統治期間が短く、しかも戦闘的な王ではなかった。インカ帝国の領域とは支配下に入った人々の活動している範囲であり、土地を所有していたわけではない。（渡部 2010: 図1-3）

を参照にして、クスコとは人、役職のことを指し、場所を指し示すのは二義的であるという意見まである（Ramírez 2005）。しかしクスコという言葉が人を指す場合に用いられることはあるものの、やはり第一義的には場所を指す。

インカ王がしばしばクスコを不在にしていたことは確かである。外征によることが多かった。いったん征服しても反乱が起こった場合は、そこを再征服する必要があった。また、すでに支配下にある地域を巡幸することもあった。そのさいには儀礼によって被支配民との関係を再確認し、儀礼の舞台となった行政センター（タンプ）で酒が大量に消費された。

征服にはさまざまな程度があった。まず実際に戦闘を伴う暴力による征服があった。この場合は武器が使用され、捕らえられた者は捕虜として扱われた。捕虜はピニャスと呼ばれた（González Holguín 1989 [1608]: 286）。インカに敵対した民族集団としては、エクアドル高地のカニャリ、ペルー北高地東部のチャチャポヤス、ペルー中央高地のワンカなどの人々が知られる。

インカ帝国の拡張過程における最大の敵はペルー北海岸のチムーであった。高度に中央集権化した社会であったため、チムー王国と呼ばれる。考古学的にもモチェ川流域のチャンチャン遺跡を首都とする社会であったことが確認されている。北はヘケテペケ川流域、南はカスマ川まで行政センターを設置した。文書記録によれば北はトゥンベス、南はリマ周辺まで支配下に収めたとされるが、考古学データにもとづくと支配範囲はより狭い。インカが他の民族集団を誇張して描写したように、チムーの勢力をより大きく示すことで、インカの力を間接的に誇示しようとしたのかもしれない。

チムー王国は山地へも進出し、タンタリカという支配の拠点が設置された（二七一ページ参照）。

社会的緊張を示すかのように、きわめて防御的な設計となっている（口絵10）。武器として使用された棍棒頭の破片なども出土している。ここでチムー軍とインカ軍が実際に戦ったのかもしれない。最終的にチムー王国はインカの軍門に降った。そのことを如実に示すように、タンタリカ遺跡はインカ期に再利用された。インカ様式土器が現れ、またインカ文化の埋葬形態であるチュルパと呼ばれる塔状墳墓が、チムー期の地下式の墓室の上に造られた。さらにチムー期の儀礼用水路（カナル）が埋められたことも分かっている（図4－11）。これらは征服が単に武力の優越による支配ではなく、儀礼のあり方の変化を伴うものであったことを示している。

戦争と労働力

インカ帝国の拡張は、特定の土地や鉱物などの資源を求めて戦争をおこなった結果ではない。最大の富は人間であり、戦争に勝利して多くの人々を支配下に取り込み、労働力として使用することが重要であった。

特殊な技能を持つ人々は特に重宝された。例えば、北海岸にいた金属細工職人はクスコに連れて行かれたという（シエサ・デ・レオン 1553b: 第59章; 2006: 312）。クスコには、イカ、チンチャ、パチャカマク、チムー、ワンカビルカなど、海岸地方出身の金属細工師がいた（ロストウォロフスキ 2003 [1988]: 99, 119, 214, 227, 284）。

インカ帝国は黄金の文明というイメージがあるが、金の主要な鉱脈があるのはペルー北部である。多くの場合は、砂金を集めて金属製品に用いられたと考えられる。ペルー北部の河川には多くの砂金を含む砂があったのだろう。そこでは大規模社会が古くから生まれ、冶金技術が発達した。

インカ帝国の拡張とは第一義的には成員の増大であり、領土の拡大は二義的な結果である。そもそも領土、版図という概念はなかったのだが、結果的にインカ帝国に組み込まれた人々が生活していた地域は南北四〇〇〇キロに及んだ。ただしこれは征服活動の途中経過である。遠く離れた地域においては何度も反乱が起こることもあり、再征服をおこなう必要があった。支配域が定まっていたわけではなかった。

ペルー北海岸や中央海岸など、インカ帝国成立直前に中央集権的な社会が存在した場所では、むしろ反乱は少なかった。さらに海岸の民は武器を取り上げられた。そこの住民にとっては、支配者が代わっただけだととらえられた。首長国があったとされる南海岸のチンチャ、ティティカカ湖周辺のコリャやルパカは、インカ帝国の支配下で手を加えられ中央集権的な形態になった。そしてペルー北高地では、チムーの支配下にあった社会がインカ帝国の支配下に組み込まれ再編成された。カハマルカ文化の人々とともに新たな行政単位を構成し、それがクイスマンク王国と呼ばれるようになった。

コリャやルパカのあったティティカカ湖周辺は、六―一一世紀にティワナクと呼ばれる中央集権的な社会があった場所である。そこにはインカ帝国の介入により、親インカ的な社会が形成された。一方、同じ時期にワリ帝国があった場所はチャンカ族の中心地であり、逆にインカの敵と表象された。その範囲内のビルカスワマンにはインカの行政センターが設置され、強い監視下に置かれた(Santillana 2012)。

どこまで進んだか？

南のチリ方面、北のエクアドル方面、東のアマゾン方面はどこまで進出したのだろうか。

南のチリ方面のコリャスユはマウレ川まで進んだ（ワシュテル 1984 [1971]）。それよりも南にはマプーチェという、中央集権的ではない分節的な集団があった。スペイン人が侵入したさいに、スペイン人をインカと見なして抵抗活動をしたことが知られる。そもそも中央集権的な組織に属していない集団のほうが、征服に手間暇がかかる。とはいってもインカ王にとっては、そのように労働力を投下する対象が存在したほうが好都合でもあったろう。

北のチンチャイスユはコロンビアのパストまで到達したという。やはり進行の途中であって、どこまで征服するか、あらかじめ定まっていたわけではなかった。つねに征服活動を反復することが前提となっており、その歯車は帝国が崩壊するまで回りつづけた。

東のアマゾン方面のアンティスユは大規模な拡張が可能であった。フィンランドの研究チームはブラジルまでインカの足跡を追いかけている（ペルッシネン 2012）。しかしながらその自然環境は、高地や海岸の比較的乾燥している地域とは異なる。チンチャイスユ、コリャスユと、アンティスユとでは征服の意味合いが異なっていたのかもしれない。パチャクティよりも前の時代のサパ・インカはアンティスユから輩出したため、アマゾン方面への進出は征服というより、インカの故郷への回帰だったといえる。

クンティスユの拡張には限界があった。そこから北のチンチャイスユ方面、南のコリャスユ方面に進出することはできなかった。西方は海が自然の障壁となっており、人はそれ以上住んでいなかったから、人間の労働力の獲得を目的とする征服活動は展開の余地がなかった。クンティスユはパカリクタンボが位置し、過去の基準点となっていたが、空間的にも固定されたインカ帝国の定点であった。

7-5 邂逅、抵抗、終焉

スペイン人

ビラコチャはインカの「創造主」とされる。しかし「創造主」という意味は、植民地時代に付与されたものである。そもそも「創造」という言葉自体がキリスト教的意味合いを帯びている。ビラコチャとパチャ・ヤチャチクというケチュア語は「世界の創造主」を説明するための訳語として選ばれたのである（一九九ページ＊1参照）。

ビラコチャは創造主ではなく、アンデスに広く見られる文化的英雄のクスコ地方での名称である。ペルー中央高地ではワリ、リマの山岳地帯のワロチリ地方ではクニラヤ、南アンデスではトゥヌパと呼ばれる。その形は複数あり、単一神ではない（Itier 1993: 151-163）。

インカの人々はスペイン人をビラコチャと呼んだ。ガルシラソはインカ王ビラコチャ・インカについて次のように説明している。

王子［ビラコチャ・インカ］の夢枕に立って、自分はビラコチャであると告げたあの幽霊の名が王子のものとなったのである。そして、後になって王子が、幽霊は、一般に顔に毛のはえていないインディオたちと異なって髭だらけであり、また、膝までしかないインディオたちの短い着衣と違って踝まで届くようなゆったりとした衣服をまとっていた、と言ったものだから、それを覚えていたインディオたちは、ペルーに進入して来た最初のスペイン人たちが髭を生やし、体中を衣服でおおっているのを目にすると、彼らをビラコチャと呼んだ。（ガルシラーソ 1609：第5の書第21章；2006（二）344-345）

またティトゥ・クシ・ユパンキはスペイン人をビラコチャと呼んだ理由について次のように記している。

それは、ひとつには、その人たちの身なりや容貌がわれわれとはかなりかけ離れていたからであり、いまひとつには、その人たちが銀の足をした巨大な獣に乗っているのを目にしたからである。（ティトゥ・クシ・ユパンギ 1987［1570］：22）。

ビラコチャと間違えられたスペイン人は、インカという名前を聞きつけた。スペイン人は一攫千金を狙う輩の集団であった。彼らにインカの名前を伝えた人々の持ち物と噂話から想像を膨らませ、たいへんな金銀財宝の国であると判断し、海岸沿いにどんどん南下した。現在のサーニャ川をさかのぼって山地に入り、インカ帝国の王アタワルパが待つカハマルカへと向かったのである（トルヒリョ 1992 [1571]）。

インカ道を通って進み、途中のカハスまで偵察を出した。スペイン軍がカハマルカに到着したとき、インカ軍が待っていたのはカハマルカから東に五キロの場所である。現在、バーニョス・デル・インカと呼ばれている。インカ期の遺構は見つかっていないが、記録のとおり多くの温泉が現在でも湧出している。

邂逅

インカ軍とスペイン軍の邂逅（かいこう）について、多くの書物が書かれている。しかし、もととなる記録はみな同じである（染田 1999; 増田 1964）。クリストバル・デ・メナ、フランシスコ・デ・ヘレス、そしてのちに回想して書かれたディエゴ・デ・トルヒリョ、ペドロ・ピサロなどの記録である。彼らは目撃者であった。その場にいたスペイン人一六八人については、ジェイムズ・ロックハートが緻密に追跡して、彼らのその後を記録している（Lockhart 1972）。

邂逅の場面を描いた絵を見てみよう。右側には輿の上に乗っているアタワルパ、そして左側には地面に立つフランシスコ・ピサロが描かれている（図7−3）。アタワルパの面前に進み出ているのは、ドミニコ会の神父ビセンテ・デ・バルベルデである。神父が「スペイン国王の御名の下、キリスト教を布教するためにやってきた」旨を告げ、聖書を渡す。しかしアンデス世界には文字などなかったのだから、それが何であるかを理解したはずがない。アタワルパはそれを放り投げてしまった。キリスト教への冒瀆という攻撃の口実を得たスペイン軍は、「サンティアゴ」のかけ声とともに一気になだれ込み、たちどころに決着はついた。

このエピソードのポイントを四点、指摘したい。

一つめは、謁見の場が宮殿や城などの建物内ではなく、広場であったことである。インカ王には宮殿や城などを大規模に建設し、それを相続する習慣がなかった。一方、大規模で荘厳なのは神殿などの宗教建造物である。そして神殿の中心部には神像があるわけではなく、空間があった。クス

図7－3　アタワルパとスペイン軍の対面　アタワルパは左手に聖書、右手にチャンピと呼ばれる棍棒、あるいはクチュナと呼ばれる斧を持っている。頭上にかざされているのはアチワと呼ばれる日よけであると思われる。初代王マンコ・カパックも左手に日よけを持っている（図4-26-①）。（無名征服者 1966 [1534]）

コの「太陽の神殿」コリカンチャの中心部は何もない空間であった（図4‐17）。クスコのもう一つの中心、ハウカイパタも広場であった（図4‐20）。儀礼の場にインカ王が身体を置くことで広場は機能した。いわばアタワルパは自分の空間を創り上げ、自分の身体の中にスペイン人を招き寄せたのである。

二つめは、邂逅の場が首都クスコではなく、北方の町カハマルカであったことである。インカ王はつねに征服活動に従事していた。ワイナ・カパックの息子であるワスカルとアタワルパが王位継承をめぐって争っていたとき、スペイン人が侵入した。このときワスカルはクスコに留まり、アタワルパはエクアドル方面を活動の中心にしていた。エクアドルはワイナ・カパックが広げた領域であり、ワイナ・カパックはトメバンバを、アタワルパはさらに北のキトを拠点とした。アタワルパがピサロの手中に落ちたのは一五三二年一一月一六日である。この日をもってインカ帝国は実質的に崩壊したといってよいが、その一年後のスペイン軍による首都クスコ入城をもって征服とすれば、インカ帝国の滅亡は一五三三年のこととなる。王が捕らえられても残りの部隊が抗戦すればいいものの、そうはならなかった。スペイン軍は抵抗を受けることなく、カハマルカからクスコに向かったのである。

三つめは、アタワルパが輿から引きずり落とされた時点で、争いはほぼ終わったことである。これはアンデスの戦争の特徴をよく示している。「太陽の息子」インカは彼らのよりどころであったが、捕らわれたインカはもはや神通力を失ったと考えられた。インカ軍からの反撃はほとんどなかった。二万ともいわれるインカ軍であるから、総力戦で戦えばかならず勝てたであろう。しかし敵前逃亡したというのが実態であった。

四つめは、スペイン軍側に神父がいたことである。インカ軍側はもちろんワカを帯同していたから、両者の邂逅は宗教的な意味合いを帯びていたことになる。またスペイン軍側には公証人もいた。公証人が紙に書き記した内容が、署名され、スペイン国王に送られて「正史」と認定された。一方、インカ側ではキープカマヨクが征服の過程についてキープに結び、記憶した。出来事を伝える仕組みが、スペイン人側と先住民側の双方にあったのである。

抵抗

インカ帝国滅亡の歴史は、じつは一五三二年の時点では終わらない。そこから四〇年つづく。

インカ王さえ手中に置けば、インカ帝国を自由に操ることができることを見抜いたスペイン軍は、あろうことかアタワルパを処刑してしまった。当初は火焙(ひあぶ)りにされる予定であったが、インカにとってはミイラになることが重要であるから、身体を失うことだけは避けたいという理由で、洗礼を受けキリスト教徒になることを条件に絞首刑となった。アタワルパはフランシスコという洗礼名を受けたことになっているが、ファンという名前であったという記録もある(MacCormack 1991)。

その後、スペイン人は傀儡王を立てた。最初のトゥパク・ワルパはすぐに亡くなった。次のマンコ・インカはスペイン人の苛酷な扱いに耐えられず逃亡した。スペイン軍を構成していた人々はイベリア半島のごろつきが中心であったから、悪辣なことに関しては天下一品であった。彼らの虐待にはインカでなくとも、誰も耐えられないだろう。

たとえ傀儡王であっても、インカ王がいれば対抗することができた。王がいなければ、そもそも戦うという発想はなかった。インカ軍はマンコ・インカを中心に立て直し、クスコを包囲した。ところが農作業の季節が始まり、兵士たちは武器を置いて畑に帰ってしまった。結局マンコ・インカはクスコを攻めきれず、スペイン軍は息を吹き返した。

その後ビルカバンバにおいて、サイリ・トゥパク、ティトゥ・クシ・ユパンキ、トゥパク・アマルーが抵抗活動をつづけた。そこにいたる橋は焼かれ、外来者の侵入を拒んだ。最終的に征服されたのは一五七二年のことである。

抵抗の拠点であったエスピリトゥ・パンパ遺跡（図2-19）はインカ期から植民地時代の遺跡と考えられていたが、二〇一一年にワリ帝国期の墓が見つかった（Fonseca & Bauer 2020）。であるからインカ帝国のアンティスユへの征服活動はインカの王族の起源にかかわることなのかもしれない。アマゾン方面はインカにとって関係が深い。インカは臣民の分からない言葉を使用していたという。公用語はケチュア語であり、クスコ地方ではアイマラ語も話されていたから、それらとは別の言語である。おそらくプキナ語であろう。現在は失われてしまい、いくつかの文書の中でかろうじてその断片が確認できるだけであるが、プキナ語はアラワク語系だという（Adelaar & Muysken 2004）。それはアマゾンからカリブ海地域に広まる言語系統である。起源神話はティティカカ湖やパカリクタンボとのつながりを語り伝えているが、言語はアマゾン方面との強いつながりを示している。実際インカ王の名前はケチュア語やアイマラ語だけでは完全に説明できないのである。

そしてインカの範囲の最も東はブラジルまで及んでいる。なぜわざわざそこまで行ったのか。インカにとって何か自分たちの祖先にまつわることがあったのではないか。最東端の地はボロロ族の居住する場所であり、R・トム・ザウデマがインカの社会組織との類似性を指摘している。南米の広い範囲で共有されていた特徴をインカとボロロの二つの社会は表しているのかもしれない。アマゾンと強いつながりを示すにもかかわらず、インカの人々はアマゾンの道具である弓矢を使用しなかった。そもそも大規模社会の発達しなかったアマゾンとインカの関係は今後の研究課題として残されている。

神殿とともに去りぬ

インカ帝国の首都クスコの中心にはコリカンチャ（太陽の神殿）があった。現在、その上にはスペイン人による征服を象徴するようにサント・ドミンゴ教会が建っている（図4-16）。

「先住民はキリスト教の布教にあらがい、みずからの信仰を守ろうとした。その結果、土着の宗教とキリスト教が習合したシンクレティズムが認められる」というのが、世界各地で起こった現象の定番ともいえる説明である。

しかしインカ帝国の場合はそうではなかった。アンデスの人々はある時点で正式なクリスチャンとなってしまったのである。自分たちが正統なキリスト教徒であることを自認するゆえに、実際には血縁関係のある祖先たちを異教徒としてとらえ、他者化してしまった（齋藤 1993）。そのため、遺跡と自分たちのルーツを結びつけることはない。

一七世紀初めに偶像崇拝根絶運動が推し進められた結果、先住民がクリスチャンとなったとすれば、一六世紀にはまだ土着のワカ宗教が実践されていたと考えられる。しかしその習慣はその後、少なくとも意識的に保持されたわけではなかった。土着の要素が認められるとすれば、それは意識されることなく結果的にキリスト教の実践に取り込まれたものである。

インカ帝国が無文字社会でありながら高度に中央集権化された社会であったことが、宗教のすみやかな切り替わりが生じた要因の一つであろう。もし中央集権化されていなかったら、先住民の宗教意識は短期間には変化せず、キリスト教の布教のためにはそれぞれの場所で個別の対応が必要となっただろう。またもし文字社会であったならば、文字記録を通じて以前の宗教の要素がより多く残ったはずである。

いずれにせよ、太陽などのワカを崇拝するための施設である神殿はすべて放棄された。古代アンデス文明は神殿から始まり、神殿とともに去って行ったのである。

複雑な大規模社会である古代アンデス文明は終焉(しゅうえん)を迎え、スペイン植民地という別の仕組みの中に発展的に解消された。先住民がいくら伝統的な生活をしていようと、それは現代的な姿である。かつて存在したインカ帝国という巨大な政治組織の解明は、史料と考古学データをもとに丁寧に進めていく必要があろう。

おわりに

無文字社会でありながら南米最大の帝国を築き上げたインカ。インカ帝国の研究に取り組んでいる研究者は世界中におり、毎年、多くの論文、著作が世に出ている（cf. Lane 2022）。同じ人類であるので地球上の諸文化の間には相違点が多くある一方で、やはり共通点も多々ある。インカをはじめとする古代アンデス文明の研究を通じて、人類の理解の枠組みを、より整合性の高いものにできるはずである。筆者はそう考えて研究をつづけている。

二〇世紀半ばまでのインカ帝国研究はクロニカにもとづく研究が中心であった。それから、構造分析、考古学データの活用、行政文書の活用などの方法が加わってきた。現在もそうした流れの中にある。考古学では特定地域の遺跡のデータと文書データを組み合わせる研究が多く、筆者も基本的にはペルー北高地に軸足を置いて、インカ帝国全体を眺めている。そしてクロニカの情報を確認するために、首都クスコには何度も行った。

アンデス研究において、インカよりも前の時代を扱う場合には、考古学データにほぼ依拠することになる。一方、インカ帝国については、スペイン人の残した史料があるため多くのことが分かるとしばしば説明される。確かに人物の固有名詞など、文字がなければ伝わらない情報もあるが、文字ですべてが伝わるわけでもない。逆に文字史料があるため、それに引っ張られ、分からなくなることもある。

クロニカ研究に偏ると、先行研究と被ってしまう。焼き直しにならないように新たな視点を出すためにはどうしたらよいのか。自分の持っているデータから、できるだけ汎用性の高いモデルを構築するにはどうしたらよいのか。研究を進める過程でつねに自問している。

しかし必要なのはやはり史料の読み直しである。アンデスではメソアメリカと異なり、先住民の言語で書かれた文書がきわめて少ない。そうした状況で、本書を執筆するためにできるだけケチュア語の単語の意味を確認した。基礎となる史料を確認し、現地の言語の意味を調べるという方法は、今後も筆者の研究の基本となろう。

インカ帝国については、分からないことはまだまだある。そもそもインカ王権の構造についてもまだ議論はつづいている。インカ王は一人だったのか、複数だったのかという根本的な問題も決着がついていない。こうした意見の不一致も、じつは文字史料があったから出てきた混乱である。それでも分析をつづけていくとで、解釈の整合性を高めることはできる。

インカ研究において新しい方法論は多く出てきた。まだまだ新しい方法、議論の仕方が出てくるのだろうか。それとも基本的な議論の方法はもう出尽くしているため、分析の精度を上げる段階なのか。どのような研究にも流れがあり、その時代のパラダイムがある。同じ史料を扱う場合でも、研究者によって見方が異なる。筆者の関心の置き方が他の研究者と異なるため、本書に描かれているインカ帝国の姿は、かなり違った姿に映るかもしれない。あとで読み直せば、この二一世紀の研究状況を映し出す特徴が見えるかもしれない。

研究が進むとどうしても視点は狭くなりがちであるが、本書では全体的な構造に重点を置いて、インカ帝国を描き出そうとした。つまり人体に喩えれば、頭があって手足があるという構造に注目した。どんな顔だったのか、どんな手だったのか、そうしたディテイルは、それぞれの分野の専門家の研究成果を参照していただきたい。また本書では各地の考古学情報にもほとんど触れなかった。それは今後の課題として残している。

歴史にせよ構造にせよ人間が創り上げるものである。そこには生身の人間の飽くなき欲望と赤裸々な感情が紡ぎ込まれている。それを想像しながら、できるだけ冷徹に情報を見きわめるしかない。そうすれば少しは前に進めるはずである。いつものことながら自分が書くことは不十分であると認識しているが、研究はつねに途中経過であるので、またそれを踏み台にして次に進んでいこうと思う。

現在筆者は、遺跡発掘をしてワリ帝国の研究を進めているのであるが、そのさいにインカ帝国をつねにモデルとしている。アンデス研究の出発点となるのはインカ帝国研究である。ワリ帝国について説明するためには、インカ帝国について一度自分なりにまとめる必要があると感じていた。そうしたときに本書執筆のチャンスが巡ってきた。

二〇二〇年三月一五日にペルーで遺物分析をしていたときに、新型コロナウイルスのため非常事態宣言が出され、国境は閉鎖された。その後、六月初めまでの二ヶ月半、ペルー北高地の山奥の村クントゥル・ワシから出ることはできなかった。そのときにこの本を書き始め、それから四年もたってしまった。

本書執筆のお声がけをいただいた宇和川準一さんには、編集まで大変お世話になった。また南智博君（南山大学大学院生）には草稿段階の原稿をチェックしてもらった。アンデス研究の先生方、同僚には普段から刺激を受け、ご指導いただいている。最後に、調査のためにペルーに長期間滞在することが多いが、いつも応援してくれている妻と子供たちに感謝の気持ちを伝えたい。

本書には科学研究費補助金（23H00032、19H01396、19H05734、15H01911、23682011、19682004）、高梨学術奨励基金助成金（1999-2000年度）、南山大学二〇二三年度パッヘ研究奨励金（I-A-2）による研究成果が含まれている。

渡部森哉

二〇二四年一月二二日

1989 [1983] El león en la ciudad: símbolos reales de transición en el Cusco In *Reyes y guerreros: ensayos de cultura andina,* edited by R. Tom Zuidema, pp. 402-454. FOMCIENCIAS, Lima.

1990 [1986] *Inca Civilization in Cuzco.* Translated by Jean-Jaques Decoster. University of Texas Press, Austin.

2011 *El calendario inca: tiempo y espacio en la organización ritual del Cuzco. La idea del pasado.* Fondo Editorial del Congreso del Perú, Fondo Editorial de la Pontificia Universidad Católica del Perú, Lima.

Press, Austin.

Van Buren, Mary

1996 Rethinking the Vertical Archipelago: Ethnicity, Exchange, and History in the South Central Andes. *American Anthropologist* 98 (2): 338-351.

Villanueva Urteaga, Horacio

1971 Documentos sobre Yucay en el siglo XVI. *Revista del Archivo Histórico del Cuzco* 13 (1970):1-48.

Wachtel, Nathan

1982 The Mitimas of the Cochabamba Valley: The Colonization Policy of Huayna Capac. In *The Inca and Aztec States 1400-1800: Anthropology and History,* edited by George A. Collier, Renato I. Rosaldo, & John D. Wirth, pp. 199-235. Academic Press, New York.

Watanabe, Shinya

2013 *Estructura en los Andes Antiguos.* Editorial Shumpusha, Yokohama.

2015 *Dominio provincial en el Imperio inca.* Editorial Shumpusha, Yokohama.

Wedin, Åke

1965 *El sistema decimal en el Imperio incaico: estudio sobre estructura política, división territorial y población.* Insula, Madrid.

Willey, Gordon R.

1971 *An Introduction to American Archaeology, Vol. 2, South America.* Prentice Hall, Englewood Cliffs, New Jersey.

Wright, Kenneth R.

2006 *Tipon: Water Engineering Masterpiece of the Inca Empire.* ASCE Press, Reston.

Yaya, Isabel

2012 *The Two Faces of Inca History: Dualism in the Narratives and Cosmology of Ancient Cuzco.* Brill, Leiden.

Zárate, Agustín de

1995 [1555] *Historia del descubrimiento y conquista del Perú.* Fondo Editorial de la Pontificia Universidad Cat lica del Perú, Lima.

Zuidema, R. Tom

1964 *The Ceque System of Cuzco: The Social Organization of the Capital of the Inca.* E. J. Brill, Leiden.

1989 *Reyes y guerreros: ensayos de cultura andina.* FOMCIENCIAS, Lima.

1989 [1973] Parentesco y culto a los antepasados en tres comunidades peruanas: una relación de Hernández Príncipe de 1622. In *Reyes y guerreros: ensayos de cultura andina,* edited by R. Tom Zuidema, pp. 117-143. FOMCIENCIAS, Lima.

1989 [1980] El ushnu. In *Reyes y guerreros: ensayos de cultura andina,* edited by R. Tom Zuidema, pp. 402-454. FOMCIENCIAS, Lima.

1943 [1572] *Historia de los Incas.* Segunda edición, enteramente revisada. Emecé Editores, Buenos Aires.

2007 [1572] *The History of the Incas.* Translated and edited by Brian S. Bauer & Vania Smith. University of Texas Press, Austin.

Segovia, Bartolomé de

1968 [1552] Relación de muchas cosas acaecidas en el Perú. In *Crónicas peruanas de interés indígena,* edited by Francisco Esteve Barba, pp. 57-95. Biblioteca de Autores Españoles, Tomo 209. Ediciones Atlas, Madrid.

Sherbondy, Jeanette E.

1986 Los ceques: codigo de canales en el Cusco incaico. *Allpanchis* 27: 39-60.

Someda, Hidefuji

2005 Aproximación a la imagen real de "los incas de privilegio". *Boletín de Arqueología PUCP* 8 [2004]: 31-42.

Squier, Ephraim George

1877 *Peru: Incidents of Travel and Exploration in the Land of the Incas.* Henry Holt and Company, New York.

Sugiyama, Saburo

2010 Teotihuacan City Layout as a Cosmogram: Preliminary Results of the 2007 Measurement Unit Study. In *The Archaeology of Measurement: Comprehending Heaven, Earth and Time in Ancient Societies,* edited by Iain Morley, & Colin Renfrew, pp. 130-149. Cambridge University Press, Cambridge.

Szemiński, Jan

2021 *De los saberes de gobernantes locales para en buen gobierno y de las leyes del inqa 1500-1572.* Universidad Hebrea de Jerusalén, Ediciones El Lector, Arequipa.

Taylor, Gerald

1999 [ca.1608] *Ritos y tradiciones de Huarochirí.* Segunda edición revisada. Instituto Francés de Estudios Andinos, Banco Central de Reserva del Perú, Universidad Particular Ricardo Palma, Lima.

Urton, Gary

1981 *At the Crossroads of the Earth and the Sky: An Andean Cosmology.* University of Texas Press, Austin.

1990 *The History of a Myth: Pacariqtambo and the Origin of the Inkas.* University of Texas Press, Austin.

2001 A Calendrical and Demographic Tomb Text from Northern Peru. *Latin American Antiquity* 12 (2): 127-147.

2003 *Signs of the Inka Khipu: Binary Coding in the Andean Knotted-String Records.* University of Texas Press, Austin.

2017 *Inka History in Knots: Reading Khipus as Primary Sources.* University of Texas

1993 *Borracheras y memoria: la experiencia de lo sagrado en los Andes.* Hisbol/IFEA, La Paz.

Salomon, Frank

1991 Introductory Essay: The Huarochirí Manuscript. In *The Huarochirí Manuscript: A Testament of Ancient and Colonial Andean Religion,* edited by Frank Salomon, & George L. Urioste, pp. 1-38. University of Texas Press, Austin.

2001 How an Andean "Writing without Words" Works. *Current Anthropology* 42 (1): 1-27.

2005 Collca y sapçi: una perspectiva sobre el almacenamiento inka desde la analogía etnográfica. *Boletín de Arqueología PUCP* 8 [2004]: 43-57.

2007 John Victor Murra (1916-2006). *American Anthropologist* 109 (4): 792-796.

2015 Guaman Poma's Sapçi in Ethnographic Vision. In *Unlocking the Doors to the Worlds of Guaman Poma and His Nueva Crónica,* edited by Rolena Adorno, & Ivan Boserup, pp. 355-396. Museum Tusculanum Press, The Royal Library, Copenhagen.

Salomon, Frank, & George L. Urioste (editors)

1991 [1608] *The Huarochirí Manuscript: A Testament of Ancient and Colonial Andean Religion.* University of Texas Press, Austin.

San Pedro, Fray Juan de

1992 [1560] *La persecución del demonio: crónica de los primeros augustinos en el norte del Perú (1560).* Translated by Eric E. Deeds. Colección Nuestra América, Volumen no 1. Editorial Algazara, C.A.M.E.I. (Centro Andino y Mesoamericano de Estudios Interdisciplinarios), Málaga, México.

Santillán, Hernando de

1968 [1563?] Relación del origen, descendencia, política y gobierno de los Incas. In *Crónicas peruanas de interés indígena,* edited by Francisco Esteve Barba, pp. 97-149. Biblioteca de Autores Españoles, Tomo 209. Ediciones Atlas, Madrid.

Santillana, Julián I.

2012 *Paisaje sagrado e ideología inca: Vilcas Huaman.* Fondo Editorial de la Pontificia Universidad Católica del Perú, Institute of Andean Research, Lima.

Santo Tomás, Domingo de

1994 [1560] *Grammatica o arte de la lengua general de los indios de los reynos del Perú.* Estudio y transliteración por Rodolfo Cerrón-Palomino. Ediciones de Cultura Hispánica, Madrid.

2006 [1560] *Léxico quecchua de fray Domingo de Santo Thomas 1560.* Edición y comentarios de Jan Szemiński. Convento de Santo Domingo-Qorikancha, Sociedad Polaca de Estudios Latinoamericanos, Universidad Hebrea de Jerusalén, Cusco, Warzawa, Jerusalem.

Sarmiento de Gamboa, Pedro

nacional de Americanistas, Varsovia, Polonia-2000. Fondo Editorial de la Pontificia Universidad Católica del Perú, Lima.

2005 *To Feed and Be Fed: The Cosmological Bases of Authority and Identity in the Andes.* Stanford University Press, Stanford.

2007 It's All in a Day's Work: Occupational Specialization on the Peruvian North Coast, Revisited. In *Craft Production in Complex Societies: Multicraft and Producer Perspectives,* edited by Izumi Shimada, pp. 262-280. The University of Utah Press, Salt Lake City.

2015 Sapa Inca. In *Encyclopedia of the Incas,* edited by Gary Urton, & Adriana von Hagen, pp. 253-255. Rowman & Littlefield, Lanham.

2016 Land and Tenure in Early Colonial Peru: Individualizing the Sapci, "That Which Is Common to All". *The Medieval Globe* 2 (2): 33-71.

Randall, Robert

1993 Los dos vasos: cosmovisión y política de la embriaguez desde el inkanato hasta la colonia. In *Borrachera y memoria: la experiencia de lo sagrado en los Andes,* edited by Thierry Saignes, pp. 73-112. Hisbol, Istituto Francés de Estudios Andinos, La Paz/Lima.

Rostworowski de Diez Canseco, María

1989 [1970] Mercaderes del valle de Chincha en la época prehispánica: un documento y unos comentarios. In *Costa peruana prehispánica,* edited by María Rostworowski de Diez Canseco, pp. 213-238. Instituto de Estudios Peruanos, Lima.

1996 [1983] *Estructuras andinas del poder: ideología religiosa y política.* Instituto de Estudios Peruanos, Lima.

Rostworowski, María, & Pilar Remy (editors)

1992 [1571-72/1578] *Las visitas a Cajamarca 1571-72/1578.* 2 vols. Instituto de Estudios Peruanos, Lima.

Rowe, John Howland

1946 Inca Culture at the Time of the Spanish Conquest. In *Handbook of South American Indians, Vol. 2,* edited by Julian H. Steward, pp. 183-330. Bureau of American Ethnology, Bulletin 143. Smithsonian Institution, Washington, D.C.

1957 The Incas under Spanish Colonial Institutions. *Hispanic American Historical Review* 37 (2): 155-199.

1985 Probanza de los Incas nietos de conquistadores. *Histórica* 9 (2): 193-245.

2003 *Los incas del Cuzco: siglos XVI-XVII-XVIII.* Instituto Nacional de Cultura-Región Cuzco, Cuzco.

2003 [1986] Machu Pichu a la luz de documentos del siglo XVI. In *Los incas del Cuzco: siglos XVI-XVII-XVIII,* edited by John Howland Rowe, pp. 117-126. Instituto Nacional de Cultura-Región Cuzco, Cuzco.

Saignes, Thierry (editor)

& Jacques Revel, pp. 228-259. Cambridge University Press, Cambridge.

Polo Ondegardo, Juan

1916 [1559] Los errores y svpersticiones de los indios, sacadas del tratado y auerigacion que hizo el licenciado Polo. In *Informaciones acerca de la religión y gobierno de los incas,* edited by Horacio H. Urteaga, & Carlos A. Romero, pp. 3-43. Colección de Libros y Documentos Referentes a la Historia del Perú, 1ra. Serie, Tomo III. Imprenta y Librería Sanmarti y Ca, Lima.

1916 [1571] Relación de los fundamentos acerca del notable daño que resulta de no guardar a los indios sus fueros. In *Informaciones acerca de la religión y gobierno de los incas,* edited by Horacio H. Urteaga, & Carlos A. Romero, pp. 45-188. Colección de Libros y Documentos Referentes a la Historia del Perú, 1ra. Serie, Tomo III, Lima.

1916 [1567] Instrucción contra las ceremonias y ritos que usan los indios conforme al tiempo de su infidelidad. In *Informaciones acerca de la religión y gobierno de los incas,* edited by Horacio H. Urteaga, & Carlos A. Romero, pp. 189-203. Colección de Libros y Documentos Referentes a la Historia del Perú, 1ra. Serie, Tomo III, Lima.

2012 [1559] Los errores y supersticiones de los indios sacadas del tratado y averiguación que hizo el licenciado Polo. In *Pensamiento colonial crítico: textos y actos de Polo Ondegardo,* edited by Gonzalo Lamana Ferrario, pp. 343-363. Instituto Francés de Estudios Andinos, Centro de Estudios Regionales Andinos Bartolomé de Las Casas, Lima, Cuzco.

2012 [1571] Las razones que movieron a sacar esta relación y notable daño que resulta de no guardar a estos indios sus fueros. In *Pensamiento colonial crítico: textos y actos de Polo Ondegardo,* edited by Gonzalo Lamana Ferrario, pp. 217-330. Instituto Francés de Estudios Andinos, Centro de Estudios Regionales Andinos Bartolomé de Las Casas, Lima/Cuzco.

Protzen, Jean-Pierre, & Stella E. Nair

1997 Who Taught the Inca Stonemasons Their Skills? A Comparison of Tiahuanaco and Inca Cut-Stone Masonry. *Journal of the Society of Architectural Historians* 56 (2): 146-167.

2000 On Reconstructing Tiwanaku Architecture. *Journal of the Society of Architectural Historians* 59 (3): 358-371.

2013 *The Stones of Tiahuanaco: A Study of Architecture and Construction.* Cotsen Institute of Archaeology Press, University of California, Los Angeles.

Ramírez, Susan Elizabeth

1996 *The World Upside Down: Cross-Cultural Contact and Conflict in Sixteenth-Century Peru.* Stanford University Press, Stanford.

2001 El concepto de "comunidad" en el siglo XVI. In *América bajo los Austrias: economía, cultura y sociedad,* edited by Héctor Noejovich Ch., pp. 181-189. 50o Congreso Inter-

1967/1972 [1562] *Visita de la provincia de León de Huánuco.* 2 vols. Universidad Hermilio Valdizán, Huánuco.

Pachacuti Yamqui Salcamaygua, Joan de Santa Cruz

1993 [1613] *Relación de antigüedades deste reyno del Pirú.* Estudio etnohistórico y lingüístico de Pierre Duviols & César Itier. Travaux de L'Institut Français d'Études Andines 74. Archivos de Historia Andina 17. Institut Français d'Études Andines, Centro de Estudios Regionales Andinos "Bartolomé de Las Casas", Lima, Cuzco.

Pärssinen, Martti

1992 *Tawantinsuyu: The Inca State and Its Political Organization.* Societas Historica Finlandiae, Helsinki.

2005 *Caquiaviri y la provincia Pacasa: desde el Alto-Formativo hasta la conquista española (1-1533).* Colección Maestría en Historias Andinas y Amazónicas Vol. 6. Maestría en Historias Andinas y Amazónicas (UMSA), Colegio Nacional de Historiadores de Bolivia, CIMA Editores, La Paz.

2018 Snake, Fish, and Toad/Frog Iconography in the Ceramic Caches of Pariti, Bolivia. In *Images in Action: The Southern Andean Iconographic Series,* edited by William H. Isbell, Mauricio I. Uribe, Anne Tiballi, & Edward P. Zegarra, pp. 661-682. Cotsen Institute of Archaeology Press, Los Angeles.

Pärssinen, Martti, & Jukka Kiviharju (editors)

2004 *Textos andinos: corpus de textos khipu incaicos y coloniales. Tomo I.* Acta Ibero-Americana Fennica. Series Hispano-Americano 6. Instituto Iberoamericano de Finlandia & Universidad Complutense de Madrid, Madrid.

2010 *Textos andinos: corpus de textos khipu incaicos y coloniales. Tomo II.* Acta Ibero-Americana Fennica. Series Hispano-Americano 9. Instituto Iberoamericano de Finlandia & Universidad Complutense de Madrid, Madrid.

Pärssinen, Martti, & Ari Siiriäinen

1997 Inka-Style Ceramics and Their Chronological Relationship to the Inka Expansion in the Southern Lake Titicaca Area (Bolivia). *Latin American Antiquity* 8 (3): 255-271.

Pérez Bocanegra, Juan

1631 *Ritual formulario; e institución de curas para administrar a los naturales de este reyno...* Geronymo de Contreras, Lima.

Pillsbury, Joanne (editor)

2008 *Guide to Documentary Sources for Andean Studies, 1530-1900.* 3 vols. University of Oklahoma Press, Norman.

Platt, Tristan

1986 Mirrors and Maize: The Concept of Yanantin among the Macha of Bolivia. In *Anthropological History of Andean Polities,* edited by John V. Murra, Nathan Wachtel,

andinas. In *Visita de la provincia de León de Huánuco en 1562, por Iñigo Ortiz de Zúñiga,* edited by John V. Murra, pp. 429-476. Documentos para la Historia y Etnología de Huánuco y la Selva Central, vol. 2. Universidad Nacional Hermilio Valdizán, Huánuco.

1980 [1956] *The Economic Organization of the Inka State.* Research in Economic Anthropology, Supplement 1. JAI Press, Greenwich.

2002 *El mundo andino: población, medio ambiente y economía.* Fondo Editorial de la Pontificia Universidad Católica del Perú, Instituto de Estudios Peruanos, Lima.

2002 [1973] Las etnocategorías de un khipu estatal. In *El mundo andino: población, medio ambiente y economía,* pp. 248-260. Fondo Editorial de la Pontificia Universidad Católica del Perú, Instituto de Estudios Peruanos, Lima.

Murúa, Martín de

1946 [ca.1609] *Historia del origen y genealogía real de los reyes incas del Perú.* Biblioteca "Missionalia Hispanica" vol. II. Consejo Superior de Investigaciones Científicas, Instituto Santo Toribio de Mogrovejo, Madrid.

2004 [ca.1590] *Códice Murúa: historia y genealogía, de los reyes incas del Perú del padre mercenario fray Martín de Murúa.* Testimonio Compañía Editorial, Madrid.

2008 [1616] *Historia general del Perú. Facsimile of J. Paul Getty Museum Ms. Ludwig XIII 16.* Getty Research Institute, Los Angeles.

Nair, Stella

2015 *At Home with the Sapa Inca: Architecture, Space, and Legacy at Chinchero.* University of Texas Press, Austin.

Niles, Susan A.

1987 *Callachaca: Style and Status in an Inca Community.* University of Iowa Press, Iowa City.

1999 *The Shape of Inca History: Narrative and Architecture in an Andean Empire.* University Iowa Press, Iowa City.

Nowack, Kerstin

1998 *Ceque and More: A Critical Assessment of R. Tom Zuidema's Studies on the Inca.* Bonner Amerikanistische Studien 31. Verlag Anton Sauerwein, Markt Schwaben.

Ogburn, Dennis

2004a Evidence for Long-Distance Transportation of Building Stones in the Inka Empire, from Cuzco, Peru to Saraguro, Ecuador. *Latin American Antiquity* 15 (4): 419-439.

2004b Power in Stone: The Long-Distance Movement of Building Blocks in the Inca Empire. *Ethnohistory* 55 (2): 287-319.

Onuki, Yoshio

2010 La iconografía en los objetos del sitio de Kuntur Wasi. *Boletín de Arqueología PUCP* 12 [2008]: 203-218.

Ortiz de Zúniga, Iñigo

1991 *Religion in the Andes: Vision and Imagination in Early Colonial Peru.* Princeton University Press, Princeton.

Malpass, Michael A., & Sonia Alconini (editors)

2010 *Distant Provinces in the Inka Empire: Toward a Deeper Understanding of Inka Imperialism.* University of Iowa Press, Iowa City.

Marcus, Joyce

1987 *Late Intermediate Occupation at Cerro Azul, Perú: A Preliminary Report.* University of Michigan Museum of Anthropology, Ann Arbor.

2008 *Excavations at Cerro Azul, Peru: The Architecture and Pottery.* Cotsen Institute of Archaeology, University of California, Los Angeles.

Meddens, Frank

2006 Rocks in the Landscape: Managing the Inka Agricultural Cycle. *The Antiquaries Journal* 86: 36-65.

2020 Reflective and Communicative Waka: Interaction with the Sacred. In *Archaeological Interpretations: Symbolic Meaning within Andes Prehistory,* edited by Peter Eeckhout, pp. 41-64. University Press of Florida, Gainesville.

Meddens, Frank, Katie Willis, Colin McEwan, & Nicholas Branch (editors)

2014 *Inca Sacred Space: Landscape, Site and Symbol in the Andes.* Archetype Publications, London.

Molina (el cuzqueño), Cristóbal de

2010 [1575] *Relación de las fábulas y ritos de los incas.* Edición crítica de Paloma Jiménez del Campo, transcripción paleográfica de Paloma Cuenca Muñoz, coordinación de Esperanza López Parada. Vervuert/Iberoamericana, Frankfurt am Main/Madrid.

2011 [1575] *Account of the Fables and Rites of the Incas.* Translated and edited by Brian S. Bauer, Vania Smith-Oka, & Gabriel E. Cantarutti. University of Texass Press, Austin.

Moore, Jerry D., & Carolina Maria Vílchez

2016 Spondylus and the Inka Empire on the Far North Coast of Peru: Recent Excavations at Taller Conchales, Cabeza de Vaca, Tumbes. In *Making Value, Making Meaning: Techné in the Pre-Columbian World,* edited by Cathy Lynne Costin, pp. 221-251. Dumbarton Oaks Research Library and Collection, Washington, D.C.

Morris, Craig, & Julián Idilio Santillana

2007 The Inka Transformation of the Chincha Capital. In *Variations in the Expression of Inka Power,* edited by Richard L. Burger, Craig Morris, & Ramiro Matos Mendieta, pp. 135-163. Dumbarton Oaks Research Library and Collection, Washington, D.C.

Morris, Craig, & Donald E. Thompson

1985 *Huánuco Pampa: An Inca City and Its Hinterland.* Thames and Hudson, London.

Murra, John V.

1972 El "control vertical" de un máximo de pisos ecológicos en la economía de las sociedades

2005 *Decolonizing the Sodomite: Queer Tropes of Sexuality in Colonial Andean Culture.* University of Texas Press, Austin.

Hyslop, John

1984 *The Inka Road System.* Academic Press, New York.

1990 *Inka Settlement Planning.* University of Texas Press, Austin.

Itier, César

1993 Estudio y comentario lingüístico. In *Relación de antigüedades deste reyno del Pirú,* edited by Joan de Santa Cruz Pachacuti Yamqui Salcamaygua, pp. 127-178. Institut Français d'Études Andines, Centro de Estudios Regionales Andinos "Bartolomé de Las Casas", Lima, Cuzco.

2023 *Palabras clave de la sociedad y la cultura incas.* Instituto Francés de Estudios Andinos, Editorial Commentarios, Lima.

Julien, Catherine

1983 *Hatunqolla: A View of Inca Rule from the Lake Titicaca Region.* University of California Press, Berkeley.

1999 History and Art in Translation: The Paños and Other Objects Collected by Francisco de Toledo. *Colonial Latin American Review* 8 (1): 61-89.

2000 *Reading Inca History.* University of Iowa Press, Iowa City.

2004 Identidad y filiación por suyu en el Imperio incaico. *Boletín de Arqueología PUCP* 6 [2002]: 11-22.

Kolata, Alan L.

2013 *Ancient Inca.* Cambridge University Press, Cambridge.

Lane, Kevin

2022 *The Inca.* Lost Civilizations. Reaktion Books, London.

Las Casas, Bartolomé de

1948 [ca.1559] *De las antiguas gentes del Perú.* Los Pequeños Grandes Libros de Historia Americana, Serie I, Tomo XVI. Librería e Imprenta Domingo Miranda, Lima.

Lechtman, Heather

2003 Middle Horizon Bronze: Centers and Outliers. In *Patterns and Process: A Festschrift in Honor of Dr. Edward V. Sayre,* edited by Lambertus van Zelst, pp. 248-268. Smithsonian Center for Materials Research and Education, Suitland, Maryland.

Levillier, Roberto (editor)

1940 *Don Francisco de Toledo, supremo organizador del Peru: su vida, su obra [1515-1582].* 3 vols. Espasa-Calpe, Buenos Aires.

Lockhart, James

1972 *The Men of Cajamarca: A Social and Biographical Study of the First Conquerors of Peru.* University of Texas Press, Austin.

MacCormack, Sabine

of Texas Press, Austin.

Guillén Guillén, Edmundo

1991 Dos notas históricas y un documento inédito. In *Cultures et sociétés Andes et Méso-Amerique: mélanges en hommage à Pierre Duviols,* vol. II, edited by Raquel Thiercelin, pp. 421-439. Université de Provence, Provence.

Gullberg, Steven R.

2020 *Astronomy of the Inca Empire: Use and Significance of the Sun and the Night Sky.* Springer, New York.

Gyarmati, János, & Carola Condarco

2018 Inca Imperial Strategies and Installations in Central Bolivia. In *The Oxford Handbook of the Incas,* edited by Sonia Alconini, & R. Alan Covey, pp. 119-136. Oxford University Press, New York.

Gyarmati, János, & András Varga

1999 *The Chacaras of War: An Inka State Estate in the Cochabamba Valley, Bolivia.* Museum of Ethnography, Budapest.

Hamilton, Andrew James

2018 *Scale & the Inca.* Princeton University Press, Princeton.

Hampe Martínez, Teodoro

1982 Las momias de los incas en Lima. *Revista del Museo Nacional* 46: 405-418.

Harth Terré, Emilio

1985 La plaza incaica de Cajamarca. In *Historia de Cajamarca 1: arqueología,* edited by Fernando Silva Santisteban, Waldemar Espinoza Soriano, & Rogger Ravines, pp. 109-111. Instituto Nacional de Cultura-Cajamarca, Cajamarca.

Haun, Susan J., & Guillermo A. Cock Carrasco

2010 A Bioarchaeological Approach to the Search for Mitmaqkuna. In *Distant Provinces in the Inka Empire: Toward a Deeper Understanding of Inka Imperialism,* edited by Michael A. Malpass, & Sonia Alconini, pp. 193-220. University of Iowa Press, Iowa City.

Herrera, Antonio de

1952 [1615] *Historia general de los hechos de los Castellanos en las Islas y Tierra Firme del Mar Océano. Tomo X.* Academia de la Historia, Madrid.

Herring, Adam

2015 *Art and Vision in the Inca Empire: Andeans and Europeans at Cajamarca.* Cambridge University Press, Cambridge.

Hodder, Ian

2009 [1982] *Symbols in Action: Ethnoarchaeological Studies of Material Culture.* Cambridge University Press, Cambridge.

Horswell, Michael J.

Eeckhout, Peter, & Nathalie Danis

2005 Los tocapus reales en Guamán Poma: ¿una heráldica incaica? *Boletín de Arqueología PUCP* 8 [2004]: 305-323.

Espinoza Soriano, Waldemar

1997 [1987] *Los incas: economía sociedad y estado en la era del Tahuantinsuyo.* Tercera edición. AMARU Editores, Lima.

Farrington, Ian

2013 *Cusco: Urbanism and Archaeology in the Inka World.* University Press of Florida, Gainesville.

Farrington, Ian, & Julinho Zapata Rodríguez

2004 Nuevos cánones de arquitectura inka: investigaciones en el sitio de Tambokancha-Tumibamba, Jaquijahuana, Cuzco. *Boletín de Arqueología PUCP* 7 [2003]: 57-77.

Fonseca Santa Cruz, Javier, & Brian S. Bauer

2020 *The Wari Enclave of Espíritu Pampa.* Monumenta Archaeologica. Cotsen Institute of Archaeology Press, Los Angeles.

Garcilaso de la Vega, Inca

2009 [1609] *Comentarios reales de los incas.* Edición facsimilar preparada por Miguel Ángel Rodríguez Rea & Ricardo Silva-Santisteban. Universidad Ricardo Palma, Biblioteca Nacional del Perú, Academia Peruana de la Lengua, Lima.

Gasparini, Graziano, & Luise Margolies

1980 [1977] *Inca Arquitecture.* Translated by Patricia J. Lyon. Indiana University Press, Bloomington.

González Holguín, Diego

1989 [1608] *Vocabulario de la lengua general de todo el Perú llamada lengua qquichua o del inca.* Universidad Nacional Mayor de San Marcos, Lima.

Gose, Peter

1993 Segmentary State Formation and the Ritual Control of Water under the Incas. *Comparative Studies in Society and History* 35 (3): 480-514.

Guaman Poma de Ayala, Felipe

1980 [ca.1615] *Nueva crónica y buen gobierno.* Edición y prólogo de Franklin Pease G. Y. 2 vols. Biblioteca Ayacucho, Caracas.

1987 [ca.1615] *Nueva crónica y buen gobierno.* Edición, introduccin y notas de John V. Murra, Rolena Adorno & Jorge L. Urioste. 3 vols. Historia 16, Madrid.

1993 [ca.1615] *Nueva crónica y buen gobierno.* Edición y prólogo de Franklin Pease G. Y. Vocabulario y traducciones de Jan Szemiński. 3 vols. Fondo de Cultura Económica, Lima.

2009 [ca.1615] *The First New Chronicle and Good Government: On the History of the World and the Incas up to 1615.* Translated and edited by Roland Hamilton. University

de la Puente Luna, pp. 9-30. Colección Estudios Andinos. Fondo Editorial de la Pontificia Universidad Católica del Perú, Lima.

D'Altroy, Terence N.

2015 *The Incas.* Second Edition. WILEY Blackwell, Malden & Oxford.

D'Altroy, Terence N., & Christine A. Hastorf (editors)

2001 *Empire and Domestic Economy. Interdisciplinary Contributions to Archaeology.* Kluwer Academic/Plenum Publishers, New York.

del Río, Mercedes

1996 Relaciones interétnicas y control de recursos entre los aymaras del macizo de Charcas. Los soras del repartimiento de Paria: estrategias de acceso a tierras. Siglos XVI-XVII. Ph.D. Dissertation, Facultad de Filosofía y Letras, Universidad de Buenos Aires, Buenos Aires.

DeLeonardis, Lisa

2016 Encoded Process, Embodied Meaning in Paracas Pot-Fired Painted Ceramics. In *Making Value, Making Meaning: Techné in the Pre-Columbian World,* edited by Cathy Lynne Costin, pp. 129-166. Dumbarton Oaks Research Library and Collection, Washington, D.C.

Dietler, Michael

2001 Theorizing the Feast: Rituals of Consumption, Commensal Politics, and Power in African Contexts. In Feasts: *Archaeological and Ethnographic Perspectives on Food, Politics, and Power,* edited by Michael Dietler, & Brian Hayden, pp. 65-114. Smithsonian Institution Press, Washington, D.C.

Domínguez Faura, Nicanor

2008 Betanzos y los quipucamayos en la época de Vaca de Castro (Cuzco, 1543). *Revista Andina* 46: 155-192.

2010 El licenciado Polo: ¿fuente del «Discurso sobre la descendencia y govierno de los ingas» (ms. 1602/1603-1608)? *Histórica* 34 (1): 135-144.

Donnan, Christopher B.

1975 The Thematic Approach to Moche Iconography. *Journal of Latin American Lore* 1 (2): 147-162.

Duviols, Pierre

2016 [1976] "Punchao", ídolo mayor del Coricancha: historia y tipología. In *Escritos de historia andina: cronistas, tomo I,* edited by Javier Flores Espinoza, & César Itier, pp. 37-72. Biblioteca Nacional del Perú, Instituto Francés de Estudios Andinos, Lima.

2017 [1979] Datación, paternidad e ideología de la "Declaración de los quipucamayos a Vaca de Castro" (Discurso de la descendencia y gobierno de los Ingas). In *Escritos de historia andina: cronistas, tomo II,* edited by Javier Flores Espinoza, & César Itier, pp. 507-520. Biblioteca Nacional del Perú, Instituto Francés de Estudios Andinos, Lima.

2002 Hurin: un espejismo léxico opuesto a hanan. In *El hombre y los Andes: homenaje a Franklin Pease G. Y.,* tomo I, edited by Javier Flores Espinoza, & Rafael Varón Gabai, pp. 219-235. Fondo Editorial de la Pontificia Universidad Católica del Perú, Lima.

2005 El aimara como lengua oficial de los incas. *Boletín de Arqueología PUCP* 8 [2004]: 9-21.

Cobo, Bernabé

1964 [1653] *Historia del Nuevo Mundo.* Biblioteca de Autores Españoles, tomos 91-92. Ediciones Atlas, Madrid.

1979 [1653] *History of the Inca Empire.* Translated and edited by Roland Hamilton. University of Texas Press, Austin.

1990 [1653] *Inca Religion and Customs.* Translated and edited by Roland Hamilton. University of Texas Press, Austin.

Cock Carrasco, Guillermo Alberto

1980 El sacerdote andino y los bienes de las divinidades en los siglos VXII y XVIII. Tesis de bachillerato, Facultad de Letras y Ciencias Humanas, Pontificia Universidad Católica del Perú.

Costin, Cathy Lynne

2001 Craft Production Systems. In *Archaeology at the Millennium: A Sourcebook,* edited by Gary M. Feinman, & T. Douglas Price, pp. 273-327. Kluwer Academic/ Plenum Publishers, New York.

Covey, R. Alan

2006 *How the Incas Built Their Heartland: State Formation and the Innovation of Imperial Strategies in the Sacred Valley, Peru.* The University of Michigan Press, Ann Arbor.

Cummins, Thomas B. F.

2002 *Toasts with the Inca: Andean Abstraction and Colonial Images on Quero Vessels.* University of Michigan Press, Ann Arbor.

2011 Tocapu: What Is It, What It Do, and Why Is Not a Knot? In *Their Way of Writing: Scripts, Signs, and Pictographies in Pre-Columbian America,* edited by Elizabeth Hill Boone, & Gary Urton, pp. 277-317. Dumbarton Oaks Research Library and Collection, Washington, D.C.

Curatola Petrocchi, Marco

2008 La función de los oráculos en el Imperio inca. In *Adivinación y oráculos en el mundo andino antiguo,* edited by Marco Curatola Petrocchi, & Mariusz S. Ziółkowski, pp. 15-69. Fondo Editorial de la Pontificia Universidad Católica del Perú, Lima.

Curatola Petrocchi, Marco, & José Carlos de la Puente Luna

2013 Estudios y materiales sobre el uso de los quipus en el mundo andino colonial. In *El quipu colonial: estudios y materiales,* edited by Marco Curatola Petrocchi, & José Carlos

2009 *Of Summits and Sacrifice: An Ethnohistoric Study of Inka Religious Practices.* University of Texas Press, Austin.

2010 Inka Sacrifice and the Mummy of Salinas Grandes. *Latin American Antiquity* 21 (4): 399-422.

Betanzos, Juan de

1996 [1557] *Narrative of the Incas.* Translated and edited by Roland Hamilton & Dana Buchanan from the Palma de Mallorca manuscript. University of Texas Press, Austin.

2015 [1551] Suma y narración de los incas. In *Juan de Betanzos y el Tahuantinsuyo: nueva edición de la suma y narración de los incas,* edited by Francisco Hernández Astete, & Rodolfo Cerrón-Palomino, pp. 107-440. Versión paleográfica de Laura Gutiérrez Arbulú. Fondo Editorial de la Pontificia Universidad Católica del Perú, Lima.

Bram, Joseph

1941 *An Analysis of Inca Militarism.* J. J. Augustin Publisher, New York.

Bray, Tamara L. (editor)

2015 *The Archaeology of Wak'as: Explorations of the Sacred in the Pre-Columbian Andes.* University Press of Colorado, Boulder.

Browman, David L., & James N. Gundersen

1993 Altiplano Comestible Earths: Prehistoric and Historic Geophagy of Highland Peru and Bolivia. *Geoarchaeology* 8 (5): 413-425.

Cabello Valboa, Miguel

1951 [1586] *Miscelánea antártica: una historia del Perú antiguo.* Instituto de Etnología, Facultad de Letras, Universidad Nacional Mayor de San Marcos, Lima.

Calancha, Antonio de la

1974-1981 [1639] *Corónica moralizada del orden de San Agustín en el Perú.* 5 vols. Ignacio Prado Pastor, Lima.

Carrión Cachot, Rebeca

1955 El culto al agua en el antiguo Perú. *Revista del Museo Nacional de Antropología y Arqueología* 2 (2): 50-140.

Castillo Butters, Luis Jaime

2020 Ephemeral Memories: The Creation and Ritual Destruction of Architectonic Models in San José de Moro. In *Archaeological Interpretations: Symbolic Meaning within Andes Prehistory,* edited by Peter Eeckhout, pp. 215-239. University Press of Florida, Gainesville.

Castillo, Luis Jaime, Solsiré Cusicanqui, & Ana Cecilia Mauricio

2011 Las maquetas arquitectónicas de San José de Moro: aproximaciones a su contexto y significado. In *Modelando el mundo. Imágenes de la arquitectura precolombina,* edited by José Canziani, Luis Jaime Castillo, & Paulo Dam, pp. 112-143. Museo de Arte de Lima, Lima.

Cerrón-Palomino, Rodolfo

Arguedas, José María (editor)

2009 [1598] *Dioses y hombres de Huarochirí: narración quechua recogida por Francisco de Ávila.* Universidad Antonio Ruiz de Montoya, Lima.

Arkush, Elizabeth N.

2011 *Hillforts of the Ancient Andes: Colla Warfare, Society, and Landscape.* University Press of Florida, Gainesville.

2022 *War, Spectacle, and Politics in the Ancient Andes.* Cambridge University Press, Cambridge.

Ascher, Marcia, & Robert Ascher

1997 [1981] *Mathematics of the Incas: Code of the Quipu.* Dover Publications, Mineola.

Bauer, Brian S.

1991 Pacariqtambo and the Mythical Origins of the Inca. *Latin American Antiquity* 2 (1): 7-26.

1998 *The Sacred Landscape of the Inca: The Cusco Ceque System.* University of Texas Press, Austin.

Bauer, Brian S., & R. Alan Covey

2002 Processes of State Formation in the Inca Heartland (Cuzco, Peru). *American Anthropologist* 104 (3): 846-864.

Bauer, Brian S., & David S. P. Dearborn

1995 *Astronomy and Empire in the Ancient Andes.* University of Texas Press, Austin.

Bauer, Brian S., Lucas C. Kellett, & Miriam Aráoz Silva

2010 *The Chanka: Archaeological Research in Andahuaylas (Apurimac), Peru.* Monograph 68. Cotsen Institute of Archaeology Press, University of California, Los Angeles.

Bauer, Brian S., & Charles Stanish

2001 *Ritual and Pilgrimage in the Ancient Andes: The Islands of the Sun and the Moon.* University of Texas Press, Austin.

Bengtsson, Lisbet

1998 *Prehistoric Stonework in the Peruvian Andes: A Case Study at Ollantaytambo.* GONTARC Series B, No. 10, Etnologiska Studier 44. Department of Archaeology, Göteborg University, Etnografiska Museet, Göteborg.

Bennett, Wendell C.

1948 The Peruvian Co-Tradition. In *A Reappraisal of Peruvian Archaeology,* edited by Wendell C. Bennett, pp. 1-7. Memoirs of the Society for American Archaeology, No. 4. The Society for American Archaeology and the Institute of Andean Research, Menasha, Wisconsin.

Bertonio, Ludovico

2006 [1612] *Vocabulario de la lengva aymara.* Ediciones El Lector, Arequipa.

Besom, Thomas

欧文文献

Adelaar, Willem F. H., & Pieter C. Muysken

2004 *The Languages of the Andes.* Cambridge University Press, Cambridge.

Agurto Calvo, Santiago

1980 *Cusco: la traza urbana de la ciudad inca.* Proyecto Per 39, UNESCO. Instituto Nacional de Cultura del Perú, Lima.

Agustinos

1992 [1560] *Relación de la religión y ritos del Perú hecha por los padres agustinos.* Edición, estudio preliminar y notas de Lucila Castro de Trelles. Fondo Editorial de la Pontificia Universidad Católica del Perú, Lima.

Albornoz, Cristóbal de

1989 [1584?] Instrucción para descubrir todas las guacas del Pirú y sus camayos y haziendas. In *Fábulas y mitos de los inca,* edited by Henrique Urbano, & Pierre Duviols, pp. 161-198. Historia 16, Madrid.

Amado Gonzales, Donato

2017 *El estandarte real y la mascapaycha: historia de una institución inca colonial.* Fondo Editorial de la Pontificia Universidad Católica del Perú, Lima.

Andrade Ciudad, Luis

2019 Del quechua quri 'oro' a kuri 'rayo': una desventura etimológica en los Andes. In *El estudio del mundo andino,* edited by Marco Curatola Petrocchi, pp. 187-196. Fondo Editorial de la Pontificia Universidad Católica del Perú, Lima.

Anónimo

2014 [1586] *Arte y vocabulario en la lengua general del Perú.* Edición interpretada y modernizada de Rodolfo Cerrón-Palomino, con la colaboración de Raúl Bendezú Araujo & Jorge Acurio Palma. Instituto Riva-Agüero, Pontificia Universidad Católica del Perú, Lima.

Anónimo, o Blas Valera

1968 [ca.1594] Relación de las costumbres antiguas de los naturales del Perú. In *Crónicas peruanas de interés indígena,* edited by Francisco Esteve Barba, pp. 151-189. Biblioteca de Autores Españoles, Tomo 209. Ediciones Atlas, Madrid.

1992 [ca.1594] Relación de las costumbres antiguas de los naturales del Perú. In *Antigüedades del Perú,* edited by Henrique Urbano, & Ana Sánchez, pp. 43-122. Historia 16, Madrid.

2011 [ca.1594] An Account of the Ancient Customs of the Natives of Peru. *In Gods of the Andes: An Early Jesuit Account of Inca Religion and Andean Christianity*, edited by Sabine Hyland, pp. 49-103. Latin American Originals 6. The Pennsylvania State University Press, University Park, Pennsylvania.

2003 [1534] 「パナマよりカハマルカまで」（増田義郎訳）『インカ帝国遠征記』pp. 7-137、中公文庫
増田義郎
1964 『太陽の帝国インカ——征服者の記録による』角川新書
無名征服者（Anónimo）
1966 [1534] 「ペルー征服記」（増田義郎訳）『新大陸自然文化史』（下）pp. 473-513、大航海時代叢書 IV、岩波書店
山本紀夫
2009 「ドメスティケーションと土着宗教——アンデスの場合」『ドメスティケーション——その民族生物学的研究』（山本紀夫編『国立民族学博物館調査報告』84）pp. 485-518
ラインハルト、ヨハン（Reinhard, Johan）
2007 [2005] 『インカに眠る氷の少女』（畔上司訳）二見書房
レヴィ＝ストロース、クロード（Lévi-Strauss, Claude）
1970 [1962] 『今日のトーテミズム』（仲沢紀雄訳）みすず書房
1976 [1962] 『野生の思考』（大橋保夫訳）みすず書房
2016 [1991] 『大山猫の物語』（渡辺公三監訳、福田素子・泉克典訳）みすず書房
ロストウォロフスキ、マリア（Rostworowski de Diez Canseco, María）
2003 [1988] 『インカ国家の形成と崩壊』（増田義郎訳）東洋書林
ロバーツ、アリス（Roberts, Alice）
2020 [2017] 『飼いならす——世界を変えた 10 種の動植物』（斉藤隆央訳）明石書店
ワシュテル、ナタン（Wachtel, Nathan）
1984 [1971] 『敗者の想像力——インディオのみた新世界征服』（小池佑二訳）岩波書店
渡辺公三
2009 『闘うレヴィ＝ストロース』平凡社新書
渡部森哉
2010 『インカ帝国の成立——先スペイン期アンデスの社会動態と構造』春風社
2012 「グリフィンは飛んでいく——動物図像から見る中央アンデス先スペイン期ワリ国家の地方支配」『共生の文化研究』7: 73-86
2021 「戦争と儀礼——古代アンデスの事例」『年報人類学研究』12: 197-217
2023 「アンデス研究における理論の系譜」『人類学研究所研究論集』12: 96-110

2012 「DNAから見たインカの起源」『インカ帝国――研究のフロンティア』（島田泉・篠田謙一編）pp. 73-86、東海大学出版会
セロン＝パロミーノ、ロドルフォ（Cerrón-Palomino, Rodolfo）
2012 「インカの言語」（蝦名大助訳）『インカ帝国――研究のフロンティア』（島田泉・篠田謙一編）pp. 51-71、東海大学出版会
染田秀藤
1998 『インカ帝国の虚像と実像』講談社選書メチエ
染田秀藤・友枝啓泰
1992 『アンデスの記録者ワマン・ポマ――インディオが描いた〈真実〉』平凡社
ダルトロイ、テレンス・N.（D'Altroy, Terence N.）
2012 「インカ帝国の経済基盤」（竹内繁訳）『インカ帝国――研究のフロンティア』（島田泉・篠田謙一編）pp. 121-149、東海大学出版会
チャイルド、ゴードン（Childe, Gordon V.）
1957 [1936] 『文明の起源』（ねずまさし訳）改訂版、岩波書店
ティトゥ・クシ・ユパンギ（Titu Cussi Yupangui）
1987 [1570] 『インカの反乱――被征服者の声』（染田秀藤訳）岩波書店
トルヒリョ、ディエゴ・デ（Trujillo, Diego de）
1992 [1571] 「ペルー征服従軍記」（高橋均訳）『立正大学経済学会編経済学季報』41 (3-4): 1-33
ナイルズ、スーザン（Niles, Susan A.）
2012 「インカ王領とは？――建築、経済、歴史」（徳江佐和子訳）『インカ帝国――研究のフロンティア』（島田泉・篠田謙一編）pp. 289-304、東海大学出版会
ハンケ、ルイス（Hanke, Lewis）
1979 [1949] 『スペインの新大陸征服』（染田秀藤訳）平凡社
ピサロ、ペドロ（Pizarro, Pedro）
1984 [1571] 「ピルー王国の発見と征服」（増田義郎訳）『ペルー王国史』pp. 1-297、大航海時代叢書第II期16、岩波書店
ピース、フランクリン（Pease, Franklin）& 増田義郎
1988 『図説インカ帝国』小学館
藤本強
2007 『都市と都城』同成社
ペルッシネン、マルッティ（Pärssinen, Martti）
2012 「インカ国家のコリャスユ」（竹内繁訳）『インカ帝国――研究のフロンティア』（島田泉・篠田謙一編）pp. 373-401、東海大学出版会
ヘレス、フランシスコ・デ（Xerez, Francisco de）

書店
加藤泰建
1997 「永遠の物と壊れる物」『「もの」の人間世界』(内堀基光編) pp. 235-259、岩波書店
カミンズ、トマス (Cummins, Thomas)
2012 「インカの美術」(武井摩利訳)『インカ帝国——研究のフロンティア』(島田泉・篠田謙一編) pp. 209-239、東海大学出版会
ガルシラーソ・デ・ラ・ベーガ、インカ (Garcilaso de la Vega, Inca)
2006 [1609] 『インカ皇統記』(一)-(四)(牛島信明訳) 岩波書店
川田順造
1992 [1990] 「無文字社会における歴史の表象——西アフリカ・モシ王国とベニン王国の事例」『口頭伝承論』pp. 467-505、河出書房新社
1995 「肖像と固有名詞——歴史表象としての図像と言語における意味機能と指示機能」『アジア・アフリカ言語文化研究』48-49: 495-537
キープカマーヨ (Quipucamayos)
1995 [1543/1608] 「歴代インカ王の系譜、その統治および征服に関する報告書」(染田秀藤訳)『大航海時代における異文化理解と他者認識——スペイン語文書を読む』pp. 200-240、渓水社
熊井茂行
2008 「「帝国」と名づけた人びと——「インカ帝国」概念の形成と展開」『他者の帝国——インカはいかにして「帝国」となったか』(関雄二・染田秀藤編) pp. 21-39、世界思想社
齋藤晃
1993 『魂の征服——アンデスにおける改宗の政治学』平凡社
佐藤吉文
2012 「先スペイン期ティワナク社会におけるヘビのシンボリズムとイデオロギー——アンデス考古学における認知考古学試論」『共生の文化研究』7: 132-151
サンチョ、ペドロ (Sancho, Pedro)
2003 [1534] 「カハマルカからクスコまで」(増田義郎訳)『インカ帝国遠征記』pp. 139-233、中公文庫
シエサ・デ・レオン (Cieza de León, Pedro de)
2007 [1553a] 『インカ帝国地誌』(増田義郎訳) 岩波文庫
2006 [1553b] 『インカ帝国史』(増田義郎訳) 岩波文庫
蔀勇造
2004 『歴史認識の芽生えと歴史記述の始まり』山川出版社
篠田謙一

参考文献

日本語文献

アコスタ、ホセ・デ（Acosta, José de）

1966 [1590]『新大陸自然文化史』（上）（下）（増田義郎訳）大航海時代叢書III、IV、岩波書店

アートン、ゲイリー（Urton, Gary）

2012「紐の国家――キープによるインカ帝国の行政」（渡部森哉訳）『インカ帝国――研究のフロンティア』（島田泉・篠田謙一編）pp. 189-207、東海大学出版会

網野徹哉

2017『インディオ社会史――アンデス植民地時代を生きた人々』みすず書房

アリアーガ（Arriaga, Pablo José de）

1984 [1621]「ピルーにおける偶像崇拝の根絶」（増田義郎訳）『ペルー王国史』pp. 363-606、大航海時代叢書第II期16、岩波書店

アールズ、ジョン（Earles, John）

2012「モライ遺跡とインカのコスモロジー――天文、農業、巡礼」（南條郁子訳）『インカ帝国――研究のフロンティア』（島田泉・篠田謙一編）pp. 151-187、東海大学出版会

伊藤亜人

2007『文化人類学で読む日本の民俗社会』有斐閣

稲村哲也

1995『リャマとアルパカ――アンデスの先住民社会と牧畜文化』花伝社

大平秀一

2014「「クリキンゲ」――アンデスのハヤブサ」『古代アメリカ学会会報』35: 6-9

落合一泰

2007「ツォツィル――「やわらかい文化」の継承と更新」『講座世界の先住民族 ファースト・ピープルズの現在 08 中米・カリブ海、南米』（黒田悦子・木村秀雄編）pp. 130-145、明石書店

オング、ウォルター・J（Ong, Walter J.）

1991 [1982]『声の文化と文字の文化』（桜井直文・林正寛・糟谷啓介訳）藤原

ラ　行

ワ　行

マ　行

ヤ　行

ナ 行

ハ 行

タ　行

サ 行

カ 行

索　引

ア　行

渡部森哉

南山大学人文学部教授。1973年3月、福島県会津地方生まれ。専門はアンデス考古学、文化人類学。東京大学文学部卒業、東京大学大学院総合文化研究科博士課程単位取得満期退学。博士（学術）。2015年より現職。「古代アンデスにおける複雑社会の研究」によって、2015年度日本学術振興会賞を受賞。単著に『インカ帝国の成立——先スペイン期アンデスの社会動態と構造』（春風社、2010年）、*Estructura en los Andes Antiguos* (Shumpusha, 2013)、*Dominio provincial en el Imperio inca* (Shumpusha, 2015)、共著に『アンデス古代の探求——日本人研究者が行く最前線』（2018年、中央公論新社）、『アンデス文明ハンドブック』（臨川書店、2022年）などがある。

インカ帝国（ていこく）
——歴史（れきし）と構造（こうぞう）

〈中公選書 149〉

著者 渡部森哉（わたなべしんや）

2024年5月10日 初版発行

発行者 安部順一

発行所 中央公論新社
〒100-8152 東京都千代田区大手町1-7-1
電話 03-5299-1730（販売）
03-5299-1740（編集）
URL https://www.chuko.co.jp/

DTP 今井明子

印刷・製本 大日本印刷

Published by CHUOKORON-SHINSHA, INC.
Printed in Japan ISBN978-4-12-110150-1 C1322
定価はカバーに表示してあります。

中公選書　好評既刊

116
大航海時代の日本人奴隷　増補新版
――アジア・新大陸・ヨーロッパ

ルシオ・デ・ソウザ
岡　美穂子　著

異端審問記録に残された奴隷本人の証言。歴史のダークサイドとして省みられることのなかった日本人奴隷の実相を広い視野から紹介し、アジアにおける人身売買を新たな視角で検討する。

124
謎の海洋王国　ディルムン
――メソポタミア文明を支えた交易国家の勃興と崩壊

安倍雅史著

バハレーンに残る世界最大の古墳群。四〇〇〇年前これらを築いた人々は、いかにして繁栄をきわめ、なぜ歴史の表舞台から去ったのか。謎につつまれていた王国の歴史の解明に挑む。

129
人類史の精神革命
――ソクラテス、孔子、ブッダ、イエスの生涯と思想

伊東俊太郎著

前五世紀以降、ソクラテス、孔子、ブッダ、イエスの思索と行動により、哲学と普遍宗教が生まれた。なぜ東西の地で並行して精神革命が起きたのか。平易な筆致で人類史の謎を解明する。

142
ホモ・サピエンスの宗教史
――宗教は人類になにをもたらしたのか

竹沢尚一郎著

宗教は人間にしか存在せず、人類進化の過程で生じた必然だった。ただし、いつ誕生したのかをはじめ、なぞに満ちている。宗教の変化を追うことで、人類の歴史を辿り直した壮大な書。